名师名校名校长

凝聚名师共识
圆总名师关怀
打造名师品牌
培育名师群体

程晓远志

五育融合背景下的中学语文教育艺术探析

蔡碧晖◎著

西安出版社

图书在版编目（CIP）数据

五育融合背景下的中学语文教育艺术探析 / 蔡碧晖
著. -- 西安 : 西安出版社, 2024. 8. -- ISBN 978-7
-5541-7762-4

Ⅰ . G633.302

中国国家版本馆CIP数据核字第2024A9S861号

五育融合背景下的中学语文教育艺术探析
WU YU RONGHE BEIJING XIA DE ZHONGXUE YUWEN JIAOYU YISHU TANXI

出版发行： 西安出版社

社　　址： 西安市曲江新区雁南五路 1868 号影视演艺大厦 11 层

电　　话：（029）85264440

邮政编码： 710061

印　　刷： 北京政采印刷服务有限公司

开　　本： 787mm×1092mm　1 / 16

印　　张： 15

字　　数： 227千字

版　　次： 2025 年 3 月第 1 版

印　　次： 2025 年 3 月第 1 次印刷

书　　号： ISBN 978-7-5541-7762-4

定　　价： 58.00 元

△本书如有缺页、误装等印刷质量问题，请与当地销售商联系调换。

前 言

立足教育艺术，推进五育融合

　　语文教育需要艺术，需要洋溢着浪漫的情怀；语文教育需要机智，需要致力于立德树人；语文教育需要恒心，需要毫不懈怠地追求与探索。教师用自己的教育艺术，培养学生核心素养，促进学生全面发展。

　　吕叔湘先生明确指出："语文教学不但是一门科学，更是一门艺术。"也就是说，语文教育既是科学也是艺术，在传统的教学中，我们往往会犯片面追求科学性而忽视艺术性的错误。其实，教育艺术是成功语文教育的魅力之源，没有了艺术性，语文教学会变得枯燥无味。艺术性是教育教学的最高境界，它能让师生从中得到形神的契合、心灵的共鸣、美感的熏陶和艺术的享受。

　　教育需要艺术，将五育融合于语文教学则更需要艺术。五育融合的教育艺术则是指为实现五育目标而实行的最优化、最有效的教育教学手段，即教学的技巧性和创造性。语文教育艺术的范畴是很广泛的，内容也十分丰富，但是，用卢梭说的"教育的艺术是使学生喜欢你所教的东西"来阐释，这"喜欢"之情，便来自教师在教育中所运用的艺术手段；这"喜欢"之情，便能够让学生乐意投入学习，五育融合就能达到最佳效果。

　　"五育"是指由德、智、体、美、劳五部分构成的一个有机体，从本质上说，"五育"是一个整体，没有单独的德育，也没有单独的智育，"五育"之间是相互渗透、互相融合的，它们之间存在着内在的逻辑联系：德育、智育、美育为心理层面的教育，体育是生理层面的教育，劳育是实践层面的教育。德育、智育、体育历来被当作教育的基本组成部分；其中，体育是为其他各育实施提供身体条件的，智育则为其他各育目标的实现提供必要的科学知识和智力基础。

1

　　五育融合是在"五育"并举提法基础上归纳出来的，是对"五育"并举政策话语的理论提升。五育融合中的德智体美劳分别代表真、善、美、健、富五大教育价值追求，它们应该和谐统一。五育融合本身不是一个新话题，但却是新时代的新任务。德育立身，智育启慧，体育健体，美育润心，劳育自立；那么，如何更好落实五育融合，推进学生的全面发展，这是新时代赋予语文教师的新使命。

　　本书突破了长期以来语文教育教学死板、德育枯燥的氛围，以"语文树人"为导向，立足于学生语文素养长远、全面地发展，探析语文教师如何运用教育艺术手段把五育融合于语文的教育教学之中，为广大语文教师课堂教育提供了一个"抓手"，从而更好地实施五育融合，促进核心素养的培养，推进德智体美劳全面发展人才的培养，为新时代语文教育开辟了一个崭新而秀美的广阔天地。

目 录

第一章

春风化雨，立德铸魂润心

德育是五育的根本。德育立身，在全面发展教育中起着灵魂和统帅作用。在实施素质教育的当今，也是以教育学生培养良好的品德、树立正确的人生观和价值观为先。德育在任何时候都是制约人的发展方向的，影响各育效果的性质，为人的发展提供动力。

《普通高中语文课程标准（2017年版2020年修订）》指出，普通高中语文课程，应使全体学生在义务教育的基础上，进一步提高语文素养，形成良好的思想道德修养和科学人文修养，为终身学习奠定基础，为传承和发展中华文化、增强民族凝聚力和创造力发挥独特的功能，为培养德智体美劳全面发展的社会主义建设者和接班人发挥应有的作用。《义务教育语文课程标准（2022年版）》在"课程理念"部分也指出："义务教育语文课程围绕立德树人根本任务，充分发挥其独特的育人功能和奠基作用，以促进学生核心素养发展为目的……提升思想文化修养，建立文化自信，德智体美劳得到全面发展。"由此可见，德育在语文教育中的重要性。那么，语文教育必须紧盯"立德树人"目标，把语文学科知识、学科素养和德育目标有机融合起来，在语文教育教学中大力培养学生高尚的道德情操、高雅的审美情趣、博大的爱国情怀、坚韧的拼搏精神和平等的劳动观念，培养综合的人、全面的人、适应新时代要求的人。

德育的特点之一就是用语言来影响、教育学生，用语言直接传递思想，唤起学生的思想觉悟，可是，如果一味地说教，学生会产生抵触心理；这就需要德育过程中的艺术手段，教师需要注意德育的方式方法，以人为本，葆有学生的羞耻心，师生之间要相互理解和信任，营造一种和谐的教育氛围。教师要营造和谐的教育氛围，就必须树立认识学生、信任学生、理解学生的科学价值观：只有爱护学生才能更好地教育学生；只有信任学生才能更严格地要求学生；只有扫除学生受教育的思想障碍，才能更好地与学生联络感情、沟通思想；只有看到学生积极向上的一面，才能更好地调动学生的积极性。教育氛围和谐了，才能使学生从中受到熏陶感染，才能达到德育的最佳效果。

因此，德育需要艺术手段："偷偷"地说教，与学生交换真言真语，用真爱换取学生的真心，用熏陶感染、潜移默化来培养学生的高尚品德……"爱"是实现德育的最好方式，艺术性的说教，能够事半功倍，可以更好地落实五育，达到立德、铸魂、润心的目的。

第一节　艺术说教　春风化雨

语文教育宛如一首旋律美妙的交响乐章，又像一场情意绵绵的春雨，美妙而悄悄地滋润学生稚嫩的心田。现在的孩子自尊心都很强，有时强说教只会适得其反。为了在教育孩子时能够有较好的效果，笔者在教育学生时注意教育的艺术，注重保护学生的自尊心。其实说教也可以偷偷进行。

一、用心教育，偷偷说教

很多流行歌曲都有"说教"的功能。央视专访某位名人，他说自己其实一直在"偷偷地说教"，他常常将说教的内容用流行音乐娓娓道来，如《听妈妈的话》《蜗牛》等歌词，就传达着孝敬长辈、为梦想不懈奋斗的道理……"说教"很枯燥，但是，"偷偷地"很可爱，"偷偷地说教"，是一种智慧、一种理性，春风化雨，润心无声。变换说教形式，也许事半功倍。

传统的学校德育往往采用呆板的说教，主要用灌输和严厉的控制约束手段，使学生接受某些固有的道德观、价值观，从而约束学生的思想和行为，而这往往事倍功半。学生迫于无奈、被迫接受教育，由于被动接受，常常口服心不服，达不到理想的教育效果。所谓的"偷偷地说教"其实是一种教育的艺术，是指教育者在适宜的时间采用适宜的方法，让受教育者在不知不觉中受到崇高品德的感染和高尚情操的陶冶，并在思想和行为上发生好的变化。这跟我们常说的"潜移默化"，是同一个意思。下面以教读《氓》为例，谈谈笔者对"偷偷地说教"的做法。

当今的中学生中存在早恋的现象，笔者在教读《氓》这篇课文的时候，

3

想借机告诫学生，特别是女生（看到很多女生因失恋而悲痛万分）不要过早沉迷于爱情之中。然而，当今的中学生无论如何也不会轻易地为《诗经》时代的故事所感动，"你伤害了我，却一笑而过"，根本无关痛痒。所以为了让学生有所感有所悟，笔者在教读《氓》的过程中采用了"偷偷说教"的方式，设计了三个环节来完成本课的德育目标"引导学生正确对待爱情，不要过早沉迷于爱恋之中"——第一个环节：设置情境，把诗歌《氓》编排为课本剧，让学生在表演中通过自己的活动去感受男女主人公的感情、思想，去理解女主人公为什么会上演婚姻悲剧，真正做到乐于接受德育的熏陶。第二个环节：合作探究，教师参与讨论，并让学生换位来思考问题：女生把自己当作氓，想想氓为什么会"二三其德"？女主人公有没有责任？男生则把自己当作女主人公，想想"女主人公的悲剧命运是如何造成的？""为什么说'女之耽兮，不可说也'？"并拓展延伸、思考讨论"中学生谈恋爱是否为时过早，是否太草率？"让学生在与同学、老师的讨论中，在畅所欲言中渐渐接受正确的恋爱观、思想观。第三个环节：学生在深入思考后，抒写"《氓》的学习感受"，真正内化德育思想。

文为心声。学生通过课堂课本剧的表演，以及深入地合作探究、畅所欲言，并与老师讨论、闲聊之后，在作文中写下了心声：

学生1："《氓》中的女主角温柔善良、勤劳贤惠，可是却遭遇了氓的'二三其德'，我读了为此愤愤不平，女主人公与氓从订婚、迎娶，又到遭受虐待、遗弃的经过，可见在男权社会中，女子的生活天地狭小，生活的幸福与否全寄托在丈夫身上。可恨女主人公遇上一个对感情、对家庭不负责任的丈夫，那她的悲剧是不可避免的。可惜，女人的弱点是'女之耽兮，不可脱也'；于是在婚后，男人'士贰其行'，女人便受伤最深。可怜的女子一旦坠入情网就难以自拔，历史上有多少这样的女性，被爱人的背叛伤透了心。可悲可叹……"

学生2："像我这种不会早恋的乖孩子，可以理直气壮地教育那些因坠入爱河而无法自拔、被爱情假象所蒙骗又不断安慰自己的可怜的小朋友。当他们再跟我吐苦水时，我应当对他们说：'于嗟鸠兮，无食桑葚。'当他们失恋的时候，我就说：'于嗟女兮，无与士耽。女之耽兮，不可说也！'哎呀，小朋友们，怎么能够早恋呢？伤身心啊……"

学生3："学习这首《氓》，我感受到的是女子被氓背叛的深深无奈之情，虽然坚强的女子最终是以'反是不思，亦已焉哉！'吟唱这支悲泣之歌，然而现实中的我们应该引以为鉴，不应该过早沉迷于爱情之中，否则，会使我们的青春年华早逝；过多的精力转移，会使我们忽视了对学习的经营，导致成绩下降；而一旦爱情出现危机，我们则必然是措手不及，产生悲观的情绪，影响今后的学习生活。曾经一度早恋的我，应该迷途知返，才不会在我的人生道路上留下一抹败笔……"

……

叶圣陶先生曾说："教学生读书，为的是让学生从所读书中求得真道理。"学生能从文章中领会到它的现实指导意义，那样的教学才算是完美的。笔者根据语文教材的特点，创设情境，让学生在实践活动中、在讨论中来感悟，其目的是重在突出启发与指导的隐蔽性，以期在"偷偷说教"中进行人格教育，育人于无形之中，这不失为一种较有效的人格熏陶方法。

"文因道存，道以文显"，在语文教学中渗透德育、人文教育所产生的效果远远大于其他学科，这是语文学科的优势。当今高中语文新课程特别提出并强调"情感态度与价值观"的目标，将其列为三维课程目标中的一维，足见其在提升学生整体素质上的重要地位。这就需要语文教师能够采用得体的、适当的方式方法把德育渗透到教学中去。而"偷偷说教"则是一种最适宜、最容易让学生接受、最不会让学生反感的教育方法。那么，如何"偷偷地说教"，笔者归结为下面五点。

（一）教师要善于创设快乐的活动情境，让学生乐于接受德育感染

情境是语文教学的一个"小天地"，语文学习是一种内化知识从而陶冶情操的活动，融多彩的语文活动于教学之中，可以调动学生的情感，使学生在表演活动中受到教育；中学生精力充沛，喜爱从事各方面的活动，容易在活动中接受感染和影响，这种感染和影响的深度与广度甚至超过课堂之外，往往在学生的心灵留下深刻的印象，有的甚至终生难忘。语文教师在教学中注意把握学科知识和德育知识的结合点与切入点，创设快乐教学情境，寓德育知识于学科知识中，及时引导学生主动学习，主动汲取知识，使学生更易于也更乐于接受德育熏陶。

因此，在语文教学中，教师注意创设教学情境，适时开展一些开放、多彩、活泼的语文活动，并在活动中融入德育内容，让学生在活动中获得强烈的情感体验，深化素质教育，这是语文这门学科进行德育渗透的重要且行之有效的延伸。

（二）教师要善于创设激疑导思的问题，让学生主动接受德育

大多数学生对新鲜事物都有敏感性、好奇心，具有强烈的自我表现和好胜心理。因此在教学中，教师应该创设激疑导思的问题，调动学生思维活动的积极性，养成好问的习惯和探究的精神。让学生通过思考讨论、合作探究，集思广益，去感悟文中所阐述的道理，引起他们的共鸣，使之受到高尚情操的感染，从而获得思想认识上的深化，主动接受德育。

因此，在语文教学中要巧设问题，让学生准确把握每一篇课文作者所传递出来的情感，这对学生接受高尚情操的感染起着至关重要的作用。

（三）教师要善于相机与学生闲聊，让学生在不知不觉中接受德育感化

正式的谈话教育，难以开启学生的心扉，你大道理、小道理讲了一大通，学生却充耳不闻，充满敌视。而闲聊恰好能打破僵局，营造轻松和谐的氛围。笔者认为常与学生闲聊，会消除学生对老师的戒备心理，让学生在不知不觉中接受德育感化。因此教师要善于抓住一切有利机会或创造机会，以朋友的身份而不是老师的身份与班上学生闲聊，从思想上、生活上、学习上处处关心学生，学生信赖老师，对老师就无所不谈。

闲聊不要太"正式"，可随时随地进行。教师可以利用茶余饭后，有针对性地到一些同学的活动场所，在一个宽松的环境下，随遇而谈，缘事而谈，让学生感觉你是在额外关心爱护他，使之倍加感动，并在与他闲聊的过程中，将自己的教育意图在无形中灌输给他，让他感同身受，产生积极的情绪体验，唤起相应的情感，激起共鸣、共振，促使师生之间的心理动机方向一致。这样便于学生敞开心扉，对老师讲的道理也深信不疑，在不知不觉中接受德育感化。

教师在与学生闲聊时千万不要聊着聊着就转到说教上，如"你要认真读书，否则将来……"，"你认真写作文，不然会……"，这会让学生厌烦的。教师要跟上学生的"步伐"，多学一些相关知识，注意了解学生感兴趣的话题，通过和学生闲聊，指导他们明辨是非，感受高尚情操。

可见，闲聊一如和风细雨，默默地滋润着学生的心田，让学生在不知不觉中接受德育感化。

（四）教师要善于挖掘教材中的德育载体，让学生全面接受德育熏陶

语文教材的文章多是文质兼美的典范文章，它浓缩着中华民族的传统美德，蕴含着仁人志士的高尚情操，积淀着人间真挚的情感，可谓包罗万象、蕴含古今，在教学中进行德育渗透有着得天独厚的条件。"读一本好书就是和许多高尚的人谈话"。因此，教师在教学中一定要准确把握时机，充分挖掘教材中闪耀的人性美、爱国情，然后精心设计，巧启发、妙诱导，春风化雨般地对学生进行德育渗透，以起到"偷偷地"教育学生的作用。

感染熏陶、潜移默化是语文教学德育渗透的最大特点。这是利用感情迁移的心理规律，来强调道德感情教育的一种方法。鉴于此，语文教师要根据语文教材以形感人、以情动人的特点，经过讲解、渲染和分析，将作品中的人物展现在学生眼前，作者的感情传达到学生内心，这样就会"一石激起千层浪"，引起学生的共鸣，爱作者之所爱，憎作者之所憎，从而激发爱国主义情感、砥砺意志品质、陶冶道德情操，以收到春风化雨、润心无声之效果，使学生在掌握语文知识和技能的同时，全面受到良好的道德、思想、情操的感染、熏陶。

缘文释道，因道解文，激发学生"对善良事物的钦佩感情和对邪恶势力的不可容忍的态度"（苏霍姆林斯基），从而使学生思想得到教育，感情得到熏陶，能力得到提高。因此，教师正确挖掘教材中的德育载体，因势利导，将会使学生全面接受德育熏陶。

（五）教师要善于利用作文阵地，让学生积极主动内化德育思想

"文章乃千古之大业，不朽之盛事"，写作即是抒发心情，是生活的体验、人生的感悟。作文是学生文字表达能力和思想水平的综合体现。教师要善于借写作之阵地阐幽发微，这样既可凸显学生的真才实学，又可暴露学生不正常的心理，教师要见微知著，善作挖掘，捕捉教育契机，调动学生的情感进行德育渗透。

教师可以让学生通过社会实践以及对生活的观察，写社会调查、随笔，让学生了解社会，关心社会，并将时代热点作为作文的选题，青少年学生爱赶时髦、赶潮流，很愿意去认识潮流产生的社会背景，老师通过适宜的引导，可以让学生正确地认识社会、客观面对生活。同时，教师要让学生懂得，要写好文章，必须有好的人品。正如鲁迅先生告诉我们的，"写作固然要有精熟的技巧，但更须有进步的思想和高尚的人格。"可以说，德育伴随着写作的整个过程。文为心声，学生在正确写作的同时，已经将崇高的品德、高尚的情操内化了，这样就可以培养健全的人格和健康的心理，同时也达到了潜移默化的最高境界。

春风化雨，润心无声；移情动心，潜移默化。教师采用适宜于学生的教学方法，偷偷地说教，使学生易于也乐于接受德育，这不失为一种智慧的、理智的、成功的教育方法。

二、重视情感熏陶，培养高尚情操

列宁说过："缺失情感的认识便失去了认识的深入，人的思想只有被浓厚的情感渗透时，才能得到力量，引起积极的注意，记忆和思考。"如果忽视语文教学中的情感教育，孤立地把一篇完整的文学作品肢解为支离破碎的知识条文，进行单纯的析字解句，就会产生破坏作品美感的负面作用。这种脱离学生的内心感情体验，架空分析，用空洞的说教代替形象的感染的教学方法，只会使课堂枯燥乏味。因此，语文教育教学中应该注重熏陶感染，潜移默化，培养学生高尚的道德品质和审美情趣。

语文教学是一种情感活动的过程。如果说文学创作是作者表情达意的流露，那么阅读欣赏就是一种接受情感辐射的享受。语文教学不仅担负着培养学生素质技能的任务，而且担负着锻炼学生美好的灵魂、陶冶学生高尚情操的独特使命。语文课程丰富的人文内涵对学生精神世界的影响是广泛而深刻的，所以，不能不重视语文课程的熏陶感染、潜移默化作用。

当代作家莫怀戚的《散步》是一篇展现人际关系、抒写亲情的隽永优美的散文，是一篇处处体现丰富的人文内涵的课文。它紧扣"散步"这件小事挖掘出颂扬中华民族尊老爱幼的传统美德。文章一开篇，写"我"劝说母亲去散步，体现了"我"希望母亲通过散步，多活动活动筋骨，从而保持身体健康。在处理"走大路"还是"走小路"的分歧时，思忖再三后，"我"决定委屈儿子，紧接着述说了"因为我伴同他的时日还长，我伴同母亲的时日已短"的理由，这一充满生活哲理的对照式议论，充分表达了"我"爱幼更尊老的深沉感情。文章的最后一段，描写了"我"背母亲、妻背儿子一起走向远方，这就表现了"我"和妻子对老人的孝敬、体贴和对幼小者的关心、爱护，反映了中华民族尊老爱幼的传统美德，从而把幸福家庭的人情美推向了高潮。

以往的阅读教学，教师总是以自己的分析代替学生的阅读实践，把课文肢解成几个知识点再强授予学生。这种事倍功半的教学方式与课程改革相违背。其实学生应该是学习的主体，而教师则是课堂教学的主导。

课改要求语文阅读教学"应让学生在主动积极的思维和情感活动中，加深理解和体验，有所感悟和思考，受到情感熏陶，获得思想启迪，享受审美乐趣。要珍视学生独特的感受、体验和理解"。所以，情感教学中应更加注意科学地调动学生情感，如何恰当地安排教学节奏是控制课堂教学的关键。笔者了解人的情感从萌生到热烈，是一个循序渐进的过程，有其内在的规律性。所以在课堂设计中是这样处理的：体情揣意—诱发情感。

（一）体情揣意

在教学过程中，笔者设置一些小问题让学生讨论，让学生以自身的情感来体验文章中的情感。例如，让学生展开想象，感受一下，"假如你是母亲，文中的'我'，毫不犹豫地依从了儿子走小路，那么，你会怎样想呢？"学生就这个问题展开讨论，学生们揣摩母亲的各种想法。甲学生说："假如我是母亲，我会顺从儿子的决定，因为我也爱我的孙子。"乙学生说："假如我是母亲，我会生气，因为我觉得我养了这样的儿子没有用。他有了儿子忘了娘。"丙学生说："假如我是母亲，我会自怨自艾，感叹自己不中用，不能领略田间风光。"丁学生说："假如我是母亲，我心里会不太舒服。我会觉得年轻人只想到自己的快活，根本没有考虑到我的体力不足和我的感受，我干脆让他们自己去散步，我回家睡大觉。"……笔者小结："如果所有的母亲都如'甲母'一样，那家庭也就不会有争执了；但现实生活中如'乙母''丙母''丁母'者，也不乏其人，这样，闲适的散步就会变成家庭矛盾冲突。那么，作为子女，我们应该怎么做？"学生们又就着这个问题展开讨论，最后得出这样的结论："父母辛辛苦苦一辈子，作为子女，我们应该孝顺他们。乌鸦尚且懂得反哺，人更应该懂得善待老人。"设置这个环节，让学生设身处地地去体会文章中人物的感情，从而让学生懂得看似不起眼的小事，如果处理不得当，就会产生家庭矛盾，培养了学生尊老爱幼的思想品质。

（二）诱发情感

学生与作品之间是审美主体和审美客体的关系。作为一名初中学生没有特殊情感体验，他们的情感未必十分丰富，尚未真正感受亲人、朋友以及社会的温暖和关爱，或缺乏概括的映像，或无法感受作品独特魅力之所在，他们的情感就不能被触发。因此，在教师与学生的主客体之间，教师就必须以自己深切的体会去诱发学生情感的迸发。在教学中既要挖掘出文学作品中的感情因素，又要唤起学生的感情体验，缘文想象，产生共鸣。为此，笔者又设置了一个联系实际的问题："晚饭后，全家人聚在一起看电视，爷爷奶奶喜欢看戏曲节目，爸爸妈妈喜欢看时事报道，你喜欢看动画片，而遥控器在你的手中，你该怎么办？"学生们经过一番思考、讨论后展开了激烈的"说""评"。甲A说："我会跟爸妈商量，让我先看一会儿，然后再让他们轮流看。"甲B评："你这样的做法太自私了，先己后人，只顾自己享受，而不顾老人家的感受，这是不孝子的行为。"乙A说："我会让爸爸再买两台电视，这样一家三代人就不用争遥控器了。"乙B评："你这样想是因为你家经济条件好。如果你生活在普通家庭里，家里就一台电视，你舍得把遥控器给你的爷爷奶奶或爸爸妈妈吗？"丙A说："遥控器在我手中，我会把它给爷爷奶奶，并且告诉爸爸妈妈不要去抢遥控器。"丙B评："你真是一位孝顺的孩子，懂得尊重老人家的意愿。"最后笔者以英国哲学家培根的话做结："哺育子女是动物也有的本能，赡养父母才是人类的文化之举。"学生们经过讨论、辩论后明白了，不管做什么事情都应先考虑老人的感受，先照顾他们。他们辛苦了一辈子，不容易。文中的"我"决定顺从母亲而委屈孩子，原则是一个"孝"字。当上有老，下有小，两头无法兼顾时，应该顾老的一头，这正是中华民族传统美德的体现。在这堂课中，"尊敬长辈"这种中华民族的传统美德得到了发扬。

让学生联系自己的人生体验，深入思索，反复咀嚼，领悟文章深长的意味——家庭的和谐与温馨需要每一个家庭成员共同用爱心来营造，当彼此的利益和愿望发生冲突时，宽容和忍让就是不可缺少的，尤其是对老人和孩子。尊老爱幼是中华民族的传统美德，也是一个家庭和谐幸福的重要保证，从而让同学们懂得家庭成员之间要互相谦让，互相体贴，互敬互爱，这样才能使家庭稳定、幸福。同时也激发同学们珍爱亲情，珍爱生命！

将语文课程和自然科学类的课程进行比较，可以看到，语文课程中具有大量具体形象的、带有个人情感和主观色彩的内容。人们对于语文材料应该有理解一致的地方，否则人际交流就无法进行。但是在很多情况下，由于每个人的知识背景、生活经验、体悟的角度等方面的差异，面对同样的作品，特别是文学作品，人们会有不同的理解或感受。这是完全正常的。因此，语文教育特别需要提倡师生之间的平等对话，也特别需要尊重学生独特的情感体验和有独创性的理解。

第二节 真爱育人 如沐甘露

赫尔巴特说过："孩子需要爱，特别是当孩子不值得爱的时候。"教师的爱是滴滴甘露，即使枯萎的心灵也能苏醒；教师的爱是融融春风，即使冰冻了的感情也会消融。爱生如己，教生如子，待生如友，爱学生就诠释了教育的内涵。艺术性地引导学生、用爱感化学生，便能培养出品德优秀的学生。

一、以真心真意换得学生的真言真语

苏霍姆林斯基说过："爱，首先意味着奉献，意味着把自己心灵的力量献给所爱的人，为所爱的人创造幸福。"只有爱才是最好的教师，它远远超过责任感。爱生必须用真情，情真方能育良才；你若有爱，教育便是晴天。

很多语文老师都喜欢让学生写周记，他们希望通过周记了解学生的思想动态，以便及时对学生进行有针对性的疏导，或提高学生的写作水平。设想是美好的，但在实际的操作中却有着很多的问题，以致有些学生不愿意流露自己的真实想法，只好在周记本里"假言假语"应付老师，而达不到预期的效果。

那么，如何改变这种现状呢？笔者认为，教师应该以真心真意换得学生的真言真语。苏霍姆林斯基说过："学校里的学习不是毫无热情地把知识从一个头脑装进另一个头脑里，而是师生之间每时每刻都在进行心灵的接触。"当学生不敢展现自己内心真实的话语时，教师则需要真心真意地去了解学生、触摸到学生的真实思想，与学生共哀乐，才能更好地倾听学生的心声。那么，如何才能够让学生倾吐真言呢？

（一）要真心保护学生隐私权，让学生畅所欲言

新时代的高中生，随着生理上的生长发育，他们的内心世界也日趋丰富、复杂起来，本来天真幼稚的一颗童心变得日益成熟多虑，开始不太轻易将自己内心的思想活动表露出来，更害怕周记被他人翻阅，惹来不必要的麻烦。所以每次学期伊始，笔者就注重学生周记的"保密"工作，在班级中郑重声明：在未征得周记主人同意的前提下，不能乱翻同学的周记；允许学生亲自把作业交给我，允许学生给自己的周记本"上锁"，甚至允许学生写了周记（不愿意与他人交流的内容）而不上交。这样，学生就会放心、大胆地展示真我，暴露问题。

每个学生都有秘密，有自己的哀怨情愁，有自己的痛苦、烦恼和渴望。在"隐私权"得到保护的环境中，大多数的学生都会拿起手中的笔，把学习、生活中所遇到的不顺心之事或受到的委屈等写进日记，收藏自己的喜怒哀乐。学生在周记本上畅所欲言，这无疑为学生提供了一个写作的平台，日积月累，写作水平自然就会提高。当学生有解不开的愁结时，认为需要老师的帮助，他们就会交上周记；而此时笔者就要用心与学生进行心与心的交流。

（二）要真心与学生共哀乐，让学生真言流露

事无巨细，学生通过自己的笔，把在学习生活中碰到的事、解不开的结都写在了周记本上，这让笔者触摸到了学生的真实思想，知道他们在学习生活中遇到了难以解决的困难，这时，笔者就运用经验能力，细心地为他们一一化解，在学生"周记"上进行笔谈，实施心理疏导，引导学生正确对待问题；并且能够乐学生之所乐，哀学生之所哀，与学生共哀乐，在不知不觉中，也就营造了一种亲切友好而又彼此信任的师生关系。这使得笔者对学生的思想工作做得更细致、更到位，学生也因此总是围着笔者"蔡大姐""蔡大妈"地叫个不停、说个没完。以真心真意换得学生的真言真语，其乐无穷。

下面以王小里（化名）同学为例来谈谈笔者的做法。

小里本是一位好学上进的学生，可是因母亲病故父亲再娶，性情变得有些偏激。有一次，她在周记上写道："蔡大妈，俗话说家丑不可外扬，可是今天我实在受不了了，想要跟您倾诉：我阿姨（后妈）跟所有的后妈一样，只会虐待前人的孩子，她只爱她自己带来的儿子，根本不爱我和姐姐。她对待我们有厚薄之分，我们也只是敢怒不敢言。她不爱我们就算了，今天还冤枉我偷了她一百元，搞得连父亲都不相信我、不要我了。我气得跑到海边，真的很想跳下去，死了就可以见到我的亲妈妈了。……"

读到这里，我的眼睛红了，泪水在眼眶里打转，好可怜的一个孩子！于是我提笔在她的周记本上写道："小里，老师相信你是一个诚实的孩子，你是不会去拿你阿姨的一百元的，只要解释清楚就没事了。可是，傻孩子，你知道生命是多么的宝贵，大妈不允许你有轻生的念头！否则你就会对不起关爱你的人。大妈认为你是一个懂得宽容的孩子，你要把阿姨当作自己的母亲去相处，不论开心或者不开心都和父母去分享，多交流和沟通。你父亲刚刚结婚，可能会疏忽对你们的关心，可是你这个时候不要乱想是不是父亲不要我了。实际上父母是最爱孩子的，在国内父母很少口头说'我爱你'，但他们的心里总是在牵挂孩子。我想你不要失去孩子的童真，多和父母沟通，也要学会自立，希望你和你阿姨不要成为敌人，而是朋友！遇到困难想想如何解决，不要太封闭自己。蔡大妈希望你能健康地成长！"

笔者把周记本交给小里，并和她亲切谈心，慢慢开导她，帮她梳理内心的纠结。小里的内心渐渐平静，捧着周记本看了一遍又一遍，后来她在周记上写道："与她待在同一屋檐下，有时候对她的作为真的很抓狂，但我深知我必须沉着冷静，毕竟家人的相处会影响家庭的稳定，也关系到老爸的晚年嘛，只要她和我爸感情好就可以了，我对她没有过多的要求，她毕竟不是我的亲妈……"

看着小里的周记本，我知道这小姑娘已经慢慢懂事了，于是我提笔写道："与后妈的相处切忌吹毛求疵，要学会宽容，互相尊重。人非草木，孰能无情，相信你与阿姨相处久了一定会日久生情的。蔡大妈希望你有一个幸福的家。"

后来小里总喜欢在周记本上和笔者谈心，写作水平也日渐提高，高考语文还考了120分。

类似小里的事例还是不少的。当笔者读着有真情实感的作文时，就像看到孩子们一颗颗跳动的心，新鲜、独特，牵动你的喜怒哀乐，让你也和它一起搏动，这让笔者愈加陶醉于语文写作教学。教育改革家魏书生老师指导学生坚持写日记，并称为"道德长跑"，使学生的文章写得又快又好。这为周记写作提供了成功的范例。

因此笔者认为要利用好周记，把你真实的思想感情流露于字里行间，真心地与学生"对话"，用你的真心真意走进学生的心灵世界，营造融洽、和谐、宽松的教育教学氛围，让学生倾吐真言真语。这样，不仅可以加快教育教学进程，而且能提高教育教学质量。

二、爱生费心，永不言弃

教育是美丽的，然而，没有多少老师能感受到它的魅力；教育是光彩的，但是，又有多少老师能沐浴在它的光环里？老师，我们到底该拿什么去坚守教育？永不言弃的爱，可以坚守出永恒的美丽，可以培育出品德高尚的人才。

从教三十几年，回首往事，辛酸、美丽而又难忘。第一次走上讲台前，我心中就一遍又一遍地重复着我的教育理想："爱每一个孩子，用我的爱与真诚教好每一个学生。"一直以来，我不求每个学生都是优秀生，但我希望通过教育他们以后都会做个好人。

"没有爱就没有教育"，这是一句教师都耳熟能详的教育名言。对学生的爱，不是教育策略，不是教育技巧，甚至也不是教育艺术，而是从心底里自然散发的一种芳香。在教育教学中，我秉持着"以爱感化学生，以诚教育学生"的信念。教师之爱，不同于家长对孩子的爱，也不同于朋友的爱。这种爱，没有亲情的血缘，没有友情的依恋，但却更有原则性和稳定性，它可以帮助、引导和促进学生发现自身潜力，认识自我，找到自我，获得自我肯定与内心的尊严感。就拿我曾经教过的一个孩子——邱生（姓邱的学生）来说吧。

邱生从小学起就是一个瘾君子，烟瘾极大，经常偷钱买烟抽，甚至赌博；到了中学仍然是屡教不改。作为班主任，每次到学校的第一件事情总是要到德育处或保卫科把邱生领回来，为了这孩子，我花费了多少电话费不说，还常遭领导的批评，甚至奖金被扣，先进被刷掉。我苦闷、彷徨，面对这样天天给我惹麻烦的孩子，我想说爱他还真是不可能！心里还暗暗骂他："一粒老鼠屎坏了一锅汤。"真想放弃他，甚至有逐之回家的念头。

理想和现实总是有着一些距离，这样的差距让我们备受煎熬。然而，作为教师，我必须承担责任和履行道德义务，我得耐着性子努力教好邱生。有一次，邱生偷了家里的五百元去买烟，被他母亲发现了，他母亲一气之下点燃了十支烟叫邱生抽，还用烟头把邱生的嘴巴都烫破了，并置之不理。看着嘴巴红肿、皮肤溃疡的邱生，我多么心疼，多次带他到医院就诊、换药。有一次换完药，邱生突然问我："老师，我偷我妈五百块钱，她就这么打我、烫我，不要我了；可是我天天给你惹麻烦，你为什么还要这么关心我？"望着邱生，我想起了张爱玲的一句话："有时候，我们愿意原谅一个人，并不是我们真的愿意原谅他，而是我们不想失去他。不想失去他，唯有假装原谅他。"作为老师，我们不能放弃任何一个学生，即使你心里觉得很累、很烦，也得时时关心他、处处激励他进步。于是，我就趁热打铁："老师觉得你是一个聪明的孩子，凭你家的经济条件，将来一定可以做个大老板，一定可以为社会作贡献的。所以老师不想放弃你，希望你能够改掉一些坏习惯，多做一些好事，多花一些心思在学习上。俗话说，勿以恶小而为之，勿以善小而不为。好事要从小事做起，小善积多了就成为有利天下的大善；坏事也要从小事开始防范，否则积少成多，也会坏了大事。所以，老师希望你不要因为不好的事小而去做，要知道小恶积多了则'足以乱国家'。你也希望自己将来能够出人头地，能够受人尊重吧？"

教育心理学上有一个颇值得玩味的名词叫"皮克马利翁效应"，是指在整个教育教学过程中教师对学生的情感期望所引起的"实现预言效应"。它的意思是说：老师预言某些学生将会出现特殊的好的行为时，这些学生真的展露出老师所预言的才华；相反，老师如果预言学生是难雕的朽木，学生的表现必将腐朽不堪。所以你无意识的一句话，可能会影响学生的一生，由此可见教师的期待对学生的影响是巨大的。因此，在教育过程中，你要为学生的将来着想，要指引学生走上正确道路。

也许是"皮克马利翁效应"吧，邱生从此以后处处以"老大"自居，我又让他做"纪律班长"，他也做得有模有样，主动管理班级的方方面面，而他自己身上的烟味也渐渐淡了，被叫到德育处或保卫科的次数也渐渐少了。邱生的学习成绩也不断进步，我们班在初三时还被评为"市级先进班级"。我的辛苦终于没有白费。现在的邱生已经是一家物流公司的大老板，他逢熟人便说："当初要不是我们蔡老师不放弃我、处处关心我，哪有现在的我啊！""蔡老师"的美名就是这样被他夸出来的。看着现在事业有成、行事豁达的邱生，作为老师的我心里美滋滋的，也许这就是做老师的辛酸中的美丽吧。

魏书生老师说过："教师的劳动有三重收获：一是收获各类人才；二是收获真挚的感情；三是收获创造性劳动成果。"世界上哪有一种职业能像教师这样终生和纯朴、善良、真诚的孩子在一起过着丰富多彩的生活呢？所以，坚守教育，值得！

陶行知先生有这样一句话：教师的成功是创造出值得自己欣慰的学生。作为一名教育工作者应该把陶行知先生的话作为人生追求。老师为学生健康成长、美好未来着想，必须爱得深沉、丰富、持久。为了学生的发展要看得远，要勇于承担学生暂时成绩不理想的责备；遇到家长、学校，甚至学生本人都不理解时，也不退缩，应持之以恒关注学生成长中的任何环节，学生的失误、落后、挫折、努力、进步、创新……都予以关注，要爱得持久。

幻想总是难以实现的，但我们仍然怀揣着这样的梦想和幻想，并为这样的美好努力着，行动着……于是，我们的梦想和幻想在日日夜夜的劳作中融为一体，成为我们的理想。让我们爱学生吧：以真挚的爱，化解顽童之愚顽；以真情的爱，抚平受伤的心灵；以平等的爱，温暖每一个学生。相信这样的爱，会让你赢得学生的爱，桃李不言，下自成蹊。尽管这种爱，并不是你最初的期许，但依然可以看成意外的奖赏。

最后用一句发人深省的话自勉："作为一名园丁，眼中的花木没有良莠之分，因为他们都有自己的灿烂之处。"教师必须用真诚和爱心善待每一个学生。只要我们尊重他们、信任他们，用真诚和爱心去善待他们，就会充分开发他们的发展潜能，使他们各方面的素质都得到最大限度的提高；当你眼中没有"差生"时，你的教育才是成功的教育。

三十几年的教育生涯，我的内心有一种最真实的觉醒：用爱的教育可以唤醒任何一个孩子沉睡的心灵！在神圣的职业生命的长河中，相信教育是慢的艺术。以极大的耐心，关注孩子的心灵，尊重学生的感受，时时刻刻想到孩子一生的长远发展，倾注心力发现和创造一切机会关爱孩子。我相信："奇迹总会在坚守期待的孕育中产生！教育的理想绝对不会苍白。永不言弃的爱，可以坚守出教育永恒的美丽。"

......

爱是教育的灵魂和生命。英国哲学家罗素在他的著作《教育与美好生活》中说过："凡是教师缺乏爱的地方，无论品格还是智慧，都不能充分或自由地发展。"教师要用爱心对学生产生潜移默化的影响，使学生朝着教师期望的方向发展，我们的教育将是一片光明。驰骋在教育教学的广阔天地中，我们要热爱我们的事业，在教坛耕耘中苦中作乐；我们要爱我们的学生，让春风化雨润物无声……你若有爱，教育便是晴天，你教育出来的孩子便能全面发展。

第二章

艺术课堂，培根启智育人

智育是五育的关键。智育启慧，在全面发展教育中起着前提和支持的作用。其任务就是：掌握知识，形成技能，发展学生的智能。智育是促进学生建立起一种能力，一种理解自我、理解世界的思维通道。朱光潜在《谈美感教育》中说："智育叫人研究学问，求知识，寻真理。"

　　立足课堂，超越课堂。课堂作为语文教育的主阵地，是大力推行"五育融合"的重要渠道。那么语文教师要坚守语文课堂，在课堂中运用艺术手段，根据学生的实际情况，对教材进行加工和艺术设计，提高语文课堂实效性，促进学生的全面发展。艺术课堂要注重教师传递知识的方式方法，注意学生有效的学习活动，优化课堂的评价方式，等等。艺术性的课堂始终坚持面向每个学生，创造一切条件，让每个学生在课堂学习场景中获得体验、熏陶、启迪，在合作交流中感悟知识，在体验生活中升华情感，在陶冶情操中提升素养。

　　语文课堂应该是激情飞扬、充满艺术性的课堂，是个性与活力彰显的课堂，既有"白日放歌须纵酒"的澎湃热情，也有"秋黄草木待春还"的浅唱低吟。正如刘国正先生所说的："语文教学既要有严谨的科学性，又要有感人的艺术性。"这就要求在语文智育过程中要运用艺术手段，达到智育的最佳效果，以全面提高学生的语文核心素养，促进学生全面发展。

第一节　借助非智力因素促进智力培养

非智力因素，并不直接参与智慧活动，但在智慧活动中具有动力和调节效能。语文课堂的智育，离不开非智力因素的辅助。要取得学生智育发展的最佳效果，就应该把智力因素和非智力因素的培养有机地统一在教育教学过程中，两者不可偏废。只有充分发挥学生心理品质的整体力量，才能达到开发智力、提高核心素养的目的。

中小学语文教学正由应试教育向素质教育转轨。所谓素质教育，就是面向全体学生，使学生全面发展，挖掘学生潜能，让学生在德、智、体、美、劳诸方面全面发展，变高分低能为德才兼备。非智力因素包括兴趣、习惯、情商等，它是智育成功的关键，因而，非智力因素的培养是至关重要的。

一、把握非智力因素以促进智力培养

调动学生的一切非智力因素并参与语文教育教学过程，使学生成为学习主体，保护好学生的好奇心、想象力、求知欲，激发学生学习兴趣，形成良好的学习愿望和学习习惯，提高自主学习能力。要更多地采用活动教学法、合作教学法、启发式教学法、建构式教学法、研究式教学法等，发挥学生的主体性，促进学生认知的发展，实现素质教育的目标。

（一）以指导作文《春雨》为例，谈把握心态的作用

教育心理学认为，影响学习成绩的因素一般有三个，即学习心态、学习方法和智商数值。而三者之中学习心态是具有支配调节作用的因素，它包括对所学内容的情感倾向、个人兴趣、注意程度、求知欲望、信心、毅力等，最佳心

态的形成是诱发潜在创造智能的基础。在语文教学中，作文教学是重点，也是难点。长期以来，大部分语文教师忽略了学生的写作心态，让学生在被动的情况下写作。这样写出来的东西自然就没有灵性可言了，写作水平也很难提高。因此，在作文教学中把握好学生的写作心态是极为重要的。

在作文教学中，笔者认为应该创造一种新颖而富有启发性的教学模式，即把握学生的最佳心态，指导学生观察事物特征，拓展学生的写作思路，肯定学生的成绩，这样学生对写作就会有一种愉悦感、新奇感和成功感，可以起到思想活跃、思维敏捷、思路畅通的作用，从而出现一种"天马行空""视通万里""浮想联翩"的可喜景象，所写的文章就能达到预期目的。下面从笔者指导作文《春雨》写作谈起，说明把握心态在作文教学中的作用。

1. 把握好学生写作的愉悦心态，可以使学生思想活跃

刚写完《春雨》这个题目，就有学生提出："老师，春雨不就是迷迷蒙蒙的吗，没什么可写的。"我回答："是的，春雨是有迷迷蒙蒙的特点，可是它只有这个特点吗？"此时窗外正下着绵绵春雨，我便组织学生到室外去观赏雨景，指导他们观察："同学们，请你们仔细观察它的形状、特点。注意联系朱自清的《春》，雨中的景物与平时的有什么不同？雨中的人又有什么表情？想象一下雨中发生的事。"学生们面对眼前的雨景，热烈谈论着，有的吟诵着杜甫的《春夜喜雨》："……随风潜入夜，润物细无声"，有的朗诵《春》："……像牛毛，像花针，像细丝……"，有的调皮的学生甚至冲到雨中嬉戏，体会雨中的乐趣。学生们充满愉悦，饶有兴味地进入主动的写作状态，班上大多数学生都跃跃欲试，思想活跃，写作积极性高昂。这和以往指导写这类作文的情况形成鲜明对比，以往只一味地指导写作方法和技巧，学生却望题生畏，忐忑不安，百思不得其解，甚至脑中一片空白，所写的文章自然没有灵性。此时，我抓住他们的兴趣，一指点，学生很快就抓住了春雨形状、颜色、功能等特点，为写作打下了基础。

愉快心态是构成最佳写作心态的主要因素，是最好的诱发力和最有效的精神振奋剂。因此要让学生乐于参与教学活动，让他们全身心、愉快地投入学习写作中，培养他们写作的主动性和创造性，从"要我写"变为"我要写"，让学生爱学、乐写，才能写出好文章。孔子说："知之者不如好之者，好之者不如乐之者。"可见在作文教学中抓住学生最佳的心态对激发其写作兴趣、活跃其思想该有多么重要。

2. 把握好学生写作的新奇心态，可以使学生思维敏捷

作文教学内容重复，形式单调，必然会使大脑皮层神经细胞受到抑制。为了拓展学生的写作思路，给他们新颖而有启迪的指导，笔者出示一首儿歌《小雨珠》，图文并茂，让学生传阅，看着图上被拟人化的小雨珠迈开双腿、张开双臂，笑眯眯地扑向大地的模样，学生们都被逗笑了。笔者将这首儿歌抄在黑板上："雨珠娃娃，滴答滴答。亲亲小草，小草绿了；亲亲花儿，花儿笑了；亲亲大地，大地净了。雨珠娃娃，滴答滴答。"学生们满怀兴趣地朗读着这首儿歌，陶醉在优美的意境中，有的已经开始构思，为作文写提纲。

《小雨珠》虽然是一首浅显的儿歌，但就因为它的通俗易懂，内容新鲜、优美，插图生动有趣，深深地打动了学生的心，使学生对所学内容感到新颖有趣，饶有兴味。这样就会情动而思发。于满老师说："关键在于启发学生的灵性，学生思想上开了窍，产生学习动机，学习时就能一活百活。"

看着学生们跃跃欲试，具有浓厚写作兴趣，笔者趁机启发："这首儿歌，描写细致，写了雨中的景物，有小草、花儿、大地、雨珠，并写出它们的变化；雨珠滴答，滴下一片情，它给世界带来真，带来美，带来清新；雨珠奏鸣的音乐，是一曲多情的音乐。写作时要结合刚才观察到的事物特点，并要注意情景交融。"

学生们在这种活跃、舒畅、欢乐的心理支配下，思维机制自由运转，大脑"创造性区域"进入最佳状态。通过《小雨珠》给予的启迪，思路拓宽了，思维在记忆的海洋里自由地飞翔，展开了丰富的联想。15分钟后，大家各抒己见，归纳其构思有三个特点：①广思。50%的学生能从最佳角度去思考，写出春雨润物、抒情、浪漫、为人喜爱的特点。②反思。15%的学生能逆向思考，指出春雨恼人的特点及漫漫春雨给人们生活带来的不便。③深思。16%的学生能透过现象看本质，将自己的感情融于春雨之中。总之，学生在这次作文中想问题能突破旧框框，思想活跃，思维敏捷。这正如刘勰在《文心雕龙》里说的："寂然凝虑，思接千载；悄焉动容，视通万里。"因此，作文教学中运用富有启发性的教学模式，把握住学生的新奇感，使学生对所学、所写的内容感到新颖有趣，这样情动而思发，思维敏捷，写作时自然就挥洒自如了。

3. 把握好学生写作的成功心态，可以使学生达到思路畅通的境界

学生在学习中取得一点成绩，如果能得到及时肯定，便会产生一种成功心态，使他们发现自己的能力和价值，从而不断地进取和追求。因此在这次作文教学中，笔者对学生创新的构思和新颖的立意给予充分的肯定。把握好学生的成功心态，这是学生保持积极创作的巨大精神力量，也是学生达到思路畅通境界的重要条件。

在这次写作中，80%的学生一改以往举笔维艰的状态，思路畅通，竟然在45分钟内写下了五六百字的文章，并且恰当运用了比喻、拟人、排比、引用等多种修辞方法描绘一幅幅生动有趣的"春雨图"，而且写得很有新意，有创意，更抒发了真切的思想感情。例如，在这次写作《春雨》的过程中，有学生写道："春天来了，万物生长着。春姑娘为了让万物茁壮成长，洒下了春雨这营养品，哺育着万物。"又有学生写道："春天里，小雨点，沙沙沙，唱的歌，真好听。小草儿偷偷地从土里钻出来凑热闹，桃花儿也赶快张开双手迎接它。"其中一位公认的"差生"在作文中写道："我喜欢春雨，更喜欢在雨中漫步，因为春雨可冲洗掉老师的批评、父母的责骂、同学的冷眼，更可以让我在雨中冷静地思考今后的出路。"这位"差生"能写出这样情真意切的文字，谁还能怀疑自己不是写作文的料呢？

因此，在作文教学中，注意使学生对自己的点滴创作成果都有一种"成功的快感"和恰如其分的自我欣赏与陶醉的心理，享受创作的快乐，从而点燃学生的写作欲望，这样他们在写作中就会经常保持一种积极的心理状态，写作思路就会畅通，写作水平也就容易得到提高。

随着素质教育的推广，笔者认为，在作文教学中注重智力因素和非智力因素是极为重要的。因此，作文教学既要注意教授写作技巧和方法，更要充分发挥教师的"主导"作用，把握住学生最佳写作心态，调动他们的写作积极性，相机启迪，使学生形成良好的写作习惯，从而不断提高写作能力。

苏联教育家苏霍姆林斯基说："教学目的就是发展智力，培养聪明人。"笔者相信，如果能把握住学生最佳写作心态，并对其进行启发式教学，那么学生在写作中就可能逐步达到思想活跃、思维敏捷、思路畅通的境界，从而提高写作水平。可见，把握住学生最佳心态是提高学生写作水平的重要条件，是作文教学的一个重要环节。

（二）以高中作文教学为例，谈非智力因素的培养

笔者在集美区教育科研重点课题——"新课程背景下农村中学生非智力因素开发与写作关系"的研究过程中，曾留心学校各个年级的作文教学，发现有不少高中生面对作文题大喊头疼，即使是范围宽泛的话题作文也觉得无话可写，似乎思维已到了"山穷水尽"的地步。笔者细究原因，不外乎是些非智力因素：写作兴趣低下，写作意志不坚定，不注意积累，知识面窄。

"教人未见意趣，必不乐学。"这句话精辟地指出了教学上的一条重要规律——在教学过程中，应注意培养、激发学生的兴趣、情感、意志等非智力因素。针对学生怕写作文、厌恶作文、无话可写的现状，笔者注意培养他们的非智力因素，注重对学生写作方面的熏陶。下面笔者就作文教学中非智力因素的培养，介绍自己行之有效的做法和经验。

1. 从学生内心需要出发，激发学生兴趣，使学生自愿作文

俗话说"七情六欲，人之常情"。人除了各种情绪外，还有各种各样的欲求，这种欲求是我们生活中不可或缺的人生追求。生命没了欲望，便失去了任何生存的价值和意义。心理学家把这些欲望称为需要。自我实现的需要促使自己发挥潜力，成为一个有价值、有贡献的人。

有需要，才会有兴趣；有兴趣，才会唤起学生进行创作的欲望。年轻的高中学生应当有追求、有志向，写作时也应当去激发、培养这种需要，使写作水平伴随着自我成熟不断提高。所以在作文教学中，教师要想方设法，或以丰富的情境诱导，或以生动直观的语言激发，使学生变被动应付写作为主观需求创作，即是变"要学生写"为"学生想要写"，方能取得事半功倍之效。

例如，学习完《我有一个梦想》后，笔者布置学生结合本课进行"我未来形象的设计"，并告诉学生："每个人对未来都充满着浪漫的想象，你肯定想过当你取得某种成功时，如何赢得别人的敬意和赞美。也许你会想得更远，想象自己未来成就了惊世的伟业。"之后又组织学生评选"我未来形象的设计"，评出最有价值、最有创意的设计方案，评选中要求学生说出理由。最后让学生根据材料拟一个合适的题目，通过想象把自己的未来描绘下来，与同学和老师分享。学生对自己的未来充满好奇，他们有在同学面前表现自我的欲望，有希望获得同学肯定的需求，所以他们在作文中能较生动地对未来描绘一番，大胆地展现自我，写得颇有情趣，此次的写作收到了意想不到的好效果。

2. 引领学生走进生活，观察生活，培养写作感情

只有生活，才是"一切文学艺术取之不尽，用之不竭的源泉"。学生只有在生活实践中接触自然，接触社会，有所见所闻、所思所想，才能产生作文的念头，才能写出真实的文章。没有生活实践的积累，习作也就成了无源之水。现在不少学生不喜欢写作文，很大程度上是因为他们接触社会少，缺少生活实践的观察积累，因此写作时才会有"狗吃刺猬，无从下口"的感觉。

因此要注重扩大学生的生活视野，让学生从课本中走出来，步入社会，真正融入生活，才会有写作的源头活水。农村的学生相对来说生活较单纯，接触社会面更小，因此笔者要求学生细心观察生活，细细品味生活。寻找作文的"活水"，引生活之水浇灌学生的心田，让学生做生活的有心人，在生活中，每日每时都进行着写作的准备。

其实生活中确实有许多可写的东西，现实生活的多姿多彩，发生在我们周围的真善美与假恶丑都是极好的素材，但如果不留心观察，仔细分析，就会视而不见，听而不闻，许多有价值的东西都会从眼皮底下滑过去。因此，笔者要求学生在日常生活中，无论是观察自然还是观察社会，都必须养成多看、多听、多想、多问的习惯：学会观察身边人，记录身边事，从人人眼中所见平常之物见出其不平常之处，然后以日记、周记、随笔等形式诉诸笔端，或叙述事件、描写场景；或针砭时弊、指点江山；抑或直抒胸臆，宣泄一己私情，从而乐于写作。

例如，在教读海明威的《老人与海》后，布置学生用日记的方式写读书笔记和心得体会。首先指导学生收集自己在生活中克服困难的事例；然后组织学生讨论读了《老人与海》后的感受；最后让学生自由写作。学生在作文中，能调动体验，将自己在生活中克服困难的事例、感情融入作品，有学生写道："《老人与海》中有句名言：一个人不是生来就要被打败的，你可以被毁灭，但不可以被打败。这句话衬托出了老渔夫的勇敢意志。……我觉得在现实生活中，碰到困难是难免的，最重要的是要勇敢面对，有坚持不懈的精神，从失败中吸取教训。回想自己，每当碰到一点点困难就不耐烦，当失败时就好比泄了气的皮球。"又有学生写道："有人说，面对困难，最容易改变的应该是自己。老人圣地亚哥的结果也许是悲哀的，但他那不言放弃、富于挑战的精神令我激动无比。……学校开秋季田径运动会，我参加三千米长跑，起跑后我跌倒了，但在老师和同学的鼓励下，我在自我挑战中到达了胜利的终点！"还有学生写道："生活处处有挑战，虽然没有圣地亚哥的轰轰烈烈，但挑战的精神却是共同的。在我们的生活中有许许多多难忘的挑战自我的经历。现在回过头来想想，真是令人感叹不已。"……渐渐地，学生写起作文来洋洋洒洒，不再难以下手，对写作也就充满感情了。

所以在作文教学中，我们要多引导学生走进生活、观察生活，从生活中撷取写作素材，让学生胸中有墨水，写作时才能够挥洒自如。否则，即使是才华横溢、思维敏捷、想象丰富的作家，如果只是闭门造车，那么他的才思总有一天也要枯竭的。

3. 培养阅读的习惯，积累写作素材，扩大知识面

仅仅有源头活水还是不够的，要做到真正的"我手写我心"还要做到古人所说的"读书破万卷"。

许多学生在平时挺能侃，课下聚在一起时手舞足蹈，海阔天空，意犹未尽，可一旦拿起笔来却重似千钧，千言万语一时无从下笔。这就是书读得太少了，没能从书中学到写作技巧。因为读是写的基础。它们都是书面语言，性质相同。阅读能让人在观点、主题和素材方面得到启示，还能提供写作范例，可见，要想写好作文，就必须养成良好的阅读习惯，涉猎古今中外各科知识。

叶圣陶先生也认为作文源于阅读，他说："阅读是吸收，写作是倾吐，倾吐能否合于法度，显然与吸收有密切联系。"良好的阅读习惯本身就是写作素养的重要方面，是写好作文的必备基础。广泛阅读，能够吸收前人的智慧，开阔视野，积累语言，增强对语言文字的敏感；日积月累，自能使自己的作文有所改观。

因此，要提高学生的写作能力，就必须在阅读上下一番苦功，要引导学生学会阅读，养成阅读的好习惯。

首先，要广泛阅读。放开学生的手脚，让他们从固守教材的封闭天地里走出来，鼓励他们多读书。课本中的语文教材，只是讲读的例子，从量上来说，远远不够，课外阅读至关重要，阅读的内容要广泛，古今中外的名家名作，应属必读之列，而且是多多益善，各类的知识读物，包括天文、地理、哲学、经济、人文、社会等书籍，都要有所涉猎。时事政治、杂文、小品也可以翻翻。总之，要相信"开卷有益"，像邓拓说的当一个"杂家"，才能博览群书；只有学富五车，才能才高八斗。总之要力求集思广益、博采众家之长，融会贯通。

其次，要掌握阅读的方法，高效地去读。面对书籍的海洋，我们不能胡子眉毛一把抓，随便拿起一本就读，而要进行认真仔细的甄别、筛选，选择那些最能丰富我们的情意、最有利于提高写作能力的去读，这就是"读好书"。尤其是对优秀典范的文章要反复阅读，仔细揣摩，深刻品味。在进入阅读状态时，应伴随思维同步进行，尤其是在读文学作品时，更应心无旁骛，全身心地进入"彼时彼境"，与作者产生共鸣，方能由阅读而写作，由仿写到创作。

同时，做好读书笔记、札记。既要对于书中精华部分，按一定的分类标准，以笔录之，作为我们的写作素材，又要敢于针对书中的某些观点提出自己的看法和主张，并以读后感等形式把它表达出来，活学活用，知出知入，不死读书，可谓"出书"也。

厚积才能薄发，只有多阅读才能使学生有话想说，有话会说。

4. 培养坚定意志，坚持自我写作，养成勤练笔的习惯

意志是人们自觉调节自己的行为去克服困难，以达到预定目的的心理过程。因而坚定的意志也就成为坚持写作的必要前提。因此，培养学生坚定的写作意志就要善于利用各种条件使学生下定决心，树立信心，保持恒心。

很大一部分高中生的写作也只是为了完成老师布置的作业。所以为了让学生每天都能动动笔写写文章，笔者要求学生坚持每天写日志，写对一些家事国事天下事的评论；记一些生活的趣事；甚至写同学之间的闲聊；描绘偶然一瞥的美景……而笔者也坚持每天批改学生的日志，在学生的日志后面写些自己的看法，和学生交流思想；并利用作文评讲和面批的机会加强正面鼓励，促使学生下定决心，致力于写作，尤其是对因基础差而写不好作文、害怕作文的学生，要细心寻找其进步的闪光点，使他们觉得劳有所获，从而信心大增；同时也借助榜样示范，帮学生树立信心：比如介绍一些伟人、名人的成长经历，告诉学生伟人、名人也是从零开始，一步一个脚印走过来的，以此给写作困难学生鼓劲打气，让他们对写作抱有希望；最后还实行成效导引激发学习动机来激励坚强的意志行为，也就是教师引导基础差、困难大、情绪低的学生有目的有计划地攻克写作中的一个个具体困难，取得一点一滴的进步，通过实际成效来坚定他们写好作文的信心。

要使学生的写作水平稳步提高，就是要让学生养成不懈的练笔习惯，具有锲而不舍的恒心。"有志者事竟成"，只要教师善于营造各种条件，让学生不管是在课内还是在课外都有随时动笔的习惯，这样，学生就会意志坚定而笔耕不辍。

笔者在作文教学过程中意识到了非智力因素的重要作用，并努力培养学生的写作兴趣，激励学生的写作动机，坚定学生的创作意志，从而促进了写作教学的顺利实施，不仅发展了学生的智力，培养了学生的能力，而且使学生品尝到了写作成果的甜美：近年来，笔者指导的学生连续在各种征文活动中获奖，在各类作文竞赛、征文比赛中夺冠。

相信随着对作文教学非智力因素探索的不断深入，学生的写作天地一定会是光明灿烂的锦绣世界，写作教学的园地也一定是花团锦簇，硕果累累。

二、营造创新氛围以促进智力培养

"创新是一个民族进步的灵魂，是一个国家兴旺发达的不竭动力。"21世纪，我们面临着世界范围的种种竞争，其中最主要的是人才竞争，这就要求我们肩负起培养具有创新精神的综合型人才的任务。

　　创新能力是人的一种高级能力，语文教学是一门艺术，它是知、情、理三者的统一体。为此，我们应该深入研究学生的心理状态和学习能力，从而有的放矢，让学生在愉悦的气氛中接受知识，欣赏作品，并且让他们积极主动地参与教学活动，有创新地学习和运用知识。

　　那么，语文教学中该如何营造这种创新的氛围呢？

（一）创造新型的师生关系，开启学生创新的门扉

　　心理学原理告诉我们，在愉快、和谐的情境中，人的智力能得到有效的发挥，其个性心理特征也能得到充分的展示。在教学过程中，利用各种教学手段，营造良好的教学氛围，让学生在全神贯注中愉悦身心，激发灵感，求得最佳创新状态，开启学生创新的门扉，淋漓尽致地发挥学生的创新精神。因为只有融洽、民主的师生关系，学生才敢于向老师提问，才敢于向老师陈述自己的观点，才敢于和老师辩驳；而老师的鼓励和赞扬往往又是学生提出问题、激发学习兴趣和增强自信心的动力。因此，对学生来说宽松民主的师生关系不仅有利于其良好个性的形成，而且有利于创新思维的萌芽和发展。

　　所以，笔者提倡教师应该为学生创新能力的发展营造宽松的精神环境。作为语文教师，在课堂上，笔者是一位尊重学生人格的知识传播者，允许学生怀疑教材，反驳师说，突破经典。例如，在学习《最后一课》时，笔者曾经分析道："韩麦尔先生的自责和他对阿尔萨斯人的直率批评，这是韩麦尔先生的民族责任感的表现，体现他的爱国感情。"马上就有位学生反驳道："我认为韩麦尔先生的自责，只能说明他原先是一位不很负责任的老师，而说他爱国，太牵强了。"对于学生的反驳、质疑，笔者一方面给予肯定和鼓励，一方面引导他说："韩麦尔先生在总结以往的教训时，心情是非常沉痛的；总结过去的目的，在于让学生珍视这'最后一课'，具有民族责任感。从这个目的看，可见韩麦尔先生的一席话可以说是用心良苦、充满爱国的感情。"这样既有利于学生创新思维的培养，又可以在轻松愉快的氛围中，更深入地理解课文。当代历史学家顾颉刚说："怀疑不仅是消极方面辨伪去妄的必要步骤，也是积极方面建设新学说、启迪新发明的基本条件……若使后之学者都墨守前人的旧说，那就没有新问题，没有新发明，一切学术也就停滞，人类的文化也就不会进步了。"从这个意义上说怀疑是创新之母。当然，质疑不是毫无根据地怀疑一切，胡乱猜疑。质疑的前提是先要弄懂文章作者的本意，而不能曲解。

所以，在语文创新教学的课堂里，老师不再是课堂教学的主宰，而是学习活动的经纪人，他的职责就是筹划和管理，保证学习活动顺利进行并取得圆满成功。在语文创新教学的课堂里，教师不再是课堂唯一的权威，而是学生创新学习的设计师和领路人，是学生疑难问题的解答者，在课堂上教师和学生的地位是平等的。在语文创新教学的课堂里，教师已经没有了满堂灌和注入式的陋习，呈现在课堂上的是以教师为指导、以学生为中心的生动活泼的学习场面。在语文创新教学的课堂里，教师对学生与众不同的疑问、见解以及异想天开的设想，对学生挑战书本、挑战权威的勇气表现出极大的耐心、宽容与尊重，并投以赞许的目光和会心的微笑。在语文创新教学的课堂里，教师给了学生不计其数的创新机会，每位学生在课堂上都有参与的可能性，机会是均等的，参与也是公平的。

课后，笔者经常和学生打成一片，从古至今，天南地北无所不谈，在交谈中既可以促进师生良好的关系，又可以增长学生的知识，帮助学生树立正确的人生观、世界观。学生在周记中处处体现他们积极上进的人生态度。例如，笔者经常和学生讲些李时珍、司马迁、屈原等历史名人的事迹以及革命先烈为了革命信仰抛头颅、洒热血的英勇事迹。学生们在周记中写道："人生路漫漫。路，伴随着我们从生命的起点走向终点。有的路充满危险，但也充满希望，走在这条路上的人们，必须穿过黑暗的丛林，越过布满荆棘的峰峦。然而，走到这条路的尽头，他们就成了无所畏惧的勇者。""著名医学家李时珍，他为了自己的志向——编《本草纲目》花费了23年的心血，终于著成了被各国医学界所采纳的医书。可见，人，不可无志；人，更不能见异思迁。前行，永远不会干涸，生命就会富有，追求就会永恒。这是一个永不改变的信念。因此，立长志的人只要奋斗拼搏一定会成功。"……

所以具有民主性的新型的师生关系是语文创新教学的基础。

（二）创设学生参与的教学情境，强化学生的创新意识

语文教学的特点是：以情感人，再现情境，寓教于乐。教师们应该根据具体教学内容，创设出一种能激起学生情绪的场景和氛围，使学生受到感染，受到熏陶，产生情感和心理上的共鸣。这样做，有助于强化学生的创新意识，培养学生的创新能力。

比如在教《窦娥冤》时，笔者先放一段视频，让学生身临其境，积极的情感就被调动起来，他们就会主动地去体会、理解文中人物的立场、性格、矛盾的冲突；然后大家你一言我一语地讨论剧中的人物形象、性格特征；最后请几位同学分角色来表演，剧中人物竟然在课堂上惟妙惟肖地再现，这说明课文里展现的情景已深深印入学生的脑海中。这样既活跃了课堂气氛，又培养了学生表演创新能力。

所以，语文教学中创设相应的教学情境可让学生获得探究的乐趣，创新的乐趣，从而提高语文素养。

（三）创造广泛汲取知识的环境，激发学生的创新精神

见多才能识广。有意识地接触社会，多参加活动，多接收外界信息，扩大知识范围，这是创新的必备条件。泰勒曾指出："具有丰富知识和经验的人，比只有一种知识和经验的人更容易产生新的联想和独到的见解。"科学创新的基础在于知识准备，创造不能凭空乱想。知之甚少是无法创新的，知之不多对于创新也是不利的，知之甚多才是为创新能力的形成提供肥沃而宽广的土壤。

投身社会实践，让学生充分展示语文创新才能。"外面的世界很精彩"，让学生关注社会，积极参与社会实践，是激发学生的创新精神、提高学生创新能力的有效方法。因此，平时鼓励学生多看电视新闻、焦点访谈等节目；多阅读报纸杂志，在班级设立图书角、信息箱等；多欣赏报刊、墙报上的插图、漫画、摄影、广告等。在平时上课中，特别是说明文的教学中，也注意补充新知识，如教《中国石拱桥》时，补充介绍现代石拱桥的建造技术及材料；教《向沙漠进军》一文时，补充介绍改革开放以来，我国在征服沙漠、改造沙漠方面已取得令世界瞩目的成就，这已引起国际治沙治荒界的极大兴趣等，让学生了解这些信息，能使学生更深刻地认识到征服沙漠、改造沙漠广阔的发展前景。

适当补充现实生活中的新知识，介绍一些科技发明的新成果，既可以打破教材的局限，密切语文教学与现实生活的联系，又有利于激发学生关心社会发展、关心科技发明新成果；同时可以活跃学生的思维，增强时代发展观念和锐意创新观念。

这些信息知识来源多、数量大，如果善于利用，对于创新能力的培养是大有益处的。这在平时的教学中得以体现。例如，在教学王维的《送元二使安西》"渭城朝雨浥轻尘，客舍青青柳色新。劝君更尽一杯酒，西出阳关无故人"时，我问学生，从这首诗中，你还想到了什么？学生们在知识积累较广泛的前提下，提出了很多有新意的想法，有的联想到环保："柳色新，空气清新，这就要多植树造林，树木可以净化空气。"有的联想到经济开发："阳关原是个繁华的地方，为何现在这么落后、荒凉？这是它地处沙漠地带的缘故，但这地方如果开发旅游业，将会使地方繁荣、发达，因为'大漠孤烟直，长河落日圆'的壮阔图景，是现代人都想一睹为快的美景……"有的联想到交通问题："古人在分别时总是悲悲戚戚的，这除了是因为情真意切外，还因为古代交通不方便，一远别就难再相见。所以在西部地区，应注意开发交通事业……"等。学习贵在创新，创新就需要大胆地想象。所以在教学中，不仅要把已有的科学结论交给学生去重新发现，而且要鼓励、引导学生充分展开想象，探索更为广阔的领域。

总之，创造新型的师生关系，营造轻松愉快的民主氛围，有益于开启学生创新的门扉；创造学生积极参与教学的情境，有益于强化学生的创新意识；营造丰富多彩的学习环境，有益于激发学生的创新精神。这些因素对学生创新能力的培养是很重要的。

第二节　巧用教材推进核心素养培养

　　灵活巧妙地处理和运用教材，教学才有一定的启迪意义，才能够更好地完成智育工作。教师面对的是学生，是性格差异、层次不同的学生，在教材处理、教学设计上要根据学生的实际情况而定；教学是复杂的脑力劳动，教师要根据不同的教学内容使用不同的教法；教学过程中会出现突发情况，教师要根据情况灵活多变，使得课堂教学游刃有余。因而，教师要寻找灵活的教育教学方式，让学生全方位参与语文学习，让学生课堂学习更高效，语文素养得以提升，智力得以发展。

一、巧用教材践行新课标

　　2019级高一学生处于新高考、新课标、新课程的初期，语文教师可以借鉴新课程的体例，巧用旧教材，创设主题，重组课内外资源，实施教学实践活动，践行新课标，落实高中语文四大"学科核心素养"。

　　2017年颁布的新课标，如一股东风，吹皱了语文教学的一潭春水，又似一道阳光，让我们看到了语文学习的本色。2019级高一学生处于新高考、新课标、新课程、旧教材这种新旧掺杂的特殊时期，这也是新课程改革过渡期的主要困惑之一，对老师们来说是一个难度颇高的挑战。

　　要如何巧用旧教材践行新课标呢？下面浅谈笔者的一点思考。

（一）解读新课标，借鉴新课程

　　《普通高中语文课程标准（2017年版2020年修订）》（以下简称"新课标"）语文新课标提出了"学科核心素养"概念：语言建构与运用、思维发展与提升、审美鉴赏与创造、文化传承与理解，这四方面内容相互融合，不可分开。

为实现学生提升语文核心素养这一目标，新课程标准在不同年段、在课程编制的设想上，以语文素养为纲，提出了十八个"学习任务群"，因此，一个核心、四个方面、十八个任务群，构成语文新课程的内容框架。记得温儒敏先生说过，"学习任务群强调的不是以课文为纲，也不求知识的完备与系统，训练也不再是纯技巧的分解，而是任务驱动下的多文本的学习。"十八个学习任务群既相对独立，又互有蕴含，各有侧重，在高中三年分段落实，并构成螺旋上升的课程内容。无论是专题还是项目，语文课本仅仅是聚集专题或项目的课程资源。教师利用教材的专题，开展群文阅读，进行项目写作，将成为教学的常态。

新课标具体明确，为语文教学指明了方向。新课标下高中语文教材容量大，需要的课时量也大，鉴于旧教材课时安排有限，群文阅读的时间大多可以放在课外，要求学生在课堂教学和课文阅读基础上，自觉养成课外博览的良好习惯，并使课外阅读成为语文学习的重要组成部分，既丰富知识积累，又增添人生阅历。

作为2019级高一语文教师，可以借鉴新课程的体例，巧用旧教材，创设主题，重组课内外资源，实施语文教学活动。教师已然习惯的教材处理方式也需要更新换代，单篇精读的教学方式将逐渐被群文阅读取代。任务群的理念和实践方式突破了既有的教学方式方法，它在教学中强调的不是以课文为纲，而是任务群驱动下的多文本学习。

因此，新旧教材过渡期的教师要吸收新课标关于任务群的理念，在旧教材的使用方面、在某些教学环节中贯彻新课标，且须根据学生的实际情况整合旧教材、巧用旧教材，确定合适的教学内容。

（二）巧用旧教材，践行新课标

1. 分析教材，明确新任务群

必修一第二单元《烛之武退秦师》《荆轲刺秦王》《鸿门宴》这些文章都属于史传文学，根据"中华传统文化经典研习——古代记叙散文"新课标学习任务群，这一单元的学习目标是：指导学生通过阅读古代经典，充实文言字词积累，丰富阅读经验，陶冶性情，提升美的感受力，进而增进学生的爱国主义情感，培养学生弘扬传统文化、传承中华文明的自觉。

这三篇都是史传文学名篇，有记载政治、外交的惊心动魄和错综复杂，有记载杰出历史人物的功过和品行，人物形象突出，学习本单元既可以在语言上领略叙事语言的优美，也可以领略古人高超的智慧、缜密的谋略和可歌可泣的传奇历程。在教材处理上，要以任务为导向进行大单元设计，构建开放的语文课堂，以《鸿门宴》为主，以《烛之武退秦师》《荆轲刺秦王》为辅，有目的地学习；在学习方法上，学生借助课下注释、古文辞书独立完成文本研读，同时结合此前学习过的古文，梳理常用文言文语法、特殊句式和实词虚词的特点，初步了解文言文向现代汉语的演化脉络，并在教师的指导下根据文本内容有针对性地鉴赏人物性格及文本特点。

2. 整合教材，落实核心素养

（1）语言构建与运用方面

新课标提出，"语言建构与运用是指学生在丰富的语言实践中，通过主动的积累、梳理和整合，逐步掌握祖国语言文字特点及其运用规律，形成个体言语经验，发展在具体的语言情境中正确有效地运用祖国语言文字进行交流沟通的能力"。语言建构与运用是语文素养的表征之一，是四个方面的基础。

本单元是学生学习整套高中语文教材中古文知识的基础部分，更是学生全面提高文言文运用能力的主要载体。所以，以本单元为突破口、以《鸿门宴》为载体，锻炼学生文言文构建的能力，加强学生语言运用能力，为之后学习各类文章奠定文学基础。教学中，着重从以下几个方面入手学习。

① 夯实基础，积累字词

本文篇幅长，需要掌握的文言知识多：要读准一些生僻字的音；掌握文中重要实词"善、幸、事、谢、操、从、置"等的意义；积累常见文言虚词"因、以、于"等的意义和用法；辨析一些文言现象，掌握通假字、古今异义字、一词多义、词类活用、特殊句式等。然而《鸿门宴》文言知识难度小于《烛之武退秦师》与《荆轲刺秦王》，较通俗易懂，所以在学习本文时可以让学生自己查阅资料，勤做笔记；利用图书馆馆藏古籍、网络古典文献数据库查阅相关资料，如解析、注释、名家解读和争鸣等资料，拓展文本解读的深度和广度。

② 运用情境教学模式，调动学生语言感受机制，产生语境共鸣，使之转化为动态的语言

"语言构建与运用"的最高层次就是交流与语境。普遍认为，在略显枯燥且晦涩难懂的文言文教学中，语言情境运用不足，一直是语文教学需要解决的难点之一。高中文言文教学实践中，若缺少了直观性、趣味性和生动性，则难以激发学生学习的欲望和感情的融入与体验；语言情境的预设和运用是一种切实可行且事半功倍的方法，有助于培养学生文言文语感，逐步熟悉文言文言语体系，进而理解古文的内涵，正确有效地运用动态语言进行交流沟通，提升自身动态语言的能力。

那么，如何达到建构语言的目的呢？以樊哙的语言为例来说明。先让学生分角色朗读文本，熟读樊哙的语言，体会樊哙面对不可一世的项羽，在语言上以攻为守。樊哙抓住了项羽重义重勇、骄矜自大、刚愎自用的特点，他只要击中项羽的软肋，刘邦就可全身而退。所以，樊哙勇闯军帐，毫无畏惧地斥责项羽，斥责之言也多含奉承项羽之意；这就满足了项羽自矜功伐之心。所以项羽虽然感受到威胁，却对樊哙产生惺惺相惜之情，对樊哙的无礼行为不加责怪，反而赐酒肉、赐座。有了这一体验的过程，学生明白了应该在什么样的言语对象、言语背景下使用什么样的语言，掌握了动态语言特点，从而掌握语言的建构方法，形成个体的言语经验。

（2）思维发展与提升方面

新课标将"思维发展与提升"列入核心素养范畴，表明其在提升语文素养方面具有重要的、不可替代的地位和作用。

《鸿门宴》文学价值高，故本文的教学可偏重人物赏析，带领学生分析人物性格及人物之间的关系，培养多向思维，提高思维能力。学生通过文本的学习，认识社会与人生，进而观照自我，使自己进步与完善。这种思辨性的阅读体验过程，也是学生思维的发展与提升过程。

① 赏析精神，传承团队美德

教学中，让学生分析刘邦和项羽两个团队的合作情况。学生通过分析，发现刘邦之所以能够称霸天下，主要在于他有一支得力的团队鼎力相助：刘邦的多谋机诈、张良的深谋远虑、樊哙的忠勇善言，组成了一支有勇有谋、齐心协力的团队。反观项羽的团队却如一盘散沙，项羽优柔寡断、项伯徇私泄密、范增骄横急躁，让四面楚歌的局面露出了端倪。

通过赏析团队中每个人物的精神品质，学生明白了强大的团队力量足以左右个人的命运，乃至引领或改变历史的走向；在复杂险峻的政治斗争和军事斗争中，具有凝聚力的优秀团队，其战斗力所向披靡、势不可当；团队的力量，不在于突出个人的棱角，而在于同伴之间的了解和配合，取长补短，形成团体的强大能量。刘邦的成功、项羽的失败印证了团队力量至关重要，让学生学会合作，懂得要传承优秀团队的美德，明白"一个篱笆三个桩，一个好汉三个帮"的道理。

② 品析人物，正视自身缺点

学习这篇文章时，可以让学生分析项羽的经历及性格，从而明白对待自身缺点的态度，决定了人物最终的命运。项羽，在诸侯并起、各自称雄的时代，称楚霸王，骁勇善战；但是刚愎自用，沽名钓誉，没有勇气面对失败的局面，最终自刎乌江。通过学习，学生明白，人性都是有缺点的；可是有缺点并不可怕，问题是要如何正视这真实的人性；在教学中让学生联系自身的经历体会，谈谈如何对待自己的缺点。学生通过分析，学会正视自身的缺点，使自己进步与完善。

（3）审美鉴赏与创造方面

审美鉴赏与创造对于学生而言是很抽象的，可是语文教育始终蕴含审美活动，两者相互作用，密不可分。这也是语文学科的特质和要求，即在学生学习知识的过程中，学会感知美、理解美、鉴赏美。《鸿门宴》文学价值很高，教学中应该重视审美鉴赏。

① 主题争鸣方面

设置思考题："鸿门宴"可谓项羽与刘邦历史命运的一个转折点。有人说正是因为项羽在鸿门宴上的"一失足"，才酿成了他垓下被围、乌江自刎的"千古恨"，你是怎么看的?

学生对这个问题进行激烈的讨论，各抒己见，有的认为"项羽的失败，关键是其性格中的弱点"；有的认为"项羽的失败，其部下也要负责任。范增急躁易怒于事无补，项伯徇私情泄露机密，项庄遇干扰就放弃斗争"……学生观点各异，产生百家争鸣的局面；思想上碰撞出火花，在审美鉴赏上有自己独到的见解。

② 写法借鉴方面

a. 写作特色

三起三落、险象环生的故事情节；活灵活现、性格鲜明的人物形象。

b. 写法指导

情节波澜起伏"三法宝"——悬念法、误会法、巧合法。

人物刻画的方法：在激烈斗争中、矛盾冲突中刻画人物性格；运用对比映衬的手法刻画人物的不同性格。

c. 迁移运用

写作训练——请你写"同桌的一件事"，可以虚构，要求故事情节完整，且波澜起伏，并且能够体现同桌的性格特点。700字左右。

学生借鉴本文写法，在描写同桌时，懂得把同桌放在一件情节波澜起伏的事件中，刻画出一位个性鲜明、栩栩如生的同桌，有一定的审美创造。

（4）文化传承与理解方面

于漪老师认为，语文和文化之间是相互融合渗透的关系。在文言文教学中，教师不仅要让学生掌握基本词汇和语法等知识，更要善于挖掘文本内在的传统文化内涵，以滋养学生的心灵，弘扬传统文化魅力。因此，教学中要对课堂进行补充和拓展，让学生了解背景，汲取文本精髓；还原礼俗，解读文本意蕴。

① 拓宽视野

a. 人称变化显精彩

刘邦自称"吾、我或臣"。在鸿门宴前，刘邦对张良称"我、吾"；在鸿门宴上，刘邦对项羽说的话中，一连恭敬而谦卑地用了三个"臣"。通过这一称谓的变化，刘邦的性格特点凸显出来：寡不敌众的劣势使刘邦不得不忍辱负重，为了摆脱杀机四伏的险境，他甚至不惜委曲求全骗取项羽的信任。这种狡诈应变、能屈能伸的性格，使他成功躲过了灭顶之灾。

张良称刘邦沛公、大王。张良对刘邦的称呼有两种：一称"沛公"，一称"大王"。在项羽面前，他称呼刘邦"沛公"，这完全是出于外交的需要。在这场力量悬殊的外交战场上，己方处境极为不利，只有恭维对方、贬抑自己，不露锋芒，才能摆脱困境。所以，精通谋略的张良决不会在项羽面前称刘邦"大王"，这体现了张良审时度势的机智。

学生通过分析人称变化，明白文中各个人物复杂多变的称谓，看上去似乎是不经意的一笔，但却有如此丰富的意蕴，让人玩味不尽。"称谓"的文化，尽显精彩，令人叹服。

b.座位顺序显个性

席位座次的安排，在古代礼仪中非常讲究，也是非常严格的，体现了主宾的尊卑贵贱和地位。《鸿门宴》的座次安排精彩地体现了主宾双方迥异的性格和微妙的心理。按常理，"宾主位，东西面；君臣位，南北面"，因此亦有"南面称孤，北面称臣"一说。"鸿门宴"设在军帐中，座次尊卑依次是东向、南向、北向和西向，西向是最卑下的位置。文中描写"项王、项伯东向坐，亚父南向坐，沛公北向坐，张良西向侍"。本来刘邦为客，理应安排最尊贵的席位（东向坐），但是，东向坐却由项羽自己坐上了，再者，次席也安排给了自己的谋士、亚父范增，而把客人刘邦安排到第三等席位，至于刘邦的谋士张良，更是只有陪坐"西向侍"的份了，这种主宾座次倒置的异常现象表明了什么呢？它向我们传达了一项重要的信息——项羽锋芒毕露、目中无人、自命不凡的性格特点。"坐次"的文化，凸显个性，令人叹为观止。

c.后人评价显思辨

让学生积累后人对项羽评价的诗词，诗词中对项羽有褒有贬，如杜牧的"江东子弟多才俊，卷土重来未可知"表达了对项羽的同情；李清照的"至今思项羽，不肯过江东"表达了对项羽的敬意。王安石的"江东子弟今虽在，肯与君王卷土来？"则是以辛辣的口吻明确地表示对项羽的否定；毛泽东的"宜将剩勇追穷寇，不可沽名学霸王"更是直截了当地批评项羽为图虚名而放走了敌人。

通过这些诗词的学习，既传承了经典文化，又有助于学生客观辩证地看待一个人，培养学生的辩证思维能力。

②群文阅读

使用旧教材的课堂，既要重视课堂教学内容的补充、拓展，又要推荐学生课外进行一定范围的群文阅读，把课外阅读纳入教学计划，积极提倡整本书阅读，让学生以良好的心态读书，从中感受经典著作之美，陶冶情操，只有这样才能更好地践行新课标。

推荐学生阅读：史话杂谈《彼可取而代也VS大丈夫当如此也》，时文《〈大江大河〉：从性格看人物及其命运》《诚信英雄项羽》《这样一个项羽》《路遥，一位充满着英雄主义精神的作家》，小说《英雄时代》《说岳全传》《林则徐传》。让学生静下心来读书，养成好读书的习惯，培养学生健康的审美情趣和仁爱共济的家国情怀，坚定报效祖国的信念。

（三）且行且思，悟教学真谛

反思《鸿门宴》的教学情况：在旧教材处理上，笔者借鉴新课程的体例，重组课内外资源；在教学上，尝试着打破常规的教学模式，主要是以合作探究、情境体验为主，从情节和人物形象入手，激发学生学习兴趣，引导学生多角度思维，拓宽学生阅读的知识面，落实语文核心素养。从课堂反应来看，以往文言文课堂上学生兴趣索然、恹恹欲睡的状态已然不在，取而代之的是学生跃跃欲试的学习热情，学生课堂参与度高，能够很好地掌握本文相关的知识。总体来说，较好地完成了本文的教学任务，践行了新课标，提高了语文核心素养。

纵观近几年高考考纲和试题，文言文考查有四个层次：识记、理解、分析综合和鉴赏评价，根据这四个层次，新课标下的高中文言文教学必然要总结之前的经验教训，做出适当的调整：围绕核心素养的落实，明确课程要求，精选、重组教材的内容；从实施需求出发，强化教材的实用性、可操作性。笔者认为旧教材的重新开发，可以从以下四个方面更好地落实高中语文核心素养：

一是掌握文言特点，建构动态语言；二是感悟作品内涵，提升思维能力；三是鉴赏作品特色，感受文本魅力；四是汲取文本精髓，传承传统文化。

课改之路，任重道远。只有且行且思，方可悟出教学真谛。

总之，新课程改革下新旧教材衔接至关重要，教师应该根据新课标、新课程方案，整合旧教材，对旧教材进行筛选、分类、拓展，建立群文阅读，建立符合学生学习成长规律的语文教材新体系，以便更好地践行新课标。每一位优秀的教师必定是执着新理念、勇于破旧的践行者，也一定是大胆尝试、力求创新的践行者；这些践行者必须深入领会新课标精神，巧用旧教材，反思教学行为，使新课程改革始终沿着"立德树人"的轨道健康发展。

二、以读导写，打破议论文写作瓶颈

"他山之石，可以攻玉"，合理地利用教材，可以更好地引导学生学习，让学生从范文中寻找和借鉴写作的方法，从而突破议论文写作瓶颈，提高写作能力。

现在高考对写议论文情有独钟，可是老师们都觉得指导学生写议论文很难。小学到初中的基础教学大都只重视记叙文和散文的教学，只有初三两个单元涉及议论文的学习。据调查：高一一个班全班45名学生只有10名学生在初中写过一至两篇的议论文。所以对于高一年级刚刚接触到议论文写作的学生来说，在学习写作过程中"文体不明确，论点不明确，论据选择不恰当，不会展开、论证思路混乱"等问题是普遍存在的。对于这些问题，我在思考：能不能把读、写有机结合起来呢？以读导写，突破议论文写作瓶颈，以此帮助学生写好规范的议论文。

叶圣陶先生说："阅读是吸收，写作是倾吐，倾吐是否合乎法度，显然与吸收有密切联系。"也就是说，学生之所以写作能力差，是因为未能真正从阅读中获取有价值的写作技巧信息，在阅读中学到的知识未能在写作中得到应用。因此，我们要把阅读与写作有机地结合起来。在指导写作中，我充分利用教材中（特别是初中教材中）规范的议论文，结合通俗、易仿的典型的课外议论文，把阅读教学与写作教学密切结合起来。

本文所谓的"以读导写"就是让学生通过解读规范议论文，借助范文的示范作用，帮助学生掌握议论文如何确立论点、如何展开提出问题—分析问题—解决问题的写作结构安排；从而让学生从议论文知识以及文章的写作技巧、语言特点等方方面面着重品味学习，进而运用到写作中，学生还通过写作实践，不断总结经验，提高写作议论文的水平。

结合近几年在议论文写作教学中的实践经验，谈谈"以读导写，突破议论文写作瓶颈"相对有效的几种做法。

（一）阅读规范议论文，拟写结构的框架与提纲

结构就是文章的骨架，有人甚至认为：议论文就是结构。特别是高考，短短时间内，结构新颖精巧的文章，肯定就更容易进入高分的殿堂。学生的议论文写成"四不像"（文体不明确）的文章，其主要瓶颈在于不能构建规范的议论文框架，因此，为了打破这一瓶颈，我让学生通过阅读多篇规范议论文后，整体感知，归纳阅读的议论文的写作结构，然后按不同的侧重点进行阅读与写作的迁移训练，即仿写文章结构与提纲。

阅读议论文的目的之一，便是学其写作技巧，厘清文章结构，厘清全文段落间的逻辑关系，理解什么是中心论点和分论点等；引导学生思考"为什么这样写""这样写有什么好处""用其他的顺序写好吗"等问题；还引导学生对文章质疑：作者的论证是合乎逻辑、自圆其说的吗？下面以教学《理想的阶梯》一例谈谈"以读导写议论文的结构框架的模式"。

首先，指导学生模仿范文的论证结构，构建议论文的结构框架。例如，通过阅读初中（注重初高中衔接）规范议论文《理想的阶梯》，并指导学生归纳本文的结构和思路：

一、针对理想与现实的矛盾提出中心论点：奋斗，是实现理想的阶梯。

二、三个分论点分别从不同方面论述"奋斗"与"理想"的关系，支撑中心论点。

1. 理想的阶梯，属于刻苦勤奋的人。事例＋分析议论

2. 理想的阶梯，属于珍惜时间的人。事例＋分析议论

3. 理想的阶梯，属于迎难而上的人。事例＋分析议论

三、结论："奋斗，是改变现实的杠杆"，深化中心论点

其次，让学生根据这篇文章的论证结构特点，归纳出议论文的基本论证结构，以此来构建议论文的结构框架：

一、引论（提出问题）：由"材料"或题目提出自己的论点（判断句）。50~100字

二、本论（分析问题）：一般由三个主体论证段组成，每段200~250字

分论点之一＋事例＋分析议论（或夹叙夹议）

分论点之二＋事例＋分析议论

分论点之三＋事例＋分析议论

三、结论（解决问题）：重提论点，联系实际，总结全文。100字内

再次，让学生根据前面所学，以"理想"为话题，拟写一个规范的议论文结构提纲，在拟写提纲过程中，指导学生学会开头、结尾、过渡衔接与照应的方法。

最后，让学生在仿写提纲的基础上形成文章。仿写之初，应力求简便有效。只要学生能扣住"理想"的话题，想清了论点，准备好了论据，就模仿《理想的阶梯》开始写作：让学生开篇由某些现象摆出论点，然后阐述论点，并围绕中心论点展开论证，分成三个分论点进行阐述，并用一些事实和道理来证明论点，最后得出结论，升华主题。

好的结构，可以展示学生清晰的思路。但学生在仿写时要驾驭自如，结构必须不断创新，并且要根据文章内容和主题表达的需要去选择，不要"呆板"地模仿。其实最好的文章结构模式就是无模式，即"踏雪无痕，无迹可寻"，这种议论文表面上看不出结构模式，其实是隐藏在文章当中，需要做一番分析才能确知，但是这种境界和能力需要在熟练掌握多种结构模式的基础上才能形成，不可一步登天，否则容易变得杂乱无章。

（二）阅读规范议论文，训练分论点的提炼与表达

很多学生在确立完中心论点后却不懂得如何展开去论证，这样导致无话可说字数不足、文章论证无法深刻等瓶颈问题。

其实，一篇文章最关键的部分是"分论点"。从不同角度、不同侧面、

不同层次去展开，这每一层、每一面就是一个"分论点"。分论点即是对中心论点的展开和说明，是中心论点的具体化。有了分论点，文章的条理就显得比较清晰。分论点是在中心论点的制约下提炼出来的，是为中心论点服务的。因此，要指导学生在确立中心论点后，学会用一个句子的形式表达分论点。训练分论点的提炼与表达有三种方法。

1. 模仿范文另外提炼分论点

这首先要引导学生阅读范文，从中把握作者的写作思路，理解作者的观点，明白作者是如何论证自己的观点的；并且让学生根据文章的中心论点模仿分论点再补充几个类似的分论点。例如在阅读范文《理想的阶梯》后，让学生根据中心论点，模仿文中并列式的分论点，再写三个分论点。

通过这样的训练，学生明白如何围绕中心论点展开论证。

2. 根据范文论据提炼分论点

给学生一篇规范议论文，让学生根据文章中的论据及论证为文段归纳分论点。例如，让学生阅读2006年湖南高考优秀作文《谈意气》时，先把每段的分论点挖空，让学生根据每段的论据及论证分析填写分论点：填写分论点一时，指导学生可根据李白和苏轼的事例以及语段中的关键语句"若无意气，他怎会有如此豁达的胸襟？"得出分论点一："人有意气，才能有豁达的胸襟。"并以此类推出分论点二、分论点三。从《谈意气》一文的分论点可以看出，一篇文章是定下中心论点后从"为什么"的角度提炼分论点，"人要有意气"，为什么呢？"人有意气，才能……"，找出了三个原因。《谈意气》一文所使用的提炼分论点的方法叫"因果分析法"。这里的"因"是指分论点，"果"是指中心论点，就是在确立了中心论点（果）后，再来分析达成这个结果的原因。

通过这样的训练，学生明白中心论点与分论点之间的关系。

3. 分论点的表达要句式相同，形成段首排比

阅卷老师在高速阅读的情况下，希望能在最短的时间内看清学生的写作思路、全文的布局安排、段和段之间是否界限分明。这就要求分论点在表达时要简明扼要，最好句式相同，形成段首排比。

分论点的语言要精练，一般控制在15~20字；分论点句子的结构要一致，使中间几段构成段首排比；而且分论点要求要"扣得住、分得开、排得顺"："分得开"即是所列的几个分论点应从同一角度回答同一问题，不能造成逻辑混乱；"扣得住"就是分论点之间界限清楚，不互相交叉重叠，没有包容关系；"排得顺"则是分论点先后顺序要合乎逻辑，合乎情理。

分论点的表达最好是警句化，也可以采用多种修辞手法，使其灵动飞扬、悦人眼目。但需注意，不管采用何种方式拟定分论点，各个分论点的表述最好一致，手法一致，结构一致，如用比喻，就都用结构相同的比喻；如引用歌词，则所有分论点都引用歌词。

通过分论点的表达训练，学生明白分论点构成段首排比既使文章结构清晰，又使其论证条理严密。

（三）阅读规范议论文，模仿论据的选择与运用

写作议论文中有一个问题亟待解决，那就是大部分学生积累了不少的材料，但却不懂得运用，写作中明显暴露出论据不能为论点服务的问题。因此，在平时除了要注重培养学生积累写作素材的习惯外，更要指导学生如何选择与运用论据，这样才能写好一篇议论文，打破"材料不能成为论点的佐证"这个瓶颈。那么，如何指导学生模仿论据的选择与运用？有三法。

围绕论点补充论据。让学生读范文，为文章原有中心论点补充论据，这样可以训练学生模仿阅读材料中的论据选择，学习围绕中心论点来补充材料的能力。在阅读《理想的阶梯》时，我让学生围绕中心论点"奋斗，是实现理想的阶梯"，补充各种论据。经过多次的训练，学生就能从中掌握规律，明白如何选择论据，如何让论据为论点服务。

紧扣论点分析论据。学生在阅读范文后，还要明白论据是要与观点联系起来的，是要能够成为证明论点的论据。在列举事例后缺少必要的分析，是很多学生作文中最大的问题。因此在指导学生阅读时我经常问学生："这个论据与论点有什么关系？两者是怎样挂钩的？"学生循着这个思路去思考，就明白论据一定要紧扣论点，并通过分析关键语句来更好地服务于论点。因此在写作中学生就懂得要保留与论点相关的内容，删去与论点无关的内容。

根据论点积累论据。为了有利于学生在写作时容易甄别、筛选论据，平时

指导学生在积累素材时要根据话题论点分门别类。南宋文学评论家严羽曾说："语贵洒脱，不可拖泥带水。"因此论据要简洁概括，高度浓缩，所以指导学生把听到看到的完整的故事，用简洁的语言进行概括，浓缩成100字左右的素材，以备写作时运用；对于阅读范文中现成的论据，我们要善于体味其多重蕴含，遴选其中角度较新的我们理解得透彻的一种作为观点，并将之识记、积累；在平时搜寻论据的时候，尽可能让贴近生活、贴近时代、典型有力的论据成为学生素材库中的"嘉宾"，发挥效力，使文章常新。

如果按照上述的策略，构建起议论文由读到写的有机结合，我认为议论文的写作教学会得到一些改进，议论文写作的这个难题也就会得到一定程度的解决。当然了，议论文不光是读出来的，更是在很大的程度上是写出来的，唯有常写，写起来才可能逐渐摆脱生硬、单一地模仿，变得收发自如、挥洒自如，才谈得上讲求"有创意地写作"。久而久之，也许学生就可以放下仿写这根拐杖，有创新的写作能力！

三、精心设计"教"与"学"的双边活动

教学设计的艺术不仅体现在教学内容和方法上，更在于教师如何通过艺术性的教学设计来调动学生的学习积极性，使他们真正爱上语文学习。教师需不断更新教学理念、掌握学生心理，以及创新教学方法，才能让高中语文教学充满吸引力和生命力。精心的教学设计，可以更系统地传授知识，让学生形成基本技能，培养智力才能。教学设计应围绕培养学生的核心素养展开，通过明确教学目标、设计合理的教学活动，教师可以有效提升学生的语言能力、思维品质、审美意识和文化认同。生动活泼而有内涵的双边教学设计不仅有助于落实学科核心素养，也为学生的全面发展和终身学习奠定坚实基础。下面以高中语文必修上册第三单元"生命的诗意"单元设计为例，谈精心的教学设计对培养学生核心素养的作用，其中具体的单元学习活动案例参见附录。

单元篇目：

7.《短歌行》《归园田居（其一）》

8.《梦游天姥吟留别》《登高》《琵琶行并序》

9.《念奴娇·赤壁怀古》《永遇乐·京口北固亭怀古》《声声慢（寻寻觅觅）》

精读：《短歌行》《梦游天姥吟留别》《登高》《念奴娇·赤壁怀古》

略读：《归园田居（其一）》《琵琶行并序》《永遇乐·京口北固亭怀古》《声声慢（寻寻觅觅）》

【单元目标】

1. 中国是诗的国度。优美的古诗词是中华传统文化的瑰宝，蕴含着中华儿女代代相传的文化基因。阅读古诗词作品，可以体味古人丰富的情感、深邃的思想、多样的人生，加深对社会的思考，增强对人生的感悟，激发对中华优秀传统文化的热爱之情。

2. 本单元的人文主题为"生命的诗意"，汇集了不同时期、不同体式的诗词名作。曹操对"天下归心"的渴望，陶渊明"复得返自然"的淡泊，展示了两种不同的人生状态；李白驰骋想象的豪迈，杜甫登高望远的悲凉，白居易"同是天涯沦落人"的慨叹，表现出各自的人生境遇和情感世界；苏轼、辛弃疾词的豪放，李清照词的婉约，则展示出宋词不同的审美追求。

3. 学习本单元，要逐步掌握古诗词鉴赏的基本方法，认识古诗词的当代价值，增强对中华优秀传统文化的传承意识。要在反复诵读和想象中感受诗歌的意境，欣赏其独特的艺术魅力；感受诗人的精神世界，体会诗人对社会的思考与对人生的感悟，提高自身的思想修养和文化品位；尝试写作文学短评。

【单元教学任务设计】

1. 古诗词中常常寄寓着诗人对社会的思考和对人生的感悟。阅读本单元诗作，可以采用知人论世的方法，通过了解诗人的生平、创作背景等，深入理解作品。比如，了解杜甫及其所处的时代，有助于理解《登高》中忧国伤时、悲秋苦病的深沉情思；了解苏轼的人生经历及《念奴娇·赤壁怀古》的写作背景，有助于理解词作中蕴含的壮志难酬的忧愤及旷达洒脱的豪情。从本单元选择一首诗词，查找相关资料，联系已经学过的诗歌，探讨诗歌的内涵，思考这首诗对你有怎样的启示，与同学交流。

2. 古诗词是中华传统文化的精华，具有很强的音乐性。建议组织一次班级诗歌朗诵会，通过多种形式的朗诵，体会古诗词的音韵美。

（1）每位同学选择自己最喜欢的一首诗词在小组内朗诵。朗诵前，要反复揣摩其情感基调和音韵节奏，设计朗诵脚本；也可以从网络上收集相关音频、视频资料，学习借鉴。

（2）每个小组推举代表参加班级朗诵会。可以为诗词配上合适的乐曲和图片，增强朗诵效果。

3. 优秀的古诗词作品往往具有深刻的意蕴和独特的艺术匠心，学习欣赏时应当重点关注，细加品味。比如，曹操《短歌行》运用比兴手法和典故表述心志，陶渊明《归田园居》用白描呈现日常生活画面，李白《梦游天姥吟留别》用瑰丽的想象表现梦境，白居易《琵琶行并序》把抽象无形的音乐化为具体可感的形象等。从本单元选择一首诗词，就你感触最深的一点，写一则800字左右的文学短评。

【教学规划建议】

本单元包含8篇课文，基于学校学生语文基础比较薄弱的情况，读懂诗词与鉴赏诗词的指导需双线并行，计划教学课时12课时。

1. 课时分布建议

课文学习活动10课时，写作指导2课时。对于群文组合的课文，可事先根据不同教学目标和学情，进行单篇精讲，再结合选定的专题进行群文学习活动。安排2课时，以《短歌行》《归园田居（其一）》这两首古体诗为载体，学习"知人论世"的诗歌鉴赏方法，感受诗人在不同的人生状态下，诗歌语言的艺术特点；安排3课时，学习《梦游天姥吟留别》《登高》《琵琶行并序》，进行浪漫主义与现实主义诗歌的比较、歌行体与律诗的体式及手法的比较，重点学习《登高》一诗作为七言律诗在体式上的特色与技巧；安排3课时学习三首宋词，鉴赏豪放派与婉约派的艺术风格，提高诗歌审美情趣；安排2课时，组织一次班级诗歌朗诵会，通过多种形式的朗诵，体会古诗词的音韵美。

2. 群文组合建议

思路1：学习"知人论世"的诗歌鉴赏方法，体味诗人丰富的情感、深邃的思想、人生的状态，感受诗歌的艺术魅力。

曹操的《短歌行》表达生命无常、人生易老的感慨，以及建功立业的宏愿。陶渊明的《归园田居（其一）》抒发对官场生活的厌倦，以及辞官归隐、躬耕田园的自由、喜悦之情。学习这两篇诗歌，可通过知人论世的诗歌鉴赏方法，结合诗人的身世领悟诗中的思想感情，体会诗人对当时社会的思考和对人生的感悟。

这两首诗均为古体诗，但在语言风格和表达技巧上有很大不同。前者是四言，质朴刚健，运用比兴手法，化用典故或引前人诗句表达心志；后者是五言，平淡舒缓，善用白描，寥寥数笔就勾勒出一幅乡村日常生活的图景。要在诵读中体会两首诗不同的韵律、节奏和表达技巧，感受诗歌的艺术魅力。

思路2： 梳理本单元中"忧愁"的意象，体会意象的选择对诗歌思想感情的影响。

《声声慢（寻寻觅觅）》里的秋风、过雁、淡酒、黄花、梧桐、细雨，全词就抒写一个"愁"字，从不同角度，选取不同意象，反复描写、渲染，充分地表现出词人复杂的思想情感，读后使人感觉愁哀纸满。《登高》里的秋风、猿鸣、飞鸟、落木、长江，展示一幅既雄浑高远，又萧杀凄凉的秋景，登临的结果是愁思满怀；体会诗人忧国忧民，为国家破亡忧心如焚的爱国情怀。通过对单元诗歌"忧愁"意象的梳理，体会意象的选择对诗歌的意境、诗歌思想感情的影响。

思路3： 梳理本单元所用的典故，引导学生理解诗歌"用典"的艺术手法及作用。

《短歌行》中的用典——"青青子衿""呦呦鹿鸣，食野之苹。我有嘉宾，鼓瑟吹笙""周公吐哺，天下归心""山不厌高，海不厌深"表达渴慕人才之心；《念奴娇·赤壁怀古》对三国赤壁的咏怀，借对周瑜的仰慕，抒发自己功业无成的感慨。《永遇乐·京口北固亭怀古》用了"孙权、刘裕、刘义隆、佛狸祠、廉颇"五个典故，是在诗词中引用古代故事或过去的旧事以及有来历出处的词语来说明当前的事情，以丰富诗作的思想感情。本单元要了解诗人所用典故的内容，把握这些典故与作者所要表达的思想感情之间的关系，理解诗词中用典这一增强诗词表现力的艺术手法的特色及效果。

思路4：学习《梦游天姥吟留别》《登高》《琵琶行并序》，进行浪漫主义与现实主义诗歌艺术手法的比较、歌行体与律诗的体式及手法的比较。

了解诗歌体裁特点，了解李白、杜甫、白居易的生平及创作风格，领略唐诗三座巅峰的风采。熟读成诵，积累基础知识，理解诗歌的思想感情；掌握鉴赏古典诗歌作品"缘景明情"的方法，品味李白浪漫主义与杜甫现实主义诗歌语言特色及表情达意的特点。赏析《琵琶行并序》描摹声音的艺术。

思路5：引导学生鉴赏婉约派和豪放派的著名词人及其作品，在鉴赏中了解婉约派和豪放派的风格特点。

品读三首宋词，感受其不同的风格特点。引导学生运用知人论世、品味语言、揣摩技法等方法鉴赏作品，并能把课内所学方法用在课外，学习运用分析比较的方法来鉴赏宋词的艺术风格，品味诗词的美妙意境，进一步激发学生对我国古典诗歌尤其是宋词的喜爱之情，对我国灿烂辉煌的传统文化的热爱之情。

思路6：通过诗歌诵读来促进古诗词教学，体会诗词的语言美，从而获得审美体验。

在诗歌朗诵的专题活动中，可以精选一些不同时代的经典诗歌作品，指导学生运用小组合诵、个人诵读等形式，带领学生在诵读中体会诗歌的语言美、结构美、音乐美，理解诗歌含蓄的内容，鉴赏诗歌丰富的意象和意境，从而获得审美体验，认识作品的美学价值，发现作者独特的艺术创造。举办诗歌朗诵会，采用竞技比赛的形式加深学生对诗歌的理解。

3. 写作教学（2课时）

从本单元选择一首诗词，就学生感触最深的一点，写一则600字左右的文学短评。

4. 教法提示

课内诗歌阅读注重精读与略读相结合，课内外比较阅读时注意关联点，通过知人论世将不同时代、不同诗体中诗人的呼声比较关联，同中求异，异中求同。

【单元学习活动案例】

1. 群文教学案例

学习专题一：出世与入世的思想碰撞——赏析志士与隐士的诗意人生

学习专题二：浪漫主义，现实主义——各放异彩，交相辉映

学习专题三：双峰竞秀，词坛增辉——豪放派与婉约派词风的比较鉴赏

2. 活动组织案例

学习专题四：诗意浓浓，古韵悠悠——经典古诗词朗诵会

3. 写作教学案例

学习专题五：入乎其内，出乎其外——学写文学短评

精心教学设计的艺术对于激发学生的学习兴趣具有至关重要的作用。在高中阶段，学生面临学科知识的深入和复杂化，因此，教师在教学设计上需展现高度的艺术性，以吸引学生的注意力，激发他们的学习热情，并培养持续的学习兴趣。

本单元教学设计从学生的兴趣点出发，主要围绕语文核心素养（语言、思维、审美、文化）的四个方面进行设置，并贯彻核心素养。语言建构与运用：识字辨形，积累词语；掌握古诗词吟诵的方法，有感情地诵读作品；积累文言词语，掌握句式特点；学写文学短评。思维发展与提升：学会知人论世，以意逆志，准确把握作品的思想感情，理解作品中不同的人生感悟，进而引发思考探究，加深对人生的认识，实现思维发展和提升。审美鉴赏与创造：品味诗词意境，体会诗歌中景与情的高度融合，鉴赏品味诗歌的语言及艺术手法，体会古代经典作品的艺术魅力；并学会运用恰当的语言来鉴赏诗词的美，提升审美创造能力。文化传承与理解：了解作者及写作背景，掌握古代文化常识，积累词的相关知识，继承诗词中所承载的传统文化，开阔文化视野，增强文化自信，增强对祖国语言文字的热爱。

第三节　活用教学方法促进素养提高

"教无定法，贵在得法。"探求灵活多变的教学方法不仅能够保证教师完成教育教学目标，而且能够很好地保护学生探求新事物的欲望，促进学生核心素养的提高。老生常谈，老调常唱是很多学生不喜欢上课的一大原因，作为新时期的教师必须具备根据不同的主题采用不同的教育教学方法的能力，切忌教师自己唱"独角戏"。形式多样的教育教学方法是激活学生学习兴趣及创造性思维，使学生积极主动参与教育教学过程，并促进教学互动、优化教学效果的重要途径。在五育融合教学过程中，教师可以通过各种形式，将文本思想呈现给学生，使学生掌握文本中的丰富知识，让学生了解提高综合素质的重要性，有效促进自身的全面发展。

一、注重说话的艺术

（一）消除胆怯，树立自信，让学生愿意说

自信是培养学生说话能力的关键所在。我们发现，学生年龄越大越不热心于课堂表达，特别是高中生由于处于青春发育期，内心开始闭锁，害羞、怯场的心理潜滋暗长，所以课堂上很少主动举手发言，怕说错话，怕老师批评，怕别人笑话。当被迫发言时，许多学生则是低头红脸，三言两语草草作答，不敢大胆表达自己的看法，表现得极不自信。

要达到语文课程标准要求的"使学生具有日常口语交际的基本能力"，首先必须让学生愿意说。这要求语文教师：一要多鼓励，尊重学生的说，消除学生的胆怯心理。如果学生在发言时声音小或语无伦次或词不达意，教师绝对

不能对此表示不满或进行嘲讽。相反，教师要和颜悦色地鼓励学生大胆说。当学生处于一种宽松的环境中，身心都感到愉快时，他们才能进入学习的最佳状态，乐于思维，勇于表达。二要把课堂还给学生，让学生成为课堂的主人，拥有更多说的机会。学生经常说了，胆怯的心理才会消除，自信心才会树立起来，才能大胆地说出自己的感受，愿意把自己的想法跟大家分享。

（二）注重阅读，大量积累，让学生有话说

俗话说"巧妇难为无米之炊"，没有大量的知识积累，学生就会无话可说。阅读就是与智者交谈，与伟人对话，它能使人视通万里，思接千载，丰富知识储备，积累语言素材。阅读是"说"的前提和基础，没有大量的阅读，就没有丰富的语言积累，说也将成为"无源之水，无本之木"。因此，口语表达能力的培养要借助大量阅读。教师在教学过程中应有意识地引导学生扩大阅读面，开阔视野，增长知识，为口语表达交流提供素材，做好充分的准备。

（三）养成习惯，培养语感，让学生经常说

培根说过："习惯真是一种顽强而巨大的力量，它可以主宰人的一生。"让学生养成说的习惯，这无疑是为他们今后美好的人生铺好一条宽阔的路。那么，如何让学生养成良好的说的习惯？

首先，利用语文教材，培养学生朗读、复述的习惯。口语表达能力的形成，需要经过一个从"感"到"悟"的过程，朗读无疑是这个过程最好的催化剂。复述是一个信息输入后的再输出过程，因此对口语表达也有极好的促进作用。语文教材选取的文章多数文质兼美，寄予作者对现实生活的审美评价，渗透作者丰富的思想感情。教学时，教师要有目的地运用各种方式引导学生有感情地朗读课文，有条理地复述课文的主要内容，让学生在反复的口语训练中逐渐形成良好的说的习惯，培养良好的语感。

其次，利用课前五分钟对学生进行口语训练。每天安排一位学生上讲台自由演讲，每位学生都得轮流参与。学生演讲的内容可以自由选择，可以介绍看过的书，可以讲述自己的兴趣爱好，可以回顾自己难忘的一段经历，可以讲故事、说名人逸事……教师在点评学生的口头表达时，应多表扬、多鼓励，逐步增强学生敢说的自信心。同时，适当地给予学生一些演讲技巧的指导，能使训练收到良好的效果。

最后，有效利用课堂上的口头问答。口头问答是在教学活动中，师生之间、生生之间进行提问、应答的一种学习方式。问答活动，可以激活学生的思维，唤起他们的积极思考，是训练学生说话能力的良好途径。在进行口头问答训练时，教师应注意指导学生在问答中，先听清问题，准确会意后再作答，回答时一定要扣题，抓住中心，注意场合和语气。当学生能够洋洋洒洒回答问题时，说明他们的口语表达能力已大大地长进了。

当然，培养学生的口语表达能力仅仅依靠课堂教学是不够的。教师还要鼓励学生在日常生活中，积极主动地锻炼口语交际能力，多与同学交流，多参加社会实践活动。

二、注重思维的灵活

新课程标准提出，教学应尊重每一个学生的个性差异，允许不同的学生从不同的角度认识问题，采用不同的方式表达自己的想法，用不同的知识与方法解决问题，促进每一个学生发展。实践这一指导思想，我认为，课堂教学中教师对学生要少一点束缚，多给学生留一点空间。

在教读初中语文《木兰诗》时，我让学生听《木兰从军》的故事，并让学生小组讨论、疏通文义，要求学生在熟读全文后讨论——"千百年来，木兰的形象一直深受人们的喜欢，你心目中的木兰是个什么样的人？"这是一道开放性的练习题，旨在鼓励学生说出自己的观点。同学们以四人小组为单位讨论，一阵热烈交谈之后，一人执笔，几个人一同写出一份发言，有的甚至是独自一人埋头写。开始发言：

亚阳：木兰是一个孝顺的孩子，这从她担心父亲年老不能上战场，毅然代父从军的行为中可以看出来。

建水：从木兰出征前买骏马、鞍鞯、辔头、长鞭之事，可见一身戎装的木兰是何等的英姿飒爽。

丽丽：诗中开篇直接描写木兰的内心："不闻机杼声，唯闻女叹息。"接着用设问、自白的方式，写木兰经过反复思考，决心女扮男装，代父出征。从这一段可以看出木兰勇敢、坚毅的性格，因为代父从军这一举动，在当时以男性为中心的封建社会里，需要非常大的勇气。

雅敏："旦辞爷娘去，暮宿黄河边，不闻爷娘唤女声，但闻黄河流水鸣溅溅。旦辞黄河去，暮至黑山头，不闻爷娘唤女声，但闻燕山胡骑鸣啾啾。"这段描写展示了木兰丰富多彩的内心世界，表现木兰那少女般缠绵的情怀。对一个初出远门的女子来说，既感到新鲜，又思念家乡，思乡之情与爱国之情交织在一起，刻画出木兰毅然离家保国，不畏艰难险阻，勇往直前的英雄气概和刚强的性格。

志祥："旦辞爷娘去，暮宿黄河边，不闻爷娘唤女声，但闻黄河流水鸣溅溅。旦辞黄河去，暮至黑山头。"也表现木兰在这艰苦的环境中转战南北，历尽艰辛。"朔气传金柝，寒光照铁衣。将军百战死，壮士十年归。"表现战争的长期、艰苦、紧张及残酷，使木兰真正品味到了战斗生活的苦味，出生入死，经受了严峻的考验，从而建立了功勋。这一段刻画出"壮士"木兰英勇善战的形象。

亚英：从"可汗问所欲，木兰不用尚书郎；愿驰千里足，送儿还故乡。"中可见木兰不贪图功名利禄，淳朴的特点。

志聪：最后一段写木兰辞官还乡，同亲人合家欢聚的热烈情景。文中运用一系列动词"开""坐""脱""著""理""帖"，含蓄地展示了木兰此时的心理——急于恢复女儿装，表现了木兰对和平生活的向往和归来后喜不自禁的心情，刻画出了木兰天真活泼、淳朴可爱的性格。

雪雅：木兰美丽非凡。在木兰身上，女孩子的天性并没有泯灭。她既不是泼妇形象，也不是梁山好汉的形象，她是一个实实在在的女孩子。从木兰一回家，就迫不及待地"脱我战时袍，著我旧时裳；当窗理云鬓，对镜帖花黄"可以看出。

……

有的学生的想法出乎老师的意料，但很有道理。学生只要能够谈出一点自己的看法，我都给予肯定。这样，在全班同学的共同努力下，一个英勇善战、驰骋沙场的"壮士"，刚毅乐观、天真活泼、可爱淳朴的少女，光彩夺目、流传千古的巾帼英雄木兰十分鲜明地立于我们的眼前。

这一节课虽不能反映语文教学改革的全貌，但它旨在建筑一个能充分发挥学生的优势，展现学生个性的教学空间。

首先，这次活动让我深深地体会到我们的语文课堂已形成了新的人际交往关系，认知倾向交互作用，令阅读过程形成了班级的"群体场"，每个参与个体的认知能力和学习态度辐射班级其他成员，形成良好的人际氛围，强化了学生与班级其他成员的沟通。

其次，多数同学有机会表现才能，获得参与研究探索的积极体验：以上这些发言的同学很多是平时不太爱发言的。由于在小组讨论时见解独特而被同学鼓动上台，有的是情急之下的独立发言人。最后以学生个体的人际能力目标的部分实现为终点——人人都有成就感。

所以，要营造一个可任学生的思想纵横驰骋的思维空间，充分发挥学生的聪明才智，让学生充当学习的主人，让学生扮演探索者，老师扮演听众。

三、注重课堂的开放

一些教师拿到新教材首先看的是换了什么课文，当看到旧教材中保留下来的课文时，还不无遗憾地说："怎么还有那么多旧课文！"其实，教材之新主要不在于课文篇目之新，而在于编辑思想之新。这里的"教材"不仅是指具体的篇目，更指教材所体现的教育思想、教学内容、能力要求、训练体系，等等。就以具体的课文篇目而言，经典当然重要，因而历经千百年流传下来的作品自然不能轻易取消，但时代在变，社会在变，人的认识在变，未来对今天的要求在变，不同的时代对经典的解读却不尽相同，所以对同一篇目的文章，在教学中也应该提出与过去不同的教学要求。

与旧教材相比，新教材在内容上没有了艰涩的语法知识，没有了呆板的文体区别，没有了严格的单元训练……在指导思想上有许多新意：着眼素质，注重能力，重视积累，强调感悟，提倡熏陶，培养语感……最终目的是让学生"提高道德修养、审美情趣、思维品质和文化品位，发展健康个性，形成健全人格"。过去那种封闭式的语文课是不可能达到这些目的的，因此新教材必然呼唤语文课堂的开放。

那么如何做到语文课堂的开放呢？笔者认为从以下几个方面入手。

（一）教师教学思想的开放

根据我国现行班级制的课堂特点，要变革语文课堂，其前提是教师教学思想的转变。多少年的教学改革，都在强调尊重学生主体地位，发挥学生的主体作用。但由于教师的教学理念仍停留在"传道授业"这一传统的立场上，所以在教学行为上往往自觉或不自觉地限制了学生的主动性。试想想看，一个目光短浅、心灵封闭、观念保守、思维萎缩的教师，能培养出下一世纪中国的栋梁之材吗？

所谓"教学思想的开放"，主要是指教师在教学中的一种高屋建瓴的人文视野，一种海纳百川的文化胸襟，一种教学相长的民主意识，一种独立思考的批判精神……教师具备这样的思想素质，正是潜移默化感染学生的人格魅力所在。所以，语文教师不应该仅仅是文章学、修辞学、语言学、考试学的分析家，甚至只是教材与教参的熟练操作者；更应该是文化的传播者、思想的启迪者、人生的导航者，还应该是激励学生前进的伙伴和朋友。

新课程下的教学不再是教学生学，而是师生的交往。基于这一理念，课堂上的"师道尊严"就非要摒弃不可了。教师心目中的学生，应该是与教师具有同样价值的人。师生关系应是平等的，教与学应是民主的，教学氛围应是愉快、和谐的。例如在采用讨论式的教学中，如果教师只是做旁观者，单纯地观看学生的讨论、活动，那教师就等于把自己孤立在学生、课堂之外。教师应该把自己放在和学生平等的地位上，与学生共建活动课堂，把课堂活动上升到一个更理想的新高度。

面对新教材上的任何一篇课文，教师都应站在人文精神的高度来设计自己的课堂教学，要体现语文课"人文性"的特点。课堂教学目标不再是单一的知识与技能，而是知识与技能、过程与方法以及情感态度与价值观三方面的整合。新的教学目标观，体现了课堂教学功能的本位转移，即由以知识为本位转向以发展为本位。教学不仅是获取知识与技能，更要学会获取，培养学习能力并形成正确的价值观，促进个性的解放与发展。

　　教师在课堂教学中也不能再"严格"地执行教案，而是要根据课堂教学的实际随时调整教学策略，调整教学目标，以促进学生有效的学习。教师不能以自己预先的设计指挥课堂，而是要欣赏、肯定学生的求异思维，充分利用学生的差异资源，扩展新的思维空间。

　　新教材对我们每一位教育教学工作者提出了更高的要求。所以，教师教学思想开放了，语文课堂就是激情与智慧综合生成的课堂了。

（二）学生学习思维的开放

　　语文课应成为学生学习思维的王国，而不只是教师思想的橱窗。新教材要求在教学中还学生一片自主的天空，在语文课堂中，对一篇课文的理解和分析，不应只有教师的声音，教师更不应该以自己的观点定于一尊，而应允许学生有不同的看法，尊重学生的思考权利和主观感受。那么在语文课堂中如何开发学生学习思维呢？我认为，教师应该给学生创设一个展示的平台，引导学生独立思考，提倡学生展开思想碰撞，鼓励学生发表富有创造性的观点或看法。

　　前面提到的《木兰诗》教学，从学生在我的指导下展示他们的思想和见解中，就可以看到对教材的处理、对教学的精心设计才是引导学生开放思维的关键。

　　《木兰诗》是一篇旧课文，在以往，对木兰形象的认识，教师总是告诉学生："木兰是一个具有爱国主义精神的巾帼英雄。"然而在新课程标准指导下，笔者在教学设计中设置了这样的问题："千百年来，木兰的形象一直深受人们的喜欢，请根据你对课文的理解，说说你心目中的木兰是个什么样的人？"我设计这道开放性的思考题，旨在为学生创设一个平台，鼓励学生说出自己的观点和见解。学生们以四人小组为单位讨论，一阵热烈交谈之后，他们争先恐后地发言：

　　有的学生认为花木兰是一位真正的女英雄，她勇于担当重任，替父从军，展现了女性力量；有的学生看到花木兰身上的忠孝精神，她为了替父分忧，不顾个人安危，这种孝顺和忠诚的精神令人敬佩；有的学生赞赏花木兰的机智和聪慧，她不仅在战场上英勇善战，还能在男性主导的环境中隐藏自己的真实身份，这需要极高的智慧和策略；有的学生认为花木兰代表了女性的独立意识，她的选择和行为体现了女性自主、自信的品质，激励着人们勇敢面对困难，挑战传统性别角色，特别是对女性来说，她的形象鼓励女性勇敢追求自己的梦想，不受性别限制；甚至有学生将花木兰视为中国文化的一个重要符号，她的故事传递了中国传统价值观和道德观念，是中华文化的骄傲……

以上站起来发言的是不同层次的学生，他们有的想法出乎老师的意料，但都很有道理；学生们都能各抒己见，思维就得以开放。

真是"一千个观众就有一千个哈姆雷特"啊。努力使整个阅读教学课堂具有一种开放性的学术氛围，让不同层次的学生既有共同的提高也有不同的收获。这样的一堂语文课结束后，学生的思考并未停止，他们的思想仍在展翅飞翔！

就这样，学生的主体地位得以凸显，心灵得以开放，个性得以张扬，潜能得以释放，思维得以开放，语文课堂就富有激情、富有灵性。

（三）教学形式的开放

传统的教学方式起源于孔子时代的私塾，以他主、被动、接受为基本特征，一提起学习，学生想到的行为是读书、听讲、做习题、考试，其价值取向是长知识。大量的课堂教学现象显示出"以教师为中心"的特色，所看到的是教师在讲什么、怎么讲，教师即使提出问题，让学生回答，也是设法把学生的思维引导到他所设定的标准答案上来，而不是学生会有哪些疑问，怎样使学生自己去分析问题，解决问题。诚然，这样的教学对知识与技能的传授是有一定的功效的，然而从课堂教学的功能来看获取知识与技能并非唯一的价值取向。所以语文课堂不能忽视能力（特别是思维能力与学习能力）的培养，要建立以学生为中心的教学模式，利用情境、协作、会话等学习环境要素充分发挥学生的主动性、积极性，以促进学生能力的发展。

《桃花源记》也是从旧教材中保留下来的课文。过去在教读这篇课文时，总是由"时代背景、作者介绍、文言翻译、段落大意、中心思想、写作特点"等几个步骤构成，现在的语文课堂教学显然有了很大的改观。我在教学设计中除了让学生掌握必要的基础知识外，还采用多种教学方式以培养学生的能力。例如在指导学生品味课文，体会文章的意境美、赏析桃花源的

"美""乐""奇"时，让学生运用句式"这里的_____真美，你看_____"描述自己对桃花源的美好遐想，培养学生的想象能力和口头表达能力。再如：让学生绘出"心中的桃花源"，学生们描绘了一组组清静、优美的画面，让学生能够身临其境地感受到这样一幅幅恬淡的田园生活的画面，领悟了其意象的美，进入了其意境；教师让学生根据画面说一段话或描述一个故事——"心中的桃花源"，激发学生的想象力；让学生畅谈心中的理想，激发他们为理想而奋斗。

这样的教学，可以激发学生的想象力和创造力，锻炼学生的说话能力，提高学生的写作水平，并反过来促使学生在绘画过程中去进行合理的想象和创造，使绘画作品更富有情节性，从而使"文"与"画"相互促进，使之形成一个良性循环，更好地使学生产生审美愉悦，在说、写、画的实践中发展和完善个性，提高审美品位，培养学生多方面的能力。

新课程下，我们应该根据不同的课文教材及不同的训练重点，灵活多变地采用多种教学形式，甚至让学生也参与教学形式的设计与实践。这样的语文课堂教学定然会充满勃勃生机。

语文是最具灵性、至纯至美的学科，语文课堂是具有独特生机和鲜活张力的广阔天地，它应该像一首歌，情感流动是歌中真挚的旋律；它应该是一片云，云卷云舒是天空惬意的心情。让我们和孩子们一起以新的思想、新的方式在新教材中寻觅无限风光，品味人生百态，感悟生命的真谛吧！让语文课堂更具活力吧！

四、注重教学的策略

笔者曾前往东北师范大学参加"厦门市专家型培养对象"培训，在宋祥导师的指导下进行了课题研究——高中语文写作教学"少教多学"的策略研究。在课题研究过程中，笔者发现作文修改是写作教学的重要环节之一，也是最能实现"少教多学"的一个重要环节。

叶圣陶老先生说过："我当过语文教师，改过学生作文不计其数，得到深切体会：徒劳无功。"诚然如此，很多语文教师也都有深刻体会：学生写完作文了事，而教师桌上却堆着两座文山，语文老师批改作文堪比愚公移山；可是，大多学生接到批改后的作文本只是瞥一下分数就把本子往边上一丢，教师繁忙的工作顿时成了无用功。究其原因，主要是传统的作文修改往往忽视了写作主体，教师没有把写作课的重点放在指导学生的修改作文上，而是把大多的时间花费在为学生修改、批改作文上，所以既花费时间，又得不到好的效果。

作文难得一次成功，往往要修改好几次。古往今来，凡是文章写得好的人，大都在修改上用过功夫，修改是一种实际有效的习作锻炼。因此，培养学生修改作文的能力是必要的。那么，在作文修改教学中如何运用"少教多学"的策略？这就要求教师要充分调动学生的非智力因素，培养学生修改作文的习惯；且教师要精心地点拨，指导学生修改作文的要领，做到教师精讲学生多练，实现作文修改教学的"少教多学"。

"高中语文写作教学'少教多学'的策略研究"课题提出后，笔者把教师在写作课堂教什么、怎么教作为研究重点，力图通过简而精的课堂教学提高学生作文水平。教学生学会修改作文，养成良好的修改作文的习惯，这是作文教学成功的基础。教学生学会自改、互改作文，可以激发他们写作的快乐，减少对他们写作的束缚，且生生互动，更可以促进学生之间相互交流、共同发展，有效地提高写作水平。

那么，教师应该怎么精心地指导、教会学生修改作文？

（一）教会学生以客观的态度修改自己的作文

修改是写作中一道必不可少的工序，但作文要自己改，不用请别人修改。修改时，把作品当成不是自己的，从别人的角度去吹毛求疵，冷静地、客观地修改。作文是有着鲜明的个人烙印的东西，任何越俎代庖的行为都是蹩脚的、徒劳的，所以修改的"优先权"和"执行者"都必将是学生本人，学生只有自己亲自操刀才能清楚地认识到自己的优点与缺点，才能体会到修改的乐趣与升格的快感，也才能真正地提高自己的写作水平！而老师只有在作文不合逻辑不合文法的地方才做修改，其余都要留着学生自改；教师只能适当地给些引导和指点，至于该怎么改让学生根据自己的思路去考虑决定，让学生自己去揣摩。那么，如何有效地教会学生自改作文？

首先，要教学生站在他人和多种角度来看待自己的作文，要变换角度来思考，百般挑剔，从无疑处找毛病，力求发现新问题。其次，要注意按修改程序进行：通读全文（修改稿子不要光是看，还要念，就是把全篇稿子放到口头说说看），先抓主旨、材料，再看结构、表达方式，最后润色语言。修改作文要精益求精，一丝不苟，不放过任何一个疑点、错误或不当之处；改到自己认为不能再增一字，也不能再减一字为止。只有经过不断反复修改，才能形成一篇优秀的作品。

教学实践告诉我们教会学生自改作文，可以使学生进入教师角色思考问题，有利于增强学生心理适应能力、角色互换能力，促使心理走向成熟；同时，可以提高学生的语感水平，增强写作的自控意识，巩固谋篇布局、遣词造句的能力，真正达到"自能读书，不待教师教；自能作文，不待教师改"的境界，从而提高作文能力。陀思妥耶夫斯基说："作家最大的本领是善于删改。谁善于和有能力删改自己的东西，他就前程远大。"学生学会修改作文，养成自改作文的习惯，这是终身受用的，因为在生活和工作中，谁都经常有写作文的需要。

（二）引导学生以欣赏的眼光互改同学的作文

虽然学生自改作文有很多好处，但自改往往还有"当局者迷"的局限。进行作文互改，则便于发现问题，增加交流的机会，使改者与被改者都得到启发，互相借鉴，共同提高，收到双倍的效益。更重要的是，在琢璞成玉的过程中培养了学生严谨的写作态度及对写作效益的刻意追求，使之受益无穷。

美国心理学家威廉·詹姆斯曾深刻地指出："人性最深刻的禀赋就是对赏识的渴望。写了作文渴望得到大家的赏识，是学生写作的直接动力之一。"可见，以欣赏的眼光看待同学的作文，可以增强同学的成就感，促进写作水平的提高。那么，如何有效地引导学生以欣赏的眼光互改同学的作文呢？

首先，教师将粗阅过的作文分小组让学生互相欣赏，并让作者谈谈自己的写作思路及所要表达的想法，然后在小组内交流阅读本小组的作文，小组成员互相讨论，达成共识；之后进行评议。评议时，以肯定优点为主，当然也要指出需要修改的地方和怎样修改。

其次，让各个小组在批改完后推荐一篇优秀作文，然后在全班进行交流、展览欣赏。这样做的目的，是以硬指标逼迫学生认真思考，而且学生们有任务，都会为着本组的荣誉着想认真对待每一篇作文，仔细阅读，发现优点。

最后，让推荐者说明其推荐该作文的理由。挖掘文中的闪光点，道出该作文的优点，进行表扬性的评价。

欣赏是一种发自肺腑、源于灵魂的感觉，是心与心的交流。学生在互改作文时，用欣赏的眼光看待同学的作文，就容易发现别人的长处，促使自己的进步；同时，对同学的写作也是一种促进：对写得好的同学是一种肯定，一种激励；对写得不够好的同学是一种积极的导向。懂得欣赏自己，心灵就自由了，以自由之心来写文章，定能够文采飞扬。

教师是合作修改作文活动的主导，生生合作有许多优越性，但离开教师这个主导，必然是低水平、低效率的合作，尤其学生的合作无法解决所有问题。所以教师一步步的引导是很关键的。

（三）指导学生以激励的语言评价同学的作文

人性最深刻的原则就是渴望别人对自己加以赏识。激励性的评语是一剂催人奋进的良药，它可以满足学生的这种渴望，帮助他们体验写作成功的乐趣，激发他们写作的动机。因此，在引导学生评价同学作文时，要强调少一些否定性评价的语言，多一些激励性的评语，以激发同学的写作自信心，使之成为克服困难和发奋进取的动力。那么，如何有效地指导学生写好同学作文的评语？

首先，教师要指导学生从鼓励同学进取为出发点，以原有基础上的进步为准则，针对同学作文的实际，用多把尺子衡量，"像寻宝一样来挖掘"同学作文中的闪光点，无论是大至构思立意，谋篇布局，还是小到开头、结尾、过渡等，都应给予热情、亲切的褒奖，用发自内心的激励性语言写好同学作文的评语；对差生的作文更应抱有希望，给予信任，加以鼓励。评语应给同学力量、信心和乐此不疲的兴趣。例如，引导学生看到同学作文中能恰到好处地运用古诗文，从而对文章起到画龙点睛的作用，这时不妨送上一句："你不仅对古诗文有很多积累、很好的理解，更会恰如其分地运用，文章文采飞扬。"当然，若尖锐的批评能有亲切的氛围，也能如春雨入土，催发新芽嫩苗。如"你作文的思想闪耀着光芒，可书写让人有些失望。闪光的思想应该用美观的书写表现出来，不是吗？"多好的话语啊！我想，每一个同学读到这样的评语都会心花怒放。这样，学生逐渐都能得到同学的赏识，他们甚至觉得比得到老师的表扬更有面子，这更能激发他们写作的兴趣，唤起他们写作的激情与信心。

其次，指导学生写作文评语时，无论是形式还是内容都要不拘一格，力戒模式化，陈词滥调。例如引导学生及时地加眉批、旁批，再加总评；指导学生用幽默的语言或富有哲理性的语言来评价、鼓励同学；或用小诗、书信等形式写评语，并画上笑脸、生气的脸、翘起的大拇指等图形辅助评论。对学生一些创新的做法我都及时地给予肯定和表扬。

最后，指导学生写评语必须有理有据，不要光说套话空话。但在互改写评语环节里，有时学生写评语不具体，太简单，常常看到这样的评语：运用了修辞，设了分论点，思路清楚……净说套话。这样的评语过于笼统，没有做到有的放矢，缺乏针对性，对同学作文水平的提高毫无帮助，同学看后还是不明白自己的优、缺点。所以我对学生提出了要求：对同学的作文进行评价时，要注意从同学的作文中找出实例来支持自己的说法。这样，学生批改文章时往往很详细，很具体，比教师的"精批细改"还认真，还仔细，这无疑像重写了一篇作文，效果更佳。大部分学生对同学写的批语的关注程度，远远超过以前关注"师改"的批语，同时增强了同学们发现错误的能力，还使同学之间研究学习的风气更浓了。

传统的作文批改，没有学生互动式的参与，单一的方式，学生往往是看一下分数很少去研读评语，难以引发他们的写作欲望，而"互评"有了学生参与的互动，每次不同的人，不同视觉的评语，激发了学生研读的好奇心，他们喜欢看，喜欢与批改人争论，为了一个好评语，为了让同学少找一点毛病，就会认真去写，并期待下一次评语。互动式的批改，学生多了一份热情和期待，研究评语和写作的热情也会与日俱增。

教会学生修改作文，是促进学生养成自我修改作文的好习惯。这样，学生不仅能准确掌握写作的基本要求，还会指导别人写作，写作能力自然与日俱增。当然，学生这一习惯的养成必须依赖教师，在写作过程中教师及时反馈与点拨，引导学生进一步认识客观事物，总结写作经验，帮助学生建构写作知识结构；而教师也从繁重的作文修改中解放出来，这样的"少教多学"实现了作文教学的有效性。

第四节　运用简约的评价推动智力培养

《义务教育语文课程标准（2022年版）》在"课程理念"部分指出：语文课程评价要有利于促进学生学习，改进教师教学。课程评价应准确反映学生的语文学习水平和学习状况，注重考查学生的语言文字运用能力、思维过程、审美情趣和价值立场，关注学生学习过程和学习进步，全面落实语文课程目标。

苏霍姆林斯基说过："教师高度的语言修养，在极大的程度上决定着学生在课堂上脑力劳动的效率。"课堂评价是教师在教学过程中，为促进学生学习和改善教师教学行为而实施的、对学生学习过程与结果的评价，中肯精彩的评价可以激发学生学习的积极性，有助于学生智力的培养。

课堂教学评价是教学的一个重要组成部分，有效的课堂教学评价对教学起到较好的信息反馈和质量监控作用。正因如此，课堂教学评价一直备受关注，成为教学研究领域的重要课题。然而，当今的课堂教学评价却走向了复杂化、烦琐化，给课程改革制造了一个瓶颈，成为教学中的一大难题。下面，笔者结合语文学科，谈谈当下课堂教学评价存在的问题及其解决策略。

一、课改后课堂教学评价存在的问题

不管是《基础教育课程改革纲要（试行）》，还是新旧课程标准，都对课程评价提出了全面、系统的要求。很多语文教师在学习了这些课改文件和相关理念之后，想要与时俱进，想要更合理地对课堂教学做出客观的评价，所以他们依葫芦画瓢，不断将各种教学评价手段和方法引入课堂，结果却造成语文课堂教学评价的复杂化。

（一）评价内容冗杂

纵观语文课堂教学评价，笔者发现，由于对课堂教学评价的目的没有清晰、正确的认识，许多教师试图从全方位的角度对课堂教学进行面面俱到的评价，结果造成课堂教学评价内容冗杂。

比如，评价学生学习行为的内容包括：关注学生的学习方式，是否有自主、合作、探究学习；关注学生的学习状态，如活动参与状态、参与方式及参与品质；关注学生自主学习时，能否将"读、思、疑、议、练、创"贯穿全过程；关注学生的思维状态及学习最终达成度……事无巨细，烦琐不堪，太多的条条杠杠钳制了师生的"教"与"学"，甚至喧宾夺主，造成教学的本末倒置。

（二）评价形式烦琐

自从新课标在评价建议中强调"语文教学评价要改变那种教师独掌评价权、评价方式单一的现状"后，有些教师依据课改理论增创或引进了各种评价方式。

比如，一些语文教师制定了一系列质量监控表，如教学目标评估表、学生课堂活动记录表、教师提问登记表、小组竞赛得分表等。课后，教师、学生等根据对课堂教学过程和效果的主观印象来填写这些为数不少的评价量表。这种机械、烦琐的评价方式无形中增加了师生的负担，增加了学生学习的压力，这与课改精神是不相符的。

（三）评价组织庞大

为了落实课堂教学评价，很多学校还建立了庞大的课堂教学评价组织，有家长评价小组（由家长委员会的成员组成）、教师评价小组（由班主任为组长、科任教师为组员）、学生评价小组（由学习委员为组长、各学习小组的组长为成员）。每个评价小组都有各自的评价任务，如课堂观察记录、整理评价信息，向评价对象反馈结果并提出建议等。殊不知，如此庞大、臃肿的课堂教学评价体系，不仅浪费了各小组成员的时间，还可能因评价结果的杂乱，给语文课堂教学带来许多困惑。

二、课堂教学评价简约化的策略

其实，只要指导思想和目的正确，最简约的方式往往是最有效的方式。针对上述问题，笔者提出了相应的简约化措施。

（一）评价内容简约化

不管什么学科，教师的"教"始终要围绕学生的"学"来进行。所以，简约化的语文课堂教学评价应该以学生的学习为中心，以学生的发展评价教师的教学，评价教师的教是否围绕学生的学习来设计。另外，语文课堂教学评价还要突出语文的学科特征，考查学生是否参与听说读写的实践，是否有丰富的语言积累、培养了语感等。根据这一原则，语文课堂教学评价内容必须抓住以下几个方面，力求简约。

1. 关注教学目标、内容是否适合学生的发展现状与需求

语文教学内容涉及方方面面，可讲可学的知识相当多：从学习字、词、句、篇到培养听、说、读、写能力；从训练阅读理解到指导写作方法；从文字的揣摩到情感的熏陶……但课堂教学时间是有限的，学生的学习精力也是有限的。因此，精选简约的教学内容就显得尤为重要。这就需要教师深入研读教材和教学内容，发现哪些是学生真正需要的、对他们有用的东西，做到"弱水三千只取一瓢"。相应地，语文课堂教学评价也应针对这些学生真正需要的、对他们有用的东西来进行，关注教学目标与内容的设置是否适合学生的发展现状，是否与学生的兴趣爱好相关联，是否有利于提高学生的语文素养，有利于学生的思维发展。

2. 关注学生学习过程，让学生静心阅读，尊重学生阅读时独特的情感体验与感悟

语文课堂教学应该让学生在宽松的环境下读读写写，与文本对话，与作者产生"心灵共鸣"。教师的教，应力求用最简单的阅读手段带动学生最丰富的情感体验；学生的学，应力求用最短的时间读出"简单"背后的深刻。其实，学生在阅读理解文本的基础上能大胆地说出自己的感悟，知识与能力目标、情感态度与价值观目标也在这个过程中实现了。所以，评价一堂语文课是

否成功，关键在于看学生阅读时有没有自己独特的情感体验，有没有自己的感悟。

3. 关注学生学习参与的状态与学习方法

学生是否动脑思考、动口表达、动手写作、动情感悟等是衡量语文课堂教学是否有效的重要参数。因此，在进行语文课堂教学评价时，我们应该关注学生的参与度（包括学生参与的广度、深度与自觉程度），看有多少学生在多大程度上实现了有效学习。教师可以从学生的学习状态等方面检测自己的授课内容、授课方式、授课的效能是否体现了新课标的要求，是不是学生喜欢的一节好课；然后调整自己的教学重难点，这样才能真正促进语文课堂教学效率的提高，真正对学生发展起促进作用。

上述三方面的评价内容较好地解决了新课改所关注的核心问题"教师的'教'能否提高和发展学生的能力"，强调了语文教师的教学重点在于对学生语文学习习惯和学习能力的培养，从关注"教"到关注"学"，有助于课堂教学评价重心的转移，促使语文教师重新反思一堂"好"课要求教师具备什么样的教学能力。

（二）评价方式简约化

虽然新课标在评价建议中强调语文教学评价要改变那种教师独掌评价权、评价方式单一的情况，但我们在注意语文课堂教学评价多元化的同时，也要注意避免课堂教学评价的烦琐化、机械化，否则会导致语文教学评价走形式化的道路，造成语文教学的低效。教师可根据学生的具体情况和具体的教学内容，灵活选择不同的评价方式，不必刻意追求评价方式的多元化，只要实用即可。笔者认为，用以下两种方法来评价语文课堂教学是简约而有效的。

1. 课堂问答评价法

课堂问答评价法即教师通过课堂提问了解学生对某一知识的掌握情况，学生回答后，教师可以请其他学生来评价，最后教师用简洁的语言进行综合评价。这种评价方式意在通过同学互评、教师对学生的指导，引导学生正确思维，鼓舞学生学习的信心。

2. 阶段测试评价法

这是一种比较传统的评价方式，虽然会给学生带来一些压力，但却能让学生清楚知道自己在某阶段的学习收获，也可以让学生及时查漏补缺，避免终结性评价带来的消极情感体验。但是，教师要注意把握阶段测试的难度和频率，不可过难过频，落脚点应在促进学生学习。

（三）评价组织简约化

庞大的评价组织只会给课堂教学评价带来烦琐与负担。对自己最了解的人，评价出来的结果是最客观、最科学的。因此，笔者建议精简评价组织的成员，让学生自己、同桌、科任教师及学生的家长担任即可。

学生是学习的主体，对自己的学习情况最为了解、最具有发言权；同桌互评，是因为在一起学习，所以评价会比较客观；科任教师通过课堂上对学生的观察，对学生做出的评价也是中肯的、科学的；家长参与教学评价，这样对教育教学本身和孩子的学习都有很大的帮助和督促作用。总之，评价组织越简约，语文课堂教学评价效率就越高。

第三章

潜移默化，审美砺志树人

美育是五育的灵魂。美育润心，在全面发展教育中起着动力的作用。美育作为"五育融合"中的核心环节之一，是指培育学生认识美、感受美、鉴赏美和创造美的能力，是心灵净化、人格养成的关键，是学校全面实施素质教育，培养德智体美劳全面发展人才的重要组成部分，缺少美育的教育是不完美的。它在培养学生的各个环节中，既不可缺少，也不可替代。

　　《义务教育语文课程标准（2022年版）》在课程目标中指出："审美创造是指学生通过感受、理解、欣赏、评价语言文字及其作品，获得较为丰富的审美经验，具有初步的感受美、发现美和运用语言文字表现美、创造美的能力；涵养高雅情趣，具备健康的审美意识和正确的审美观念。"《普通高中语文课程标准（2017年版2022年修订）》基本理念也指出，"语文教育也是提高审美素养的重要途径，要让学生在语言文字运用的学习中受到美的熏陶，培养自觉的审美意识和高尚的审美情趣，培养审美感知和创造表现的能力。"可见，美育在中学阶段的重要性。处于教育阶段的学生，由于自身心智发展不成熟，缺乏对美的感知和鉴别，缺乏经验，往往容易根据自己主观意识的喜好去判定美丑，很容易使学生进入一个对美的事物认识的误区。而美育教育，就能帮助学生更好地发现美，鉴别美，在对比中认识是非对错，如何区别美与丑，让学生可以以积极健康向上的美的思想去感知精神层面的美德，实现学生全方位个性的发展。

　　美育是一种潜移默化的过程，而不是灌输和说教。美是无法教的，只能靠引导和启发，通过艺术鉴赏和文化熏陶来启迪与培育。语文教育担负着培养学生美育的任务，因此，在语文教育过程中要重视语文的熏陶感染作用，重视学生对美的感受，重视学生独到的情感体验。语文美育使学生释放自然天性，使学生处处感受美的存在，使学生更加热爱生活。

第一节　在经典诗文中涵养情趣

《普通高中语文课程标准（2017年版2020年修订）》基本理念强调："语文教育也是提高审美素养的重要途径，要让学生在语言文字运用的学习中受到美的熏陶……语文课程应该引导学生自觉继承中华优秀传统文化和革命文化，吸收世界各民族文化精华。"因此，语文课程应重视提高学生的品德修养和审美情趣，培养自觉的审美意识和高尚的审美情趣，使学生逐步形成良好的个性和健全的人格，培养审美感知和创造表现的能力，从而促进德、智、体、美、劳和谐发展。

诗文是抒写心灵的艺术，对学生形成审美情操、健全人格、创新精神都起着极大的作用。在教读诗歌时，要从以下几个方面入手，培养学生的审美情趣：首先要引导学生欣赏其音乐美；其次要欣赏其意象美；再次要欣赏其情感美；最后更要让学生表现美。在教学中要运用一切可行手段，如借助物像、借助绘画、借助音乐、借助写作等，建设转化审美对象，从而丰富学生的审美感知，使学生对诗歌作品的思想内容有深刻的领悟和启迪，在情感上产生强烈的共鸣，感染上作者的情绪色调，达到审美体验。重视诗歌教学的美育价值，让诗歌美育之花在语文教学的园圃结出丰硕的成果。

一、登山则情满于山——在我国古代"登高"的传统文化中涵养审美情趣

在教读杜甫的《登高》时，笔者查阅过有关"登高"的诗歌，"登高"作为意象，曾频繁出现在古诗中。在《唐诗三百首》中，它的意蕴类型足以囊括

所有诗歌中的抒情意义。历代诗人在登高诗歌的创作中，不断注入新的情感，使登高作品的内容更加丰富，情感更加多元，赋予它更为深厚的文化内涵。学生在学习"登高"传统文化时，可以感受诗人的情感幽思，从而涵养审美情趣。

"登高"在历代诗人的笔下都是一个不老的话题，他们往往会借助一些意象将自己的感情喷薄而出：登高而歌，登高而叹，登高而泣……经历过人世沉浮的诗人们在登高临远的意境中，浑然忘我，气壮山河，让后人反复倾听那来自高台上的悠悠心声。

"登山则情满于山。"登高望远，目力所及之处，自然会引发登高者的悠悠情思。杜甫在《登高》中以一句"万里悲秋常作客，百年多病独登台"表达出了他内心复杂的情感：身世飘零，客居他乡，老病孤愁，韶华易逝，国难家仇，壮志未酬……罗大经曾在《鹤林玉露》中解："盖万里，地之远也；秋，时之凄惨也；作客，羁旅也；常作客，久旅也；百年，暮齿也；多病，衰疾也；台，高迥处也；独登台，无亲朋也。十四字之间含有八意。"可见杜甫的无限悲凉之意尽在《登高》中展现。

登高在人们的日常生活中从属特定的生活情境的需要，往往没有什么深刻的文化蕴含；然而，自从王粲登上当阳楼发出"虽信美而非吾土兮，曾何足以少留"的感叹，表达深切的思乡愁绪后，登高抒怀似乎成为中国文人的一个重要传统。在古代诗词中，在文人笔下，登高逐渐由一种日常生活习俗变为一种具有多层意蕴的复合意象。中国古代文人大都喜欢登山临水，宋人韩元吉于《虞美人·怀金华九日寄叶丞相》中云："登临自古骚人事。"南朝刘勰在《文心雕龙》中就指出："登山则情满于山，观海则意溢于海。"所以，对于古代文人来说，登高不仅是一种生活习俗，更是一种精神需要、一种审美创造。

"登高"的涵养之意，主要体现在以下四个方面。

（一）抒家国之情，表忧愤之怀

表现家国之痛的登高诗作构成了古代登高诗的主旋律，它是诗人们时不我待的生命紧迫感、舍我其谁的生命价值感以及忧国伤时的社会忧患感在个人政治命运蹭蹬之时的具体呈现。杜甫在"艰难苦恨烦双鬓，潦倒新停浊酒杯"中体现他备尝艰难潦倒之苦，国难家仇，使自己白发日多，再加上因病断酒，悲愁就更难排遣，本来兴趣盎然地登高望远，现在却平白无故地惹恨添悲。遭遇理想与现实背离的诗人，在寂寞中恪守生命的初衷，走不出既定的历史宿命，其悲伤之情更见其中。这样，杜甫忧国伤时的情操，便跃然纸上。

如岑参《行军九日思长安故园》："强欲登高去，无人送酒来。遥怜故园菊，应傍战场开。"他登高远望表现的不是一般的节日思乡，而是对国事的忧虑和对战乱中人民疾苦的关切。

再如李益的《上汝州城楼》："黄昏鼓角似边州，三十年前上此楼。今日山川对垂泪，伤心不独为悲秋。"三十年前曾上此楼，三十年后再登此楼，"风景不殊，而举目有江山之异"，物是人非，作者怎能不为国运的动荡起伏而悲怆呢？

戴叔伦在《湘川野望》中云："怀王独与佞人谋，闻道忠臣入乱流。今日登高望不见，楚云湘水各悠悠。"这更是借古讽今，表达他忧国忧民的博大情怀。

李白的《登金陵凤凰台》："凤凰台上凤凰游，凤去台空江自流。吴宫花草埋幽径，晋代衣冠成古丘。三山半落青天外，二水中分白鹭洲。总为浮云能蔽日，长安不见使人愁。"登上凤凰台，作者沉浸在对历史的凭吊中，感叹六朝的繁华一去不返。同时为当今皇帝被奸邪所蔽而忧心不已。思古忧今的情怀，俱在其中。

（二）发思古之情，寄感怀之伤

千古登高路，悠悠思古情。古人在登高远望之际，辽远的空间势必会引起多情的诗人们的思古之情。杜甫《登高》中"无边落木萧萧下，不尽长江滚滚来"，落叶飘零，无边无际，纷纷扬扬，萧萧而下；奔流不尽的长江，汹涌澎湃，滚滚奔腾而来。这颔联为千古名句，写秋天肃穆萧杀、空旷辽阔景色的同时，深沉地抒发了自己的情怀，传达出韶光易逝、壮志难酬的感怆。它的境界非常壮阔，对人们的触动不限于岁暮的感伤，同时让人想到生命的消逝与有限，宇宙的无穷与永恒。

"前不见古人，后不见来者。念天地之悠悠，独怆然而涕下！"（陈子昂《登幽州台歌》）当陈子昂登上幽州台后，顿觉宇宙之茫茫，苍凉无限。在这广阔无垠的天地间，个人是如此的孤单渺小，不禁悲从中来，怆然泪下。正是因为登台之后将个人放置于苍茫广阔的背景中，才会产生如此强烈的反差，从而具备了独特的艺术魅力。

"万古乾坤此江水，百年风日几重阳。"这是明代李东阳《九日渡江》诗中的名句。这两句便具体展开"渺茫"的内涵。江山无限，乾坤永恒，这浩浩荡荡的大江从远古流来，又向未来流去，而人生百年，生命短暂，又能经历多少个重阳节呢？时间和空间的永恒无限，与个体生命短促渺小的对比和矛盾，就是诗人感慨的原因。

（三）抒思念之情，表羁旅之苦

这也是诗人们在登高诗中重要的表现内容。杜甫"万里悲秋常作客，百年多病独登台"，从空间（万里）、时间（百年）两方面着笔，把久客最易悲秋的感情，融入一联雄阔高浑的对句之中，情景交融，使人深深地感到他那沉重的感情脉搏。诗人的羁旅愁与孤独感，就像落叶和江水一样，推排不尽，驱赶不绝，情与景交融相洽。诗到此已给做客思乡的一般含意，添上久客孤独的内容，加进离乡万里的感叹，诗意就更见深沉了。

"独在异乡为异客，每逢佳节倍思亲。遥知兄弟登高处，遍插茱萸少一人。"（王维《九月九日忆山东兄弟》）漂泊异乡的游子，于佳节到来之际倍感孤独，遥想在家乡登高的兄弟，是不是也如自己一样，在深深地思念着对方呢？王维以朴素无华的语言道出人类真切而普遍的情感，使这首诗成为登高怀人、客居思乡典型的代表。

除了思念家乡、想念亲朋外，诗人们还常常在登高之时委婉曲折地表达对恋人的思念，透露内心隐秘的情感。如李商隐的《代赠二首（其一）》："楼上黄昏欲望休，玉梯横绝月如钩。芭蕉不展丁香结，同向春风各自愁。"独上高楼的玉人，在春日黄昏之时临风远眺，可是望尽天涯，也望不见自己的恋人，因而愁肠百结，郁郁寡欢。登高远眺的环境变化掀起了诗人心底的感情波澜。

（四）叙身世之情，遣满怀之愁

表现身世之悲的登高诗作也是构成了古代登高诗的主旋律，杜甫在《登

高》中的颈联，表达了他一生颠沛流离的生活；流露出他万里漂泊，常年客居
他乡，对此秋景，更觉伤悲；有生以来，疾病缠身，今日独自登临高台。秋天
不一定可悲，只是诗人目睹苍凉恢廓的秋景，不由想到自己沦落他乡、年老多
病的处境，故生出无限悲愁之绪。诗人把久客最易悲愁、多病独爱登台的感情
在诗中表现得淋漓尽致。

"众鸟高飞尽，孤云独去闲。相看两不厌，只有敬亭山。"（李白《独坐
敬亭山》）在高高的敬亭山上，诗人静静独坐，心中的忧愁烦闷、身世的辛酸
苦楚悄悄传与这秀丽的敬亭山，在登高独坐中排遣满怀愁绪。

……

"登山则情满于山"，古代诗人赋予登高诗歌丰富多彩的内容。在漫漫登
高路途中，除了前文所阐述的情感外，还有一览众山小的豪情，有对自由生活
的追求，有对美好风光的赞美。登高诗的共同意象是，以高台作为寂寞诗魂的
精神见证，具有深厚的美学意义，无论何时登临何物，只要有所思有所感，这
本身就是一道独特的人文风景线。而我们越来越多的登高者在这条路途中将继
续挥洒自己的情怀，丰富登高的传统文化内涵。

二、如何在经典诗文中涵养审美情趣

经典诗文是中华民族优秀文化的瑰宝，已然嵌入中华儿女血脉的基因。语
文教学如何在经典诗文中涵养审美情趣呢？随着语文教育改革进入培养"核心
素养"的新时期，审美教育再度成为教育改革的热门话题之一。《普通高中语
文课程标准（2017年版2022年修订）》在"学科核心素养"部分指出："审美
鉴赏与创造是指学生在语文学习中，通过审美体验、评价等活动形成正确的审
美意识、健康向上的审美情趣与鉴赏品位，并在此过程中逐步掌握表现美、创
造美的方法。"在核心素养的新背景下，审美体验则要通过中华优秀传统文化
的熏陶感染，使他们提高思想道德修养和审美情趣，逐步形成良好的个性和健
全的人格，促进学生全面发展。

（一）以经典诵读，培养审美情趣

对于经典诗文，诵读是培养学生审美情趣最主要的途径之一。"怎样教好

古诗文的课，最好的办法就是反复诵读，读得烂熟于心，不用过多地阐释，也不要太多活动，宁可多读几遍、多读几篇。"

1. 在诵读中涵养审美情趣

"在诗文诵读中让学童得到人文熏陶，还有语言能力和审美品位的提升。"朝夕朗读，自然成诵。有了诵读的基础，学生浸润于经典诗文之中，不知不觉被熏陶、感染，培养了审美情趣。

以"朗读者"模式，培养审美情趣。央视《朗读者》用现代人来还经典的魂，让很多观众及参与者得到了审美的体验，获得美的享受。笔者尝试把《朗读者》这种模式，运用到语文经典诗文教学中，学生以"朗读者"身份，诵读经典诗文，涵养审美情趣。模式具体流程如下：讲故事—诵读经典诗文—谈感受。所讲的故事与要诵读的经典诗文必须有联系，故事是自己的亲身经历。如学生读艾青的《大堰河我的母亲》时，先要求学生讲述与母亲相关的一件事，再读《大堰河我的母亲》，感受作者通过对自己的乳母的回忆与追思，塑造了保姆大堰河这一勤劳、纯朴的劳动妇女形象，抒发了对作为旧中国千千万万劳动妇女的化身的贫苦农妇大堰河的怀念之情、感激之情和赞美之情，揭示贫苦农民世代受压迫、受剥削的悲惨命运，从而激发学生对旧中国广大劳动妇女悲惨命运的同情，对这"不公道的世界"的强烈仇恨，与作者产生共鸣，获得审美感受。

"朗读者"模式让学生与诗文之间有了一条通道，产生了情感上的共鸣，获得了美的感受，培养了审美情趣。

以传统涵泳法，培养审美情趣。涵泳，本意是潜游，引申为浸润、沉浸之意，比喻仔细读书、深入领会之意。涵泳是一种中华传统诗文的教学方法，沉潜于经典诗文中，反复玩味和推敲，以获得其中之味。这个"味"就是审美情趣。如在教读艾青的诗《雪落在中国的土地上》时，教师带领学生一节一节、一遍一遍地朗读，从诗句的字里行间体会诗情，让学生沉浸于诗情中，带着浓浓的感情去读、去品、去玩味诗句、学习语言文字运用。关键还要在诵读的基础上品味涵泳。课堂上，老师通过和学生的对话，通过对诗句的琢磨、玩味，细细体会诗句所包含的诗人情感，然后让学生再尝试带着这种体会出来的感情去诵读，品析"人民像""风雪境""诗人情"，特别是一位母亲、一位农夫、一位少妇和垦殖者的形象。就这样，诵读—品味—体会—诵读，一直反复进行，使学生通过诵读涵泳真正读出了诗中那深厚绵长的味道和感情。

再如，在学生诵读中引导涵泳《木兰诗》。笔者设计以下涵泳问题：木兰征战为什么略写？木兰有阿姊和小弟，他们为什么没有代父从军？如果你是木兰会怎么做呢？有人说本文极力表现出木兰的爱国精神，你对这种观点有什么看法？请从文中找到依据。文中运用大量的铺排，试品味和推敲这些句子。设计这些问题的目的在于让学生进入文本之中，在情境中涵泳文本，并在涵泳中获得积极向上的审美情趣。

2. 细读诗文，品味细节情趣

在诗歌美文的细节中涵养情趣。古往今来，人们往往会被细节所感动，细节拥有无限的魅力。孟郊写下的"临行密密缝，意恐迟迟归"的细节，曾让无数游子为之落泪；王维写下了"劝君更尽一杯酒，西出阳关无故人"的细节，曾让无数行人为之嗟叹；苏轼写下了"小轩窗，正梳妆"的细节，更是让天下有情人为之唏嘘。这些是细节，又不仅是细节，它包括了细节背后的深沉情感。细节的魅力能够感化彼此的心灵，也能让整个世界变得更加和睦与温馨。"一句话，一生情"，真正的温情在细节中默默传递；真正的感动，也在细节中默默展现。所以要引导学生深入阅读经典诗文的细节，这是提升审美情趣重要的方式之一。学生在阅读中钻研文本；在主动积极的思维和情感活动中，加深理解和体验；在感悟和思考中，受到情感熏陶，获得思想启迪，享受审美乐趣。

（二）以经典活动，提升审美情趣

语文教育过程中要经常开展活动，以提升审美情趣。活动不囿于比赛、演讲，毕竟这类竞赛性质的活动学生参与面并不广，可以在班级学习常态中开展。

1. 开展"经典诗文大会"活动

活动可以借用"中华诗词大会"的赛制，活动以小组的形式开展，由小组与班委共同制定活动规则，具体流程如下。

首先，建立经典诗文题库，题库50%来自"中华诗词大会"，另外50%来自高考必背64篇古诗文。

其次，班级"经典诗文大会"以"中华诗词大会"的基础进行修改，以六人小组的形式开展诗文竞赛，接龙、抢答、必答。学生在活动中，要对经典诗文进行主动学习。学生在阅读经典诗文过程中就受到熏陶感染，享受审美乐趣，提升审美情趣。

2. 以联想和想象，升华审美情趣

阅读经典诗文，要合理运用联想和想象这两个"武器"，以让审美情趣得到升华。

任何创造活动都离不开想象，想象能力是衡量一个人创造能力的重要标准。爱因斯坦强调指出："想象力比知识更重要。因为知识是有限的，而想象力概括着世界上的一切，推动着进步，并且是知识化的源泉。"可以这样说，一切创造发明都是从想象开始的，没有想象，就没有创造发明。

如《天上的街市》这篇课文如何培养学生的审美情趣呢？那就要让学生展开联想和想象这双翅膀。教学时引导学生联想：远远的街灯—明星—天上的街市，让学生找到它们之间的联想点。再引导学生想象：街市—物品—牛郎织女—闲游，想象及再造想象牛郎织女在街市上自由、美好的生活。笔者在诵读的基础上引导学生领略《天上的街市》画面美，再引导其领略音乐美，最后探究其情感美。这些审美情趣的形成，都要依靠联想和想象。

又如教读马致远的《天净沙·秋思》时，在学生反复吟咏的基础上，指导学生将诗中的"枯藤""老树""昏鸦""小桥""流水""人家"等一系列典型的意象、自然景物，幻化成学生脑海中一幅幅栩栩如生的活动画面，再用笔画下来，让学生跟游子一起融入那苍凉、萧瑟的画面中去看、去听、去想，再请学生用自己的语言描述诗中那描写的画面。通过想、画、说，学生深深体会到游子的悲秋思乡之情，结句"断肠人在天涯"的言外之意也就不言而喻了。古诗的特点就是诗中有画，画中有诗，一首诗歌就是一幅美丽的山水画，就是一幅恬淡的山水风光图。绘画是学生表现自己的一种喜爱形式。透过画面，可以看出他对诗词的理解，既可以展示绘画的才能，又发展想象，从而涵养审美情趣。

　　审美情趣是语文学科核心素养重要组成部分，是发展学生核心素养的制高点。语文课程在核心素养的背景下，要通过阅读经典诗文，让学生获得美的享受，从而形成积极向上的、适应未来社会生活和个人终身发展所必备的审美素养。

第二节 在革命文学中陶冶情操

在语文学习过程中，培养爱国主义、集体主义、社会主义思想道德，逐步形成正确的世界观、人生观、价值观。《普通高中语文课程标准（2017年版2020年修订）》课程目标指出："传承中华文化。通过学习运用祖国语言文字，体会中华文化的博大精深、源远流长，体会中华文化的核心思想理念和人文精神，增强文化自信，理解、认同、热爱中华文化，继承、弘扬中华优秀传统文化和革命文化。"语文教育要引导学生感受语言文字及作品的独特价值，认识中华文化的丰厚博大，汲取智慧，弘扬社会主义先进文化、革命文化，在革命文学中陶冶情操，培养学生高尚品质，建立文化自信。

以2019年福建省质检小说《战士》为例，分析如何引导学生在革命文学中陶冶情操。

本文选自著名作家孙犁短篇小说集《荷花淀》，写于1941年，是一部革命文学作品。内容上，小说刻画了抗战时期冀中抗日根据地军民的精神风貌；艺术表现上，语言清新，审美趣味独特，叙事颇具匠心；格调上，积极乐观，洋溢着革命的浪漫主义情怀。这篇小说兼具深刻的思想性和较高的艺术性，是一部优秀的主旋律佳作，可以陶冶情操、磨砺意志，培养学生的高尚品质。

战 士

孙犁

那年冬天，我住在一个叫石桥的小村子。村子前面有一条河，搭上了一个草桥。天气好的时候，从桥上走过，常看见有些村妇淘菜；有些军队上的小鬼，打破冰层捉小沙鱼，手冻得像胡萝卜，还是兴高采烈地喊着。

这个冬季，我有几次是通过这个小桥，到河对岸镇上，去买猪肉吃。掌柜是一个残疾军人，打伤了右臂和左腿。这铺子，是他几个残疾弟兄合股开的合作社。

第一次，我向他买了一个腰花和一块猪肝。他摆荡着左腿，用左手给我切好了。一般的山里的猪肉是弄得粗糙的，猪很小就杀了，皮上还带着毛，涂上刺眼的颜色，煮的时候不放盐。当我称赞他的肉有味道和干净的时候，他透露聪明地笑着，两排洁白的牙齿，一个嘴角往上翘起来，肉也多给了我一些。

第二次，我去是一个雪天，我多烫了一壶小酒。这天，多了一个伙计：伤了胯骨，两条腿都软了。

三个人围着火谈起来。

伙计不爱说话。我们说起和他没有关系的话来，他就只是笑笑。有时也插进一两句，就像新开刃的刀子一样。谈到他们受伤，掌柜望着伙计说：

"先还是他把我背到担架上去，我们是一班，我是他的班长。那次追击敌人，我们拼命追，指导员喊，叫防御着身子，我们只是追，不肯放走一个敌人！"

"那样有意思的生活不会有了。"

伙计说了一句，用力吹着火，火照进他的眼，眼珠好像浮在火里。掌柜还是笑着，对伙计说：

"又来了，"他转过头来对我，"他沉不住气哩，同志。那时，我倒下了，他把我往后背了几十步，又赶上去，被最后的一个敌人打穿了胯。他直到现在，还想再干干呢！"

伙计干脆地说：

"怨我们的医道不行么！"

"怎样？"我问他。

"不能换上一副胯骨吗，如能那样，我今天还在队伍里。难道我能剥一辈子猪吗？"

"小心你的眼！"掌柜停止了笑对伙计警戒着，使我吃了一惊。

"他整天焦躁不能上火线，眼睛已经有毛病了。"

我安慰他说，人民和国家记着他的功劳，打走敌人，我们有好日子过。

"什么好的生活比得上冲锋陷阵呢？"他沉默了。

第三次我去，正赶上他两个要去赶集，我已经是熟人了，掌柜的对伏在锅上的一个女人说：

"照顾这位同志吃吧。新出锅的，对不起，我不照应了。"

那个女子个子很矮，衣服上涂着油垢和小孩尿，正在肉皮上抹糖色。我坐在他们的炕上，炕头上睡着一个孩子，放着一个火盆。

女人多话，有些泼。她对我说，她是掌柜的老婆，掌柜的从一百里以外的家里把她接来，她有些抱怨，说他不中用，得她来帮忙。

我对她讲，她丈夫的伤，是天下最大的光荣记号，她应该好好帮他做事。这不是一个十分妥当的女人。临完，她和我搅缠着一毛钱，说我多吃了一毛钱的肉。我没办法，照数给了她，但正色说：

"我不在乎这一毛钱，可是我和你丈夫是很好的朋友和同志，他回来，你不要说，你和我因为一毛钱搅缠了半天吧！"

这都是一年前的事了。第四次我去，是今年冬季战斗结束以后。一天黄昏，我又去看他们，他们却搬走了，遇见一个村干部，他和我说起了那个伙计，他说：

"那才算个战士！反'扫荡'开始了，我们的队伍已经准备在附近作战，我派了人去抬他们，因为他们不能上山过岭。那个伙计不走，他对去抬他的民兵们说：你们不配合子弟兵作战吗？民兵们说：配合呀！他大声喊：好！那你们抬我到山头上去吧，我要指挥你们！民兵们都劝他，他说不能因为抬一个残废的人耽误几个有战斗力的，他对民兵们讲：你们不知道我吗？我可以指挥你们！我可以打枪，也可以扔手榴弹，我只是不会跑罢了。民兵们拗他不过，就真的带好一切武器，把他抬到敌人过路的山头上去。你看，结果就打了一个漂亮的伏击战。"

临别他说：

"你要找他们，到城南庄去吧，他们的肉铺比以前红火多了！"

一九四一年于平山

考题："小说中'伙计'的性格有哪些特点？请简要分析"。

人物形象的塑造是小说创作的主要任务。人物形象的分析鉴赏是小说的重要内容。分析人物形象，首先要明确人物的身份，抓住人物语言、外貌、行动、心理等；同时要厘清小说人物间的关系，切分成不同层面，进行分析概括。从人物身份而言，小说中的"伙计"既是肉铺里的伙计，也是在战场上英勇善战、受伤残疾的战士；"伙计"的性格主要通过对话来表现，如"伙计"与"掌柜"的对话、"伙计"和"民兵"的对话、"我"与"掌柜""村干部"的对话等；从人物活动环境和人物关系而言，要分析小说中"伙计"在战场上和日常生活中的不同表现，分析"伙计"对战友（如掌柜）、民兵、敌人等不同对象的态度。其次，要认真审题，答题时注意人物"性格特点"与"形象"的区别。

基于上述分析，其一，从掌柜、村干部对"伙计"在战斗中的叙述和评价，可见他不怕牺牲，追敌受伤，指挥民兵打赢伏击战等，这些说明"伙计"的英勇善战。其二，掌柜说"他直到现在，还想再干干呢"，村干部评价"伙计""那才算个战士"，"伙计"自言"难道我能剥一辈子猪"，从中可见"伙计"虽身受重伤，依然渴望再上战场杀敌报国，重义轻生，愿意为民族解放事业而奋斗献身，生命不息，战斗不止，这些说明"伙计"的义烈不挠。其三，他在枪林弹雨中救助班长，对敌人穷追猛打，不放走一个敌人，这些说明"伙计"的爱恨分明。其四，他受伤后和残疾战友开合作社谋生，自食其力，这说明"伙计"的自立；不愿拖累民兵影响战斗力，相信自己还有能力杀敌，这说明"伙计"的自信。其五，文中"就像新开刃的刀子一样"，"怨我们的医道不行么！""难道我能剥一辈子猪吗？""他整天焦躁不能上火线，眼睛已经有毛病了""什么好的生活比得上冲锋陷阵呢？"从中可见"伙计"对掌柜说话冲，有话直说，这说明"伙计"的率直；因不能再上战场急坏了眼睛，这说明"伙计"的急躁。

学生在思考分析中归纳出"伙计"的形象：①英勇善战。不怕牺牲，追敌受伤；指挥民兵打赢伏击战。②义烈不挠。身受重伤，渴望再上战场杀敌报国，生命不息，战斗不止。③爱恨分明。枪林弹雨中救助班长，不放走一个敌人。④自立自信。受伤后和残疾战友开合作社谋生,相信自己还有能力杀敌。⑤率直急躁。对掌柜言语粗糙,不能上战场急坏了眼睛。

通过深度阅读,学生了解到小说很讲究叙事策略,讲述抗战中几位受伤的"战士"的故事,真实生动地展现了这一特殊群体的精神风貌,特别是插入"伙计"在战场上受伤后仍然指挥了一场漂亮的伏击战的故事,从侧面表现战士钢铁般的意志、优秀的指挥才能,揭示抗战胜利的深刻原因——军民团结,战无不胜。小说在讴歌抗日根据地军民昂扬向上的民族精神的同时,也给学生予精神上的熏陶与鼓舞。

革命文学,作为一种特殊的文学形式,往往承载着强烈的情感和深刻的思想。它不仅仅是对历史的记录,更是对人性、社会与理想的深刻反思。所以在革命文学教学中,应该注意陶冶情操的几种艺术方法:

(1)多角度了解作品背景:了解作品的历史背景和社会环境是理解革命文学作品的第一步。每部作品都是在特定的历史时期和社会环境下创作的,这些背景信息有助于读者更深入地理解作品中的人物行为和情节发展。

(2)全面分析人物性格:革命文学作品中的人物往往是理想化的英雄形象,他们具有坚定的信念和不屈不挠的精神。通过分析这些人物的性格特点,可以学习到在困难和挑战面前如何保持坚强和乐观,这对于个人情操的培养具有重要意义。

(3)深入领悟深层主题:革命文学作品通常包含对自由、平等、正义等价值的探讨。通过阅读这些作品,读者可以思考这些主题在当代社会的实际应用,从而提升自己的道德观和价值观。

(4)实践应用所学:将革命文学作品中体现的高尚情操和积极态度应用到实际生活中,无论是面对工作挑战还是处理人际关系,都可以尝试模仿作品中人物的行为模式,以此来提升个人的情操和道德品质。

总的来说,通过上述方法,不仅可以更深入地理解和欣赏革命文学作品,还能在这一过程中培养和提升学生的道德情操、生活态度,从而达到五育融合。

第三节　在审美品位中提升素养

苏霍姆林斯基讲过，没有一条富于诗意的情感和审美的清泉，就不可能有学生全面的能力发展。语文教学中如果忽略了美育，一切都将会变得苍白无力。《全日制义务教育语文课程标准（实验稿）》提出："语文课程还应重视提高学生的品德修养和审美情趣，使他们逐步形成良好的个性和健全的人格，促进德、智、体、美的和谐发展。"《义务教育语文课程标准（2022年版）》在语文课程的"总目标"中又说："在语文学习过程中，培养爱国主义、集体主义、社会主义思想道德，逐步形成正确的世界观、人生观、价值观。"可见，语文教学不仅担负着培养学生素质技能的任务，而且肩负着美育的使命。

总目标指出，"感受语言文字的美，感悟作品的思想内涵和艺术价值，能结合自己的经验，理解、欣赏和初步评价语言文字作品，丰富自己的情感体验和精神世界。"在审美品位中提升语文核心素养。

一、"文"与"画"相促，提高审美品位

现代教育提倡培养学生多方面的能力。而我们以往的文言文教学只是一味地注重词语的解释，思想内容的分析，而忽视了语文的熏陶感染作用，忽视了学生对美的感受，忽视了学生独到的情感体验。

本堂课注重调动多种渠道，让学生达到知美、绘美、说美、体验美的目标。苏轼："诗中有画，画中有诗。"从这可见一篇篇寓情于景、景中见情、耐人寻味的佳作，如同描绘出一幅幅优美、寓有情节、富有情味的绘画。诗文讲究画面感，绘画重视故事性，《桃花源记》是一篇画面感鲜明、故事性强的

文章，因此，在教学中把绘画与诗文中的说、写训练相结合，往往会收到事半功倍的效果。

在教读《桃花源记》时，先让学生整体感知文意，能概述桃花源给自己留下的印象，感受桃花源之美；指导学生品味课文，体会文章的意境美、赏析桃花源的"美""乐""奇"。例如，让学生用句式"这里的_____真美，你看_____"描述自己的美好遐想，说明桃花源美在哪里。学生们经过讨论、想象后，畅所欲言："这里的桃林美，你看，长达二三里，中间没有一棵别的树，一眼望去，就像是一片粉红色的彩霞。地上花草鲜艳美丽，在阳光下闪烁摇曳，像眼睛，像星星。树上花瓣纷纷落下，像是一只只飞舞的粉蝶……""这里的土地美，你看，平坦如砥，一望无垠，就像是一块偌大的毡子……""这里的屋舍美，你看，排列得整整齐齐，炊烟袅袅升起……""这里的田池美，你看，田地肥沃，庄稼茁壮生长：池水清澈，鱼儿悠然自乐……""这里的桑竹美，你看，青翠茂盛，在阳光下熠熠生辉……""这里的阡陌美，你看，它们交错相通，将田地划成整齐的方块，像一个巨大的棋盘……"听着同学们的描绘，大家眼前仿佛出现了一幅幅美丽的图画，桃源是美丽的，它美在环境幽雅，美在风景秀丽，美在资源丰富，美在静谧祥和。

二、如何在诗歌审美品位中提升素养

文学素养作为语文素养的一个组成部分，对学生形成审美情操、健全人格、创新精神都起着极大的作用，所以文学欣赏、文学教育理应成为语文教学、语文教材的重要内容。本文以诗歌作为讨论对象。

诗是抒写心灵的艺术，在所有的文学体裁中，它是最富于灵气与情感的一种言说形式，诗歌之美，不仅缘于它所表达的内容，也表现在它所呈现出的形式上。它的内容含蓄而隽永，形式灵活多变，情感的个性化色彩强烈。所以教师在教读诗歌时，要在学生反复诵读的基础上，引导学生感受诗歌的节奏和韵律之美，体会其中丰富的想象、优美的意象和诗人抒发的真挚感情，注意诗中运用的比喻、拟人、象征等表达方法，揣摩诗歌形象以及含蓄、精练的语言，并在此基础上体会诗歌表达的思想感情。还要借助各种手段让学生展开想象和联想，进入诗歌的艺术境界，与诗人展开心灵的对话。在对话中感受美、享受美，提升核心素养。

（一）读诗，要欣赏其音乐美

在历史上诗与乐有很久的渊源，它们关系尤其密切，诗常可歌，歌常伴乐。论性质，在诸艺术之中，诗与乐最相近，它们都是时间艺术。诗歌语言的音乐性在很大程度上是借助诗的节奏和音韵表现出来的。那么，如何引导学生欣赏诗歌的节奏美、音韵美？

1. 借助朗读，体会诗歌的节奏美、音韵美

朗读，是诗歌教学的基本要求之一。朗，指声音清楚、响亮，读，指读书、念文章。朗读是学习语文的一种重要方法，叶圣陶先生称为"美读"。"所谓美读，就是把作者的情感在读的时候传达出来……而且与作者的心灵相感通了，无论兴味方面或受用方面都有莫大的收获。"美读之于语文教学是十分重要的，它犹如神棒，指向哪里，哪里就会开出赏心悦目的绚烂之花。美读，能调动学生的多种感官，课文内容入于眼，出于口，闻于耳，记于心，乃至"布乎四体"，多方面感知，所得作品印象将极为深刻，且"目治""口治""耳治"三位一体，令人受益无穷。

美读，是学生进入课文的桥梁。桥的一头是课文，另一头是学生。读着读着，"披文入情，沿波讨源"，神游其中，增进理解。所以宋代著名教育家朱熹说："大抵观书，先须熟读，使其言皆若出于吾之口；继以精思，使其意皆若出于吾之心，然后可以有得尔。"可见，美读把教材无声的文字变为有声的语言，把文中静止的感情变为真情实感，既能"了解作者说些什么""与作者的心灵相感通"，又能把课文中的人物、情景展现出来，跃出纸面，把自己带进课文的情境中去，毫无障碍地接受课文内容的感染熏陶，因此，美读是感知诗歌的主要方式，是获得诗歌内容的主要途径。

读诗与读其他课文不一样，既要告诉学生带着充沛的感情来读，又要教给学生一些朗读的技巧，教师要做一些示范。那么，怎样指导学生朗读以理解诗歌的音乐美呢？

（1）运用普通话进行朗读

这是朗读的音质条件。因为朗读是把诉诸视觉的书面语言，转化为诉诸听觉的有声语言，声音的"质"就是前提。

（2）感情充沛，以声传情

文章是作者感情的产物，朗读时就要表达文章喜怒哀乐等不同的感情。由于情感是对客观事物符合人的需要、愿望与观点而产生的体验，为在朗读中获得这种体验，因此就要借助书面语言，运用形象思维，唤起自己的内心视像，把文中的人、事、景、物变成可以看到、听到、闻到、尝到、感触到的客观世界中的种种事物。运用联想和想象，再现逼真的情境，体验也就自然而然地产生，情动于中，形之于声。

美感，是由审美的需要得到满足而生的体验，如自然美、生活美、艺术美所引起的情感体验。理智感，是由人在智力活动中认识、探求或维护真理的需要得到满足而产生的情感体验，如对新的还没有认识的东西，表现出求知欲、好奇心；对不能理解的问题，表现出惊奇和疑虑；对正在论证的问题，表现出维护自己观点的热情或浓厚兴趣；对经过努力钻研与思考，使问题得到了解决，表现出无比的喜悦与兴奋，这些都属于理智感。

如教读《惠崇〈春江晚景〉》一诗时，我是这样指导学生在吟诵中去感知诗歌情境美的。

首先，品读时，让学生品味这首题画诗是如何再现了一幅优美的画面的。让他们体会到在这首诗短短的四句中所写的"桃花""春江水""鸭""蒌蒿""芦芽""河豚"等蕴含的简洁、含蓄之美。其次，在"美读"时，让学生划分诗的节奏，"竹外桃花——三两枝，春江水暖——鸭先知。蒌蒿满地——芦芽短，正是河豚——欲上时"。找出押韵的韵脚，体味这首诗语言文字的音乐感，在反复品味、吟诵中去感受其中的节奏美、音律美。最后，从三两枝桃花、戏春水之鸭、满地的蒌蒿、欲上的肥豚的图景和诗人悠闲、欢快的情感流露的情景之中去感受其中的意境美。

让学生在朗读中根据文字描述进行语言表达，在朗读中由形象思维逐渐向抽象思维转化。朗读为学生创造美起到了桥梁作用，而这个过程就是在创造美。如《清平乐·村居》这首词，作者将茅檐、小溪、青草、翁媪、三儿等人物和景象组成了一幅农村生活图。在朗读中学生体会到了诗意、诗情，并受到自然美、艺术美的熏陶，学生根据头脑中浮现出的画面，就能不同程度地进入诗句所描绘的境界，再通过说把诗意表达出来，达到创造美的目的。

可见，美读是沟通书面语言和口头语言，实现言、文合一的主要途径，让学生把口头表达和书面表达结合起来。真是"三分文章七分读"啊！

2. 借助音乐，提升审美情操

音乐作为艺术的一种形式，和文学有许多相通之处，特别是音乐形象创造的广阔的情感空间和想象空间，为人们的审美想象提供了一个自由驰骋的大天地，音乐的旋律和节奏又最能拨动青年学生的心弦，引发强烈的审美共鸣。把音乐语言与文学语言沟通起来，往往能收到意想不到的良好效果。音乐是一种善于表达和激发思想情感的艺术，具有强烈的感染力量。音乐同其他艺术相比，其感情特征更为突出。因为音乐不具有绘画那样直接描绘的功能，也不具有文学那样运用文字来描述对象的能力。音乐虽然不能提供可视的形象，但音乐可以通过一缕缕流动的音符，产生多种多样的不同内容、不同情感、不同形式的乐曲，给人以听觉刺激。这种刺激可产生不同程度的心理反应，再通过一定的类比、联想，使人产生感受，领会作曲家的意图，引起强烈的情感共鸣。

经常欣赏经典民乐《春江花月夜》《梁祝》等，学生的情感会更细腻；经常欣赏世界名曲《蓝色多瑙河》《命运》等，学生的心胸会更开阔；经常欣赏通俗歌曲《龙的传人》《我的中国心》等，学生的爱国情怀更易被触动。充分发挥音乐的魅力，它能激起学生积极、愉快的情感体验，增添课堂的学习气氛，培养审美想象，提升审美情操。

古人云："凡音之起，由人心生也。"人们对于音乐的体验，是一种心灵的感受。古诗词曲大可以用来歌唱，有很强的节奏韵律，如李煜的《虞美人》、苏东坡的《水调歌头·明月几时有》、李清照的《一剪梅》等，至今可以歌唱。李煜的《虞美人》，学生通过歌唱"问君能有几多愁，恰似一江春水向东流"，可以理解诗人"亡国之音哀以思"的愁绪。又如苏东坡的《水调歌头·明月几时有》，学生也可以通过字面意思来理解苏东坡因政治处境的失意，以及和其弟苏辙的别离，中秋对月怀人，并以超然的思想表现出对人间生活的热爱。但如果借助音乐（或配乐），学生更能在心灵上产生共鸣，音乐的旋律和学生的心弦将一起颤动，让学生在心灵上得到感触，明白何谓"人有悲欢离合，月有阴晴圆缺"。而且学生在感悟音乐的同时，也感悟了诗歌的内涵，了解苏轼不羁的才情与超脱的个性，与人物的心境相连，感悟其中所包含的情感——"但愿人长久，千里共婵娟"。

即使是不可歌唱的现代诗歌，也具有音韵美。例如，贺敬之《回延安》采用信天游的形式来写，具有音韵美、节奏美，如其中"杜甫川唱来柳林铺笑，红旗飘飘把手招"，这是多么朴素、亲切的拟人手法的诗句，写出了延安人民对重返延安的革命战士的浓情盛意，展示了动静结合、生机盎然的山川美、画面美，让学生在触景生情、借物咏志的音乐旋律中，陶情养性。

孔子说过"移风易俗，莫过于乐"。音乐教育确实是一种非常有效的美感教育和素质教育形式，让学生从中受到音乐审美教育，陶冶情操，形成健康的审美志趣，提升审美情操。

（二）读诗，要欣赏其意象美

诗贵含蓄，诗的含蓄就在于意象的运用。意象包括真景和真情两种因素，它是融入了主观情意的客观物象。无论是作者还是读者，在心领神会一首好诗时，都必有一幅画境或是一幕戏景，很新鲜生动地突现于眼前，使他神魂为之钩摄，若惊若喜，霎时无暇旁顾，仿佛这小天地中有孤立自足之乐，此外偌大乾坤宇宙，以及个人生活中一切憎爱悲喜，都像在这霎时间烟消云散去了。纯粹的诗的心境是凝神注视，纯粹的诗的心所观境是孤立绝缘。心与其所观境如鱼戏水，忻合无间。诗歌教学中的一切审美活动都是以学生对审美对象的直接感知开始的，并在全过程中不断地丰富和深化。因而，在诗歌教学中要注意引导学生进行意象美的欣赏。

1.借助物像，唤起学生的审美需求

夸美纽斯曾指出："凡是需要知道的事物，都要通过事物本身来进行教学；那就是说，应该尽可能地把事物本身或代替它的图像放在面前，让学生去看看、摸摸、听听、闻闻等等。"加强教学的直观性是引导学生欣赏意象美的一条基本原则。

物象是客观的，是意象的基础，教师可以根据所教诗歌的内容，设计、制作多媒体课件，创作彩色幻灯片，或选用、自制一些挂图，并联系诗歌内容，详细地讲解画面。例如学习毛泽东的《沁园春·雪》："北国风光，千里冰封，万里雪飘。望长城内外，惟余莽莽；大河上下，顿失滔滔。山舞银蛇，原驰蜡象，欲与天公试比高。须晴日，看红装素裹，分外妖娆。江山如此多娇，引无数英雄竞折腰。惜秦皇汉武，略输文采；唐宗宋祖，稍逊风骚。一代天骄，成吉思汗，只识弯弓射大雕。俱往矣，数风流人物，还看今朝。"在《沁园春·雪》中，毛泽东同志的笔触纵横千万里，高原、长城、大河、雪野等壮丽景色尽显笔端，"江山如此多娇，引无数英雄竞折腰"。

教师在教学中可以运用电脑制作几幅课件物像：

一幅是"长城雪飘"，突出冬天的景物特征：白雪皑皑、意境广阔；

一幅是"独立高原"，突出人物的形象特征：意气风发、壮志勃勃；

一幅是"江山如此多娇"：雪后晴日、纯洁素雅、富丽热情。

……

再用生动的语言再现诗中描述的情景，把学生引入诗的意境；学生凭借感观，通过想象与联想，如同身临其境，领悟到这首诗景美情更美的意趣，从而感受到色彩鲜艳的雪后晴日，感受到澎湃的激情，感受到坚强的信心、伟大的抱负和昂扬的斗志。让学生陶醉在祖国大好河山的美的情境中，从而激发他们对祖国大好河山的热爱之情，对建设祖国的豪迈情感，逐步培养爱国情操。

在教读王维的《送元二使安西》"渭城朝雨浥轻尘，客舍青青柳色新。劝君更尽一杯酒，西出阳关无故人"时，出示一幅关外的风景图，其画面是干裂的大地，古老的雄关、驼队、油灯、徐徐转动的纺车、缓缓前行的耕牛……这画面散发出一种古朴的气息，透发出厚实的文化底蕴，让学生感悟大西北生活的艰辛，体味诗中王维对朋友离去的依依不舍之情，对友人今后孤独寂寞的关怀之情。

学生置身于教师创设的这种特定的情境中，就会带着一种对"美"的憧憬和急于领略美景的审美期待，唤起"美"的情趣，拨动"美"的心弦，进入诗歌的情感世界，引起强烈的情感共鸣。这种情感的共鸣，可以转化为学生自觉审美的"催化剂"，使学生产生新的审美追求，主动去寻美访胜，采撷珠宝，从而深潜到诗歌所构筑的内部世界，领悟诗歌所营造的美学意境，收到"润物细无声"之效。

2. 借助绘画，达到领悟诗歌的意象美

物象一旦进入诗人的构思，就带上了诗人的主观色彩，从物象到意象是艺术的创造。那么，如何引导学生更进一步地领悟诗歌的意象美呢？苏轼关于王维的诗、画作品曾有"诗中有画，画中有诗"的评语。其实不仅王维的作品如此，许多寓情于景、景中见情、耐人寻味的诗作，都如同描绘出一幅幅优美、寓有情节、富有情味的绘画。诗歌讲究画面感，绘画重视故事性、主观性，把绘画作为领悟诗歌意象美的途径，往往会收到事半功倍的效果。

比如《有的人》是一首哲理性很强的诗，同时它的文学性、形象性也很强，其中有一些鲜明的形象——"石头""野草""春风"等，在教学中不妨让学生根据诗歌内容画出两组漫画：两种不同的人的行为、人们对这两种人的不同态度行为，这样可以唤起学生的感性意识，达到对诗中意象的领悟，并领悟诗歌的境界及作者的思想感情。《〈诗经〉三首》由于年代久远，语言难懂，不妨提示学生想象一幅幅生动的画面，学生自然容易进入诗中自由徜徉。古诗"小园香径独徘徊"，写了三个小景——小园、香径、独自徘徊，合成一幅意蕴丰富的画，这也需要想象才能再现和品味出其意象美。

如前面所说，王维的作品把诗、画、事结合得很完美，如《山居秋暝》："空山新雨后，天气晚来秋。明月松间照，清泉石上流。竹喧归浣女，莲动下渔舟。随意春芳歇，王孙自可留。"这首诗中有明月、清泉、松竹、溪石、水莲等，描绘了一组清静、美的画面；而在静谧的环境中，又有人的活动——浣女欢笑等。教师可以根据这组画面，鼓励学生驰骋想象，深入感受其中的画面美，让学生说一段话或描述一个故事："秋天的黄昏，雨过天晴。山野空旷，清新怡人，日光从松树间静静地泻下来，留下参差斑驳的倩影，泉水在小溪中叮咚流淌。翠翠竹林里，洗衣少女笑声隐隐，清清莲池中，渔舟缓缓而过……"再让学生根据语段或故事，画出一幅，乃至好几幅画，学生能够犹如身临其境地感受到这样恬淡的田园生活的画面时，便是领悟了其意象的美，进入了其意境。通过这样的教学，可以激发学生的想象力和创造力，锻炼学生的说话能力，并反过来促使学生在绘画过程中去进行合理的想象和创造，去合理地领悟诗人在意象中赋予的美，从而使"意"与"画"相互促进，使之形成一个良性循环，更好地使学生产生审美愉悦，在说、写、画的实践中领悟诗歌的意象美。

（三）读诗，还要欣赏其情感美

"诗本无形在窈冥，网罗天地运吟情"，天地间森然万象，皆由一个"情"字所网罗而显示其审美意韵。而诗是所有文学形式中最重视抒情和最擅长抒情的品种，情感不仅是构成诗美的主要内在因素，而且是诗的存在价值的主要依据之一。诗歌中任何一种意象都弥漫和渗透着或强烈或婉曲的感情因素。可以这么说，情感是诗的生命，没有情感就没有诗。列宁说过："缺失情感的认识便失去了认识的深入，人的思想只有被浓厚的情感渗透时，才能得到力量，引起积极的注意、记忆和思考。"诗歌的本质是情绪和情感的抒发，是人类某种共同的宝贵情感在瞬间的灵光闪现。《文心雕龙》明确指出："昔诗人什篇，为情而造文。"诗歌中的意境，也强调思想感情在作品中的体现，作者的思想感情或喜悦，或忧伤，或愤怒，或思念，或憧憬，或赞扬，或谴责……无不流泻在作品的字里行间。因此要求鉴赏者在鉴赏活动中，进行"再创造"，心理过程则表现为联想的想象活动和情感体验。如果说文学创作是作者情意的流露，那么阅读欣赏就是一种接受情感辐射的享受。

笔者总在想，语文教学绝不仅仅靠嘴巴和粉笔，它更需要你用心去感知、去捕捉，用感情去灌溉、去融合。教师在诗歌教学中要有深厚的感情体验，以饱满的情绪、昂扬的热情去感染学生。罗曼·罗兰说过："要散布阳光在别人心中，总得自己心中有阳光。"是的，教师自己没有感情，就无法激起学生的感情。为此教师需要深入钻研教材，披文以入情，把握作者的思想脉络，体会作者感情的波涛。只有自己先被感动，先有了是非、善恶、美丑、爱憎的鲜明态度，出言才会真切，才会引起学生感情的共鸣。

教师在诗歌教学中就应该对文本深刻理解，以情激情。在上课时能声情并茂，应该像演员进入角色那样动情，要以自己独特的情感方式驾驭教材，感染学生。如《周总理，你在哪里》一诗，"状难写之景如在眼前，含不尽之意溢于言表"，热情歌颂了周总理为革命日夜操劳、为人民鞠躬尽瘁的高尚品德，深切地表达了亿万人民无限怀念周总理的真挚感情。教学之前，让学生查找一些有关周总理革命实践活动的图片和故事，我们可以详细地介绍时代背景，尽可能提供一些能唤起学生联想、帮助学生品评诗味的感性材料——展示当年的一些动人心弦的场面，做好孕育感情的工作，引导学生发挥想象，激起全身心的感动震颤。这样再朗读饱含深情的字字句句，遥想人民的好总理，达到情理交融、声情并茂的程度，作品奔腾的感情潮水，是一定能涌进学生的心田的，学生一定能和诗人的满腔热血融为一体，引起强烈的共鸣，崇高的理想情操教育可以随诗潜入学生心田而"润物细无声"。教师再用感人肺腑、如怨如慕、如泣如诉的语言震撼学生，让他们不仅体会到人民对总理的深厚感情，而且从中去领悟总理的精神实质。所以在诗歌教学中，要先丰富学生的审美感知，使学生对诗歌作品的思想内容有深刻的领悟和启迪，情感产生强烈的共鸣，感染上作者的情绪色调，达到"会心"的审美体验。

融情于景，借景抒情，这是佳作高超的艺术境界。教学时，披文入情，才能真正体会其中的高迈意境。如学习李白的《行路难》，应该抓住最后两句"长风破浪会有时，直挂云帆济沧海"，让学生充分体会到诗人对理想百折不回的执着追求，感受到诗人高昂乐观的精神境界，在心中存入一份真正美好的情感。

诗是激情的流露，所以，无论是读诗，还是写诗，都是为了唤起一种美好的情感，为了培养学生对世对事对人的好奇心和真诚的关怀。因而在诗歌的教学中就更应该突出教师的情绪感染和情感熏陶，从而让学生达成对诗歌的有效感悟和感知。

（四）读诗，还要具有表现美

借助习作能够让学生表现美，以实现审美创新能力的再提升。这里的习作是指在学生理解诗歌含义的基础上，让其发挥想象，把诗歌（尤指古诗词）改写成一篇具有环境描写、故事情节、人物对话等的白话"美文"。作文是综合性很强的审美创造训练，我想借写作这块领地，引导学生对生活进行思考，运用生活积累，引发美的思考，唤醒学生对美的追求。用书面语言描述自然境界之美和社会人生之美，让学生在作文中创造美的形象，表达美好的思想和健康的感情，这样的写作过程，本身就是一种审美教育——创造美的过程。学生要写出一篇"美文"，除了必须在文中倾注高尚的美好的思想感情外，还必须掌握语文表达方法，用美的语文形式反映美的思想内容。因此，在作文教学中启迪学生创造美的智慧，训练学生创造美的能力，是语文审美教育的重要任务。

又如在教读白居易《钱塘湖春行》后让学生用书面语言描述自然境界——西湖之美，让学生在作文中创造美的形象，表达美好的思想和健康的感情。学生根据字面内容，写出了他们心中的美丽景色："乱花渐欲迷人眼，浅草才能没马蹄：写出了春天的西湖繁花似锦，令人目不暇接，使人浮想联翩，似乎湖面镜台将有浓妆艳抹的西子再现。花儿姹紫嫣红似乎故意有迷惑人的情意；嫩绿的浅草似乎故意掩藏起马蹄……"学生能够理解作者如此赋予色彩以生命，将色彩与动感巧妙结合，给西湖春意更增无限情趣，学生的审美创新能力哪能不提高呢？学生通过品读古诗，接受语言美的熏陶，开阔视野，丰富语言积累，从而逐渐提高驾驭祖国语言文字的能力，提高审美能力。

学习《木兰诗》，我让学生明确木兰替父出征的目的，征战生活的艰苦，并结合动画片《花木兰》让学生在朗诵、观看中领悟木兰驰骋沙场的壮美；并让学生写《木兰从军记》，让学生发挥想象，大胆创新，写自己的真情实感，倡导他们积极地追求美。学生在作文中写道："木兰辞官还乡，同亲人合家欢聚。木兰此时急于恢复女儿装，可见木兰对和平生活的向往和归来后喜不自禁的心情，木兰是一位天真活泼、淳朴可爱的女孩子。……""在木兰身上，女孩子的天性并没有泯灭。她并不是泼妇形象，也不是梁山好汉的形象，她是一个实实在在、美丽非凡的女孩子。……"在文中学生们勇于表达美，写出自己的观点和主张，在写作实践中个性获得全面发展。

创美活动是人们根据一定的审美理想，按照美的规律改造世界，创造审美对象的自觉而自由的实践活动。学生是否具有审美理想、美的个性特征和健康向上的人格力量，能否进行创美活动，从他们的写作中就可表露无遗。因为，作文是凭借语言来反映客观事物，表达主观思想感情的智力活动，是个体认识与情感的自我表达，可见借助习作，能够让学生大胆地表现美，实现审美创新能力的再提升，习作在诗歌的审美教育中也具有举足轻重的作用。

总之，诗歌是美的海洋，蕴藏着千姿百态的美，在诗歌教学中，为了更好地让学生学会审美，教师要深掘教材中各种美的对象，善于引导学生对美的因素的感受，最大限度地激发学生的主体能动意识，积极建设、转化有利的审美对象，让学生从情绪体验中得到美的感受、美的愉悦；引导学生在体验美的基础上，发现美、创造美，并在发现美、创造美的过程中再次体验美。因此，必须重视诗歌教学的美育价值，让诗歌美育之花在语文教学的园圃结出丰硕的成果。

第四章

徜徉生活，陶情冶性塑形

生活是五育的摇篮。新课标语文课程实施从学生语文生活实际出发，创设丰富多样的学习情境，与生活"链接"的语文教育，能让学生感受多彩的生活气息，获得比教材本身更多的知识，学生所学的知识也能在课堂上得到运用，更让学生充分展示了自我，获得丰富的内心体验。语文这门学科是最富有内蕴和思想、最富有灵气与诗意的，它是重要的交际工具，是用来反映生活并服务于生活的。这就要求语文教育不能只局限于教材、只局限于课堂，而应该把语文与生活紧密结合起来，让语文教育与学生心灵相沟通，让语文课堂与生活天地相接壤。

　　语文即生活，生活即语文。都说生活是语文教育的大课堂，在语文教育过程中，要把德智体美劳与日常生活相结合。教师要时刻把握生活的脉搏，让学生在生活中感悟语文教育的魅力，从而不自觉地在生活中去探究、去锤炼，形成良好的性情，提升自己的能力素养。

第一节　遨游书海　胸怀若谷

在生活中读书，读生活中有益的书。腹有诗书气自华，胸藏文墨怀若谷，由此可见，读书是可以改变人的气质和品质的。读书，使人思维活跃，聪颖智慧；读书，使人博学多识，学富五车；读书，使人豁然开朗，无忧无虑；读书，使人思想插上翅膀，感情绽放花蕾。只有多读健康有益的书，努力地学习，才能为实现自己全面发展奠定良好的基础，才能实现"五育融合"。

古人云：书犹药也，善读之可医愚。书，是一位知识渊博的老师，它带我们畅游理性世界，领略大自然风光，了解大自然奥秘，它能让我们懂得许多人生哲理。书，用它丰富的知识甘露，浇灌了我们求知的心田。《普通高中语文课程标准（2017年版2022年修订）》课程目标指出，鉴赏文学作品。感受和体验文学作品的语言、形象和情感之美，能欣赏、鉴别和评价不同时代、不同风格的作品，具有正确的价值观、高尚的审美情趣和审美品位。

开卷有益，读书，使人胸襟开阔，豁达晓畅；读书，使人目光远大，志存高远；读书，使人增长见识，谈吐不凡；读书，使人心旷神怡，如沐春风。语文教育中能够实现五育并举的书籍有很多，如何合理灵活地运用这些书籍是成功进行五育并举教学的基础。在新课程改革中，教师除了为学生提供教材阅读外，还应提供适量的课外阅读书籍，为学生提供传统美德和社会道德方面的优秀材料，以扩大他们对学生的影响。课外阅读除了丰富学生的知识外，还加深学生对高尚道德情操的理解，为学生德智体美劳全面发展打下坚实的基础和铺垫。假如你因遨游书山文海而变得高尚、聪明、善良、勤劳，那读书就可以帮助我们成为德智体美劳全面发展的人。

其实语文在生活中不仅是人与人交流的工具，还是陶冶情操的重要手段。语文带给人精神上的影响是巨大的，比如，一篇优美的散文可以使不愉快的人找回愉快的心情；一篇慷慨激昂的文章可以使因失败而情绪低落的人找回自信心，使其勇敢地面对未来。语文给生活的影响是无法比拟的。

一、以《论语》治教，实现五育融合

近年来，党和国家高度重视教育改革，大力倡导并坚决落实全面育人新理念，培养德、智、体、美、劳全面发展的社会主义建设者和接班人。而这一切都需要基础教育做出重大改革和创新，全力落实"五育融合"的全面发展理念。作为语文老师，则有义务承担这一重任，引导学生在书山文海中、在语文学习中落实五育融合。此处以《论语》为例，探析如何实现五育融合。

宋宰相赵普每天攻读语录，在儒家经典中寻找治世良方。他上朝理政，事必决于《论语》，以"半部《论语》治天下"而著称。今天，我们仍然要读《论语》，是因为《论语》是一本历经几千百年的考验及评价而流传下来的书，它所论及的是人类共同的、亘古不变的核心价值，是值得现代人去重新发现的。

笔者认为，语文教师在教读《论语》时，不仅要教学生学，更要教学生用，《论语》中有很多真理待发掘，它不仅仅代表一时的世界观、审美观和道德观，有部分也代表了一些永恒的真理，一部经典之所以为经典总有其必然性。那么，语文老师在教读《论语》时应该引导学生品读《论语》中的诚信、宽厚、谦虚、律己、孝道，以此掸落心灵上的尘土，重拾人性的淳朴，让学生的头脑里装进中华传统的道德精华和我们民族文化的精髓，在立志、求真、崇善、修养等方面受到启发、得到教益，让学生成长为正直、谦逊、广闻博见、与人为善的人，实现"五育融合"。

《论语》作为儒家思想的集大成之作，蕴含了丰富的教育智慧，以《论语》治教，可以实现五育融合。

1. 德育的体现

道德理念的强调：孔子在《论语》中多次强调道德的重要性，如"志于道，据于德"，明确将道和德放在教育的首位，通过培养学生的道德意识，强化其社会责任感和伦理观，为社会培养具备良好道德素质的人才。

仁的思想贯穿："依于仁"是孔子教育思想的核心之一，他认为"仁"是自然与人、人与他人和谐相处的基础。《论语》通过多角度阐述"仁"的内涵和实践，引导学生形成正确的人际关系和社会行为。

2. 智育的体现

知识的积累与传授：《论语》记录了孔子及其弟子讨论各类知识的场景，涉及历史、政治、哲学等多个领域。孔子强调博学于文，通过对知识的广泛学习和思考，提升学生的智识水平。

思维能力的培养：孔子教育弟子要善于思考，勇于质疑，通过对话和辩论方式激发学生的思维能力。例如，他对弟子的提问往往引导他们进行深入思考，从而理解道理。

3. 体育的体现

体育在六艺中的定位：虽然《论语》中没有直接提及体育，但在六艺教育体系（礼、乐、射、御、书、数）中，射箭和驾驭都是需要体力与技巧的体育活动。这些活动不仅强身健体，还培养了学生的团队协作能力和竞争意识。

健康的生活方式：孔子提倡节俭、适度的生活态度，反对过度纵欲，这有助于养成良好的生活习惯，保持身体健康。例如，他主张"食不厌精，脍不厌细"，强调饮食的健康与适度。

4. 美育的体现

重视音乐的教育作用："游于艺"中的艺，包括音乐在内的多种技艺。孔子非常重视音乐的教育和熏陶作用，他认为音乐能够陶冶性情，提升个人修养。通过学习音乐，学生不仅能欣赏美，还能创造美。

礼与美的结合：在孔子的教育体系中，"礼"不仅是规范行为的道德准则，也是对美的一种追求。通过礼仪教育，学生不仅学会如何行为得体，还能体会到礼仪本身所蕴含的审美价值。

5. 劳育的体现

劳动教育的观念：尽管《论语》中没有直接提到"劳育"，但孔子关于学生应该学会各种实用技能的论述，已经包含了劳动教育的思想。例如，六艺中的"书"和"数"，就是基本的实用技能训练。

实践活动的重视：孔子带领弟子们周游列国，这种实践活动不仅增进了他们的实际知识，也锻炼了他们的生活能力和劳动技能。通过这些经历，弟子们能够更好地理解社会、认识自我、发展能力。

孔子的教育目的是培养从政的君子，成为君子的主要条件是具有道德品质修养，所以，在他的教育中，道德教育居首要的地位：仁、知、信、直、勇、刚，是君子应具备的六种道德品质。孔子的德育论要求德才兼备，对于我们当代德育来说，德才兼备以德为重的培养目标与孔子的思想是一脉相承的，当前我国教育应当通过创造人人所景仰的人格典范，引导人们追求崇高精神境界，激励个人完善自我，不仅对我国而且对于全世界都能产生巨大影响。

综上所述，《论语》通过其丰富的教育思想，全面体现了五育融合的理念。孔子通过强调道德教育、知识传授、体育活动、美育熏陶和劳动实践，构建了一个全方位培养人的教育体系。《论语》中蕴藏了孔子极为丰富的德育理论和具体实践；它的文化价值不可估量，这些思想博大精深，这不仅对当时的教育改革产生重大影响，也为现代语文教育提供了宝贵的借鉴经验。

二、在传统文化中感受五育

学习文学作品中关于劳动的经典篇目，引导学生认识劳动的意义、关心劳动人民，激发学生参与劳动的热情，逐步培养学生热爱劳动、劳动光荣的观念。例如，通过学习白居易的《观刈麦》，让学生体会酷暑时节收割麦子的劳动人民的辛劳，引导学生分析造成人民贫困的根源，让学生理解正是因为有繁重的赋税，劳动人民虽然辛苦却过不上丰衣足食的生活。更进一步，引导学生体会白居易对劳动人民的深切同情。通过学习这些经典的劳动篇目，引导学生真切感受劳动的艰辛和劳动人民的不易，认识劳动的价值，激发他们参与劳动的兴趣。

《卖炭翁》也是白居易的一首著名讽喻诗，通过描绘卖炭老翁在寒冬中辛勤劳作、期盼销售煤炭以换取生活必需品的场景，反映了当时社会底层劳动人民的艰辛生活和不公正的社会现象。这首诗不仅具有深厚的人文情怀，而且在教学上有助于培养学生的劳动教育观念。

1. 体现劳动的艰辛与不公

劳动艰辛：卖炭翁"伐薪烧炭南山中"，其在终年积雪的深山中独自砍伐着木材、烧制木炭，这种孤独和艰辛的劳动过程体现出了劳动者生活的不易。

生活不公：诗中描述宫使"手把文书口称敕"，以极低的代价强行夺取了卖炭翁辛苦制成的千余斤木炭，仅用"半匹红绡一丈绫"作为交换，这种不公平的交易揭示了当时社会的严重不公。

2. 反映社会背景的黑暗与腐败

宫市制度的弊端：所谓的"宫市"本应是皇宫的采购行为，却成了宦官以低价强购百姓物品的手段，实质上是一种掠夺行为，使得劳动人民饱受其害。

官僚机构的腐败：宦官利用宫市制度的名义进行掠夺，而更高层的官僚机构却未能有效监管，反映了官僚体系的腐败和无能，劳动人民处于失语和被剥削的状态。

3. 激发同情心与社会责任感

同情劳动人民：白居易通过描写卖炭翁的艰苦劳作和遭遇的不公，引发读者对底层劳动人民的同情，激发人们的良知和正义感。

呼吁社会公正：诗歌不仅是对个体命运的描述，更是一种对社会不公的抗议和反思，呼吁社会从根本上改善劳动人民的工作和生活条件，实现社会的公平正义。

总的来说，《卖炭翁》作为教学内容，其深远的教育意义在于培养学生对历史和社会的深刻理解，激发他们的同情心和正义感，促进他们成为具有责任感和人文关怀的人。通过这首诗，学生不仅学习到文学知识，更能深刻体会到劳动的价值和尊严，认识到社会的不公以及个人和社会为改变这一现状所承担的责任。

劳动教育起着综合德育、智育、体育和美育的作用。它在促进脑力劳动与体力劳动结合，使学生手脑并用，理论与实践结合方面有重要作用。以培养劳动习惯为目标，体会劳动的光荣，全面落实"劳育"。

　　通过劳动主题征文比赛、演讲比赛、辩论赛等形式，让学生以劳动为主题进行写作训练，深入探讨劳动精神、劳动价值，从而正视劳动的价值，理解劳动的精神内涵，热爱劳动，主动参与劳动。

第二节　兼顾生活　修身养性

课堂必须与生活接轨，若孤立于生活之外，将会大大降低课堂学习效果。因为人类积累的文化财富浩瀚如海，教科书中的知识信息只不过是沧海一粟。生活，是语文教学肥沃的土壤；生活，是语文教育不竭的源泉；生活，其本身就是一本精彩的语文教科书。在语文教育中，通过多种形式的"生活链接"，可以实现从课堂到生活的"跳转"，从而使语文教育回归生活。所以有人提出："语文课堂呼唤回归生活。"

生活是五育的丰富源泉，可以让学生在生活中陶冶性情、锤炼意志，是对孩子进行五育的重要途径，因为"语文天然是与生活联系在一起的"。对孩子进行五育，就要不断地培养孩子对美好事物的追求，使他们热爱生活，乐观自信，具有纯洁的心灵、高尚的品质。在生活中，运用正确的"五育"方式不仅可以开阔孩子的眼界、拓宽知识面，还可以促进孩子的全面发展。所以要构建"生活化"的语文学习环境，要开展"语文化"的生活实践。广泛开展诗词朗诵、年味摄影、家务劳动、体验风俗等一系列"五育"活动，引领学生在政治素养、人文精神、体质、劳动能力、艺术品鉴等各个方面得到全面发展。

《义务教育语文课程标准（2022年版）》在"总目标"部分指出："关心社会文化生活，积极参与和组织校园、社区等文化活动，发展交流、合作、探究等实践能力，增强社会责任意识。感受多样文化，吸收人类优秀文化的精华。"叶圣陶的"生活本源论"指出："语文学习得跟整个生活打成一片。"注：（叶圣陶《叶圣陶语文教育论集》）他强调了教师在传授语文知识、训练语文能力的过程中，有机、适时地灌入生活的"源头活水"，让语文学习拥抱广阔的生活，在语文的生活实践中，让学生真正领悟到：语文就是生活，生活造就语文。良好的生活环境、健康的生活习惯，常常能净化心灵、陶冶情操。

一、觅"源头活水"，扬写作个性

语文课程改革要求在作文教学中还学生一片自主的天空。因而在作文指导中要注重帮助学生寻觅写作的"源头活水"，而"活水"源于生活，只有让学生品味生活的原汁原味，体验生命的精彩，学生才能在"厚积"的条件下"薄写"，才能发展学生个性，才能"天马行空"地写出具有个性化的文章，从而提高语文的核心素养。

语文课程标准在评价建议中指出，不同学段学生的写作都需要占有真实、丰富的材料，评价要重视写作材料的准备过程。……引导学生通过观察、调查、阅读、思考等多种途径，运用各种方法收集生活中的材料。可见，新课标也注重学生写作素材的积累。所以教师在平时的作文指导中要注重帮助学生寻觅写作的"源头活水"，要培养学生用眼睛去观察生活、用心去感受生活，才能捕捉到生活的真、善、美，增加生活经验的积累，增加写作素材的积累。积之愈厚，发之愈佳。只有积累到位，学生才能厚积而薄发、易于动笔、乐于表达，才能写出有个性的文章。

为了让学生在写作时思想活跃、思维敏捷、思路畅通，从而出现一种"天马行空""视通万里""浮想联翩"的可喜景象，写出有自己的见解、有个性的文章，笔者尝试从以下几点入手，指导学生广觅"源头活水"，进行写作积累。

（一）注重激发写作兴趣和自信心，养成写作的良好习惯

目前，在片面追求升学率的影响下，一些学生为应试而写作文，被束缚了手脚，写作动机不纯，写作兴趣全无，把写作视为畏途。这种局面，必须迅速改变。

语文课程标准中写作初始阶段的目标设定，特别强调情感态度方面的因素，把重点放在培养写作的兴趣和自信，让孩子愿意写作、热爱写作，变"要我写"为"我要写"。尽人皆知，兴趣是最好的老师，兴趣是作文最重要的内

驱力。我国老一辈语文教育家，对于激发学生的写作兴趣和动机，有过大量精彩的论述。例如，认为作文"最好是让学生自己出题目"，教师命题的首要条件便是"能引起学生的兴趣"。主张对学生作文的内容和形式不加限制，顺乎自然，让学生写自己平时喜欢写的东西，这样，学生当然会乐于去写。学生只要有兴趣写作，写作便不再是一种负担，而是一种享受，一种愉快的享受。当学生把作文看作一种享受，他们写作的水平还能不提高吗？

那么，怎样让学生变"要我写"为"我要写"呢？笔者指导学生要养成写日记的习惯，并让学生都拥有一本"个人小秘密"日记本，告诉学生可以从以下几个方面去充实他们的"个人小秘密"日记本。

一是写观察日记。告诉学生可以观察静物，也可以观察动物；可以写卧室、文具盒，也可以写猫、狗；可以写日落、圆月，也可以写风云雷电、春夏秋冬，更可以写各种各样的人物。大千世界的一切都可以成为笔下的宠儿。

二是写感想日记。让学生设计一个专栏："我想说……"在他们看了新闻、读了文章、看了电影、听了歌曲、参加了比赛后，写写有什么想法，是赞同还是反对；可以写自己的快乐，也可以写自己的忧愁；写自己为什么会有这种想法，为什么会赞同，为什么会反对；写写有什么好的建议……看，原来有这么多的问题值得去思考、去说。把这些写出来，就是日记本上丰富的食品。

三是写活动日记。家里的智力竞赛、家庭风波、邻居间的纠纷、客人的来访、周末的郊游、学校的晚会、街头骗局、登山、游泳、种树等，这就成了日记的材料。

四是写剪贴日记。让学生看到了好文章，把它剪下来；看到了好词汇，把它抄下来；看到了好的开头、结尾，把它抄下来；看到了好的段落，把它抄下来……并在这些好词句、文章边上写上自己的评论、评价……写日记可以帮学生积累材料，也可以提高学生的作文水平。

五是写想象日记。告诉学生人的想象力是无穷的，通过想象，人物可以充当各种角色，学生可以把自己想象成神通广大的神仙，是优雅超群的古代书生，是叱咤风云的将军，是勇夺千军的冠军……也可以把自己想象成恺撒大帝、爱迪生、达·芬奇、刘德华……通过想象，自己也可以是星球上的一块石头，可以是夜空中闪耀的一颗星星，可以是北极的一座冰山，可以是尼罗河中的一滴水，可以是喜马拉雅山上的一根草，可以是非洲大草原中的一头狮子……古今中外的一切都成了笔下一颗随意摆布的棋子，让学生想怎么编就怎么编。这样，学生就不会愁没东西可写。

……日记就是学生最亲密的朋友。跟最亲密的朋友在一起，怎么会有说得完的话呢？

写作的兴趣和自信，作为一种内驱力，还来源于在写作的合作和交流中所产生的成就感，而这一点是过去被忽略的，课程标准对此有意做了强化，在不同学段分别提出"愿意将自己的习作读给别人听，与他人分享习作的快乐""能与他人交流写作心得，互相评改作文，以分享感受，沟通见解"等要求。美国、苏联的一些心理学家认为，儿童有表现自己的欲望。苏联一些心理学家认为，少年期是言语发展的最佳年龄期，应该激发学生表达自己的动机和兴趣，发展他们的语言功能。所以笔者还设计一个专栏："我愿意告诉你我的小秘密"，让学生在每周特定的一个时间里，与他们知心的同学交流"小秘密"。

笔者所带的班级的学生已养成写日记的习惯，几乎每人手中都有五六本心爱的日记本，而这些日记又成为他们写作的素材，从而丰富写作素材，提高写作水平。

因此课改下的作文教学，要注重激发学生写作的兴趣和自信心，而且要注重让学生养成良好的写作习惯，指导学生根据自己的兴趣不间断地进行作文练习，直至形成牢固的行为习惯，这样才能取得较好的效果。

（二）扩大阅读，丰富知识，为学生作文创作奠定基础

要成为潜浮自如的蛟龙，就必须拥有自己的大海；要成为展翅翱翔的雄鹰，就必须拥有自己的蓝天；要成为写作高手，就必须拥有丰厚的积累。作文是各种知识的综合运用，没有丰厚的知识，很难写出思想深刻、内容丰富、新颖别致的好作文来，所以教师要引导学生，多读课外书籍，特别是那些名著、古诗名句，甚至自然科学知识，也要了解一些。正如培根所说，"读史使人明智，读诗使人巧意，数学使人精微，博物使人深沉，伦理使人庄重，逻辑与修辞使人善辩"。

广泛阅读是创新作文的基础，"熟读唐诗三百首，不会作诗也会吟"。不言而喻，广泛阅读与写作密不可分，一个根本不读书看报、毫无阅读能力的人何以能写出"诗""序"分明的文章来。因此，为学生创造阅读条件，指导学生广泛阅读是奠定学生写作的基础。

阅读可以有以下几个途径：一是阅读课文。教师要"少讲、精练、多读"，精心设计阅读方案，结合课文，适当补充课外读物。教师要改变词语解释满黑板、中心思想篇篇讲、写作特点课课抄的呆板陈旧教学模式，要给学生以充足的时间和空间，广泛阅读。二是该背的课文要背诵如流，该熟记的内容要滚瓜烂熟，让学生在阅读中学会归纳，加深理解，自由应用，善于借鉴，真正实现"读书千百遍，其义自见"的目的。三是扩大课外阅读。

为了更广泛地引导学生阅读和作文，要鼓励学生多看电视新闻、阅读报刊、广告等，许多报刊具有鲜明的时代特色和浓厚的生活气息，是学生写作的材料宝库。教师不仅要根据学生实际需要组织订阅，而且要创办班级图书角、信息箱等，让学生互相传阅。班级或学校还可以开设读报课、讨论课等，学生之间可以互相质疑，互相评点，交流读书心得体会。再通过办墙报、校园文学报等形式提高学生的书面作文水平。

学生在广泛阅读中，从古今中外名著和大量诗文中汲取了健康的思想与艺术精髓，同时也积累了大量词汇和作文材料。比如，笔者曾经指导学生深入了解某位名家，大量阅读这位名家的作品，然后以"走近名人"为话题，让学生写作文。学生在大量阅读中积累了素材，丰富了信息量，拓宽了视野，在作文时信手拈来，又紧扣话题，写出了洋洋洒洒的美文。如有一位学生写《恋恋风尘恋恋情》，将张爱玲一生的爱恨情仇表现得淋漓尽致，且文笔优美，内涵丰富，耐人寻味。又如一位学生在《走近列夫·托尔斯泰》中感叹道："一个伟大作家，就这样轻轻地来轻轻地去，像夏花一样绚丽地悄悄绽放，像秋叶一样静静地落下，在空中划过一道美丽的光……"他是引用泰戈尔的"生如夏花之灿烂，死若秋叶之静美"来抒情的，能灵活运用所积累的语句，文笔优美，有灵气。……

通过阅读，学生视野开阔了，知识丰富了，思维活跃了，再不会为"无米之炊"而苦恼，"厚积"才能够"薄发"。古人言："泰山不辞抔土，方能成其高；江河不择细流，方能成其大。"也是这个道理。

（三）丰富阅历，注重体验，积累写作素材

语文学习的外延与生活的外延相等，这是每位语文教师都耳熟的一句话，却也是语文教学中常被忽视的一种思想。经常听到一些教师抱怨学生缺乏生活，作文内容空洞、语言无味。笔者不禁要问：学生真的缺乏生活吗？生活到底是什么？杜威有一句名言："教育是生活的过程，而不是将来生活的预备。""学校必须呈现现在的生活——对于儿童说来是真实而生机勃勃的生活。像他在家庭里，在邻里间，在运动场上所经历的生活那样。"杜威把生活视为一个不断发展、不断生长的过程。现代教育理论认为，生活是人生的存在过程和人生意义的实现过程，教育离不开生活，学生无时无刻不处在生活当中。

现代课程论愈来愈认识到：一切课程必须重视和生活的联系，注重学科知识和学生生活体验的整合，才可能具有长久的生命力，才有继续存在的价值。语文课程当然也不例外。《义务教育语文课程标准（2011年版）》在"课程的基本理念"部分指出："应尊重学生在学习过程中的独特体验。"在教学建议中指出："要珍视学生独特的感受、体验和理解。"因此在作文指导中对学生在生活中获得的独特的感受和体验应加以鼓励，并将之作为写作素材。

正如前面提到的，我们抱怨一部分学生"缺乏生活"，其实不管小学生或中学生，他们都有自己的生活，他们的生活是丰富多彩的。我们当老师的要善于引导学生学会观察生活、积累生活、创造生活、表达生活，写出自己的真实生活。所以在作文教学中，笔者认为作为语文教师不能单从章法上来指导，怎么开头，怎么结尾，怎么谋篇布局；不要摆起面孔对学生讲大道理，而是要指导学生写自己的生活，写自己的思想，写自己对生活的理解，对人生的认识，让他们敞开心扉，把心里话掏出来。通过指导，学生主动参与学习，建构起属于他们个人的理想生活和审美生活，使他们的内心世界逐渐丰富起来，发现生活的诗意并尽情地享受。另外，应该鼓励学生表达自己对生活的独特感受和看法，并将在课堂上学得的语文知识和技能应用到生活中去，更深刻地体验生活，获得更多的情感体验。

例如，在指导话题作文"让世界充满爱"时，笔者在上课时不告诉学生要写作文，而是问学生在平时生活中感受到哪些爱，有哪些有关爱的故事。因为谈的是自己身边的事，自己感受过的感情，所以学生们畅所欲言，把他们感受到的母爱、父爱、同学间的友爱、人世间的博爱……都表达出来，所讲的故事是那么生动、那么感人，而这次的话题作文也写得特别流畅、动人。所以，在指导作文时不要让学生以为是在写作文，否则他们会有了拘束，不敢随便谈了，而是要想法引导他们把自己的内心思想讲出来，挖掘他们的内心世界，使他们懂得写作文就是把自己的心里话掏出来给知心的朋友听，这样他们的真情就会自然地流露出来。那些说了真心话、说了真实话的学生，他们的文章就会生动，就会打动人。

（四）注重发展学生个性，培养创新精神

"教育的基本任务是找到既考虑到个别差异，但同时又能促进个体最充分发展的策略"（掌握学习理论），而传统的教育压抑学生的个性，并没有给孩子放飞的空间，因而造成大多学生缺乏想象力、创造力。在我们苦苦探寻如何充分开启学生思维和想象空间的时候，课程改革为我们打开了方便之门，它真正认识到学生是具有鲜活生命的人，它更主张"个性的张扬"。在作文指导中，教师不应该压抑学生的个性，而是应该最大限度地张扬学生的个性，培养他们的创造力。

语文课程标准贯彻了这样的思想："只有为学生提供广阔的写作空间，减少对写作的束缚，才能实现写作的个性化，使学生表达出自己的主观感受。"话题作文伴随素质教育应运而生，因其开放性和创新性受到中考命题组的青睐。现在中考作文的命题考虑到了"使学生表达出自己的主观感受，实现写作的个性化"这一因素，因此，命题作文往往提供一些材料，或者命一些宽泛的题目，让考生都有话可说。特别是近年来的中考作文，提供的话题都是高度开放的，非常宽泛的。例如，"阳光""对手""成长需要压力""春天里的奔跑"等，可以容纳的内容都非常多，并且有的试题明确表示有关这方面的"经历、体验、见闻、认识"都可以写，还可以写自己"遇到、听到、见到"的事情。所以，学生们都能消除紧张心理，坚信"我有话要说……"在考场上能洋洋洒洒地写出了富有个性化的作文。

那么，平时在作文指导中如何发展学生个性，培养创新精神。

1. 打破思维定式，培养学生作文的创新意识

创新意识强的人总能够从不寻常的独特视角来研究问题，这种独特的视角就是求异思维。求异思维要求学生在审题、立意、构思的整个思维过程中，要突破常规思维的约束，使思维沿着不同方向、不同角度扩散，得出不同一般的结论。许多新颖的作文题目都是来自求异思维的结果。如《为"王婆"辩屈》（源于王婆卖瓜，自卖自夸）、《开卷必有益》等。

2. 加强思维品质的培养和思维方法的养成，培养学生作文创新能力

一是思维独立性的培养，二是引导多向思维方法，三是训练逆向思维方法。运用逆向思维审题构思，常能收到出人意料的效果。

例如，在指导话题作文"对手"时，我一开始不叫学生动笔去写，而是想办法打开学生的思路，启发他们该怎样写。我是这样来引导学生的：一是让学生从多个角度去理解："生活中有哪些对手？"学生一般多把"对手"理解为"与自己竞争的另一方"；所以引导学生把"对手"理解为"自己"也未尝不可，因为人生如登山，如何把千山万壑踩在脚下，这是对自己的挑战，真正的"对手"便是"自己"。二是引导学生逆向思考"生活中我们需要对手"和"生活中我们不需要对手"。让学生明白有了对手就有了目标，有了对手就有了压力，有了对手就有了精神，有了对手就不敢安于现状、停滞不前；反之，生活就失去了意义。指导学生可以通过历史兴亡的故事、现实生活的见闻或自己的亲身经历，写"对手"对于提高生命质量的意义。三是进一步引导学生思考，文明的人类"对手"之间的竞争，应该在一种文明、和谐甚至互助的环境中进行，因此也可以就"对手"之间的关系做文章。这话题比较宽泛，学生碰见这样的题目，可能会感到有点茫然。经过我这样一点拨，学生的思路马上打开了，学生就会感到有好多的话要讲。这样学生不会觉得这篇作文难写了，他们根据自己的理解来谈对这个话题的认识，各抒己见，写出有个性的文章。

又如面对"夜"这个话题，引导学生们联想到五光十色的霓虹灯，昼伏夜出的动物，加班加点的工人，街道巡逻的警察，破门入室的小偷；联想到万家灯火下的幸福故事、黑暗下的罪恶等，真是题材多样，内容丰富，写出了自己的兴趣和主观感受，个性得以张扬。

纪伯伦在《先知·孩子》里说："……他们虽然与你同在，却不属于你们/你们可以给予他们的，是你们的爱而不是你们的思想/因为他们有自己的思想/……你们是弓，你们的孩子就是从弦上发出的生命的箭矢/……拉满弓，以使手中的箭射得又快又远。"教育家苏霍姆林斯基说过："我们的教育对象的心灵决不是一块不毛之地，而是一片已经生长着美好思想道德萌芽的肥沃的田地。"作为教师，我们要做的就是让这片田地生机盎然。老师要有农民的心态，因为每个学生就像每棵农作物一样，各不相同。作为老师就应该给学生自由发展的空间，激发学生不是走自古华山一条路，而是充分发挥潜能，在教师的熏陶和引导中，有意识地从多角度多方面展示自己，不仅是为了考试而写作，更是真正为了提升自己的语文素养而写作，真正为了展示自己而写作！也只有这样做我们才能真正成为送箭矢直冲云霄的良弓！那箭才会射得高射得远！

所以，课程改革，要求在作文教学中还学生一片自主的天空。在作文指导时，要尊重学生的选择，尊重学生已有的经验，尊重学生的兴趣和主观感受，更要尊重学生的接受水平和个性。只有这样，学生才能充分展示自己各方面的才能，个性才能得以张扬，才能最大限度地发挥学生的内在潜力，这就更加有利于发展学生的个性和创造力。

课程改革犹如一首催人奋进的歌，有着悠远的意境，让每位参与者回味无穷，它以无比的魅力涤荡着我们的教育思想。相信在课程改革如此自由广阔的天地里，教师在与学生互动中重新建构新知识，树立新理念，改革教育教学方法，会成为教育的艺术家，在作文教学中会有更大的收获；而学生则在爱的民主和谐中，多一些自信，多一些自主，翱翔在更为广阔的蓝天，体验生命的精彩，品味生活的原汁原味，写出更为精彩、更有个性的美文。

二、深入学习闽南方言，感受语文的审美教育

笔者在主持福建省"十三五"课题"基于高中生闽南语传承的语文校本课程开发与实施的研究"的过程中，深刻体会到闽南方言对语文教学有着深远的影响。学生深入闽南方言的学习，既可感受闽南方言的独特韵律，又可体验闽南文化的博大精深，在生活中感受语文教育的审美教育，又可传承中华优秀传统文化。

（一）闽南语吟唱融入古诗词教学

闽南文化源远流长，闽南语被誉为古汉语的"活化石"。据前人的研究，作为汉语系的一种语言，闽南语较为完整地保留了古汉语的原貌，用闽南方言吟唱古诗词，可较好地还原古代先人吟诗唱和的和谐音律与情景意境。

闽南语保留了唐宋时期古汉语的音韵精髓。在一年多的课题研究和教学过程中，我也逐步了解和掌握了闽南语的语音、词汇和音韵的历史渊源及发展脉络，感受到闽南文化的博大精深和独特魅力。诚如著名语言学家黄典诚教授所言，"晋唐古语在泉州"，泉州方言是早期闽南语的代表；广东人说粤语是唐音，我看闽南语亦是古音，以闽南语音读唐诗，美在韵律上。闽南语是唐宋时期中原地区使用的语言，与唐朝的官方语言相去无几。很多唐诗用普通话朗读会失韵，而用闽南语朗诵则和韵顺口。如"远上寒山石径斜"的"斜"字就应读作xia才押韵，这是闽南方言与古汉语有着渊源关系的一个例证。从语言的实际运用来看，用闽南语吟诵古诗词，别有一番韵味。诸如：

唐诗《寻隐者不遇》押"U"韵，质朴无华，朗朗上口：

松下问童子，（Siông-hā būn tông-chú）

言师采药去。（Giân su chhái ioh khù）

只在此山中，（Chí chāi chhú san tiong）

云深不知处。（Ûn sim put-ti chhù）

李白《赠汪伦》押"eng"韵，古雅含蓄，清新流畅：

李白乘舟将欲行，（Lí-pe̍k sêng-chiu chiong-iok hêng）

忽闻岸上踏歌声。（Hut bûn gān-siōng ta̍p ko-seng）

桃花潭水深千尺，（Thô-hoa-thâm súi sim chhian-chhek）

不及汪伦送我情。（Put-kı̍p Ōng-lûn sòng ngó·chêng）

杨万里《小池》押"iu"韵，自然生动，妙趣横生：

泉眼无声惜细流，（Choân-gán bû-seng sek sè-liû）

树阴照水爱晴柔。（Tshiu-im chiàu súi ài chheng-liû）

小荷才露尖尖角，（Siáu-hô châi lō·chiam-chiam kak）

早有蜻蜓立上头。（Chó-iú chheng-têng lı̍p-siōng thô·（thiû））

用闽南话诵读吟唱古诗词，需用文音而不能用白音。汉语各方都有文白读音的现象。在闽南方言里，文音即文读音，也叫读书音，本地有人叫孔子白的；白音即白读音，也叫说话音，本地有人呼为话音或土音。只有用闽南话的读书音读唐诗，平仄格律才能跟唐诗一致，多数诗篇才会顺口押韵。如果用闽南话的说话音读唐诗，则经常会出现不协韵的现象。所以，用闽南语吟唱古典诗词是很有讲究的。

有关资料显示，林语堂对闽南话的痴迷达到了极致，他把听乡音当成修来的福分，颇有感激涕零的感恩心理。他出生在闽南，闽南话作为母语深入他生命深处，和血液一起流淌。其实，林语堂痴迷于闽南话的原因，在于他感受到闽南语吟唱古诗词的美。南北朝时期文学理论家刘勰在《文心雕龙·声律》中有精当而深刻的论述："则声转于吻，玲玲如振玉；辞靡于耳，累累如贯珠。是以声画妍蚩，寄在吟咏，吟咏滋味，流于字句，气力穷于和韵……"这道出了中国古典诗词吟唱艺术的精髓所在，也体现了闽南语古诗词在吟唱艺术中以声传情的艺术感染力。

（二）闽南语歌曲丰富写作素材

很多人都会哼几句闽南语歌曲，其实就是闽南语歌曲所歌咏的内容都是普通百姓的世俗常情——生活的喜怒哀乐、爱情的悲欢离合、人生的贫富沉浮等。更可贵的是，通俗易懂的闽南语歌曲还蕴含着传递正能量的气质和积极向上的精神，是千百年来闽南人开拓进取、勤奋创业的情感表达。

有人说闽南语歌曲是"土歌"。今天，40岁以上的闽台人，无不是唱着"天黑黑，要下雨"和"爱拼才会赢"等"土歌"长大的。这"土歌"给他们的童年带来欢乐，给他们的人生带来理想和力量。闽南语歌曲题材广泛，雅俗共赏，它反映人们的日常生活、生产劳动、爱情婚姻等，饱含励志和向上的积极意义，其艺术表现形式亦多姿多彩：叙事歌、抒情歌、煲歌、儿歌等各有奇趣，这些都有助于学生丰富学习生活、汲取写作素材，拓宽写作思路。

闽南语歌曲意蕴深刻，流传广泛。陈百潭先生创作、叶启田演唱的《爱拼才会赢》中"三分天注定，七分靠打拼，爱拼才会赢"成为励志经典歌曲，"爱拼才会赢"已然成为闽南人拼搏精神的生动写照。《浪子的祈祷》中："故乡的我的小弟，原谅恁大哥，不是我爱来流浪，不是爱七逃，他乡的流浪岁月，浪子的祈祷：家内的大大小小这存平安无？"等歌曲则表达了思念家乡、渴望回归故里的心情，真实反映了台湾民众强烈的民族情感和意识。近年来，台湾当局以各种理由阻挠两岸交流，台湾民众普遍对命运感到无奈和茫然。《雨中鸟》中唱道："雨中鸟谁人害，恨天怨地声声哀，无依无偎凄惨雨中内，今日飞东明日飞西，雨中鸟恨孤单，受风受雨遍身寒。"《浪子回头》《流浪的歌声》等歌曲就寄予台湾民众漂泊无定的情怀。闽南歌曲中还有很多体现务实打拼、锐意进取的精神与心态的，如《一定会成功》《人生舞台》《忍》，以及广为传唱的《有酒矸通卖无》——"艰苦我不惊，风雨我照行，这是阮运命啊！趁着少年认真拼，将来才有好名声……"以此表达闽台人吃苦耐劳、艰苦创业、不向命运低头的坚定信念和执着追求。

闽南语歌曲中的名言警句俯拾皆是，这些富有哲理性的名句名段也是不可多得的写作素材。作为课堂学习的延伸，笔者引导学生收集整理闽南语歌曲作为写作素材，指导学生使用这些鲜活的素材拓宽写作思路，提高写作水平，成效良好。

（三）闽南熟语启示哲理开发心智

在中国悠久的历史长河中，作为一种文化表现形式的熟语在语言表达中发挥着独特的作用。闽南熟语非常丰富，它以世俗化的语句在社会上广为传播，形成朗朗上口的带有押韵的童谣、谚语、俗语、歇后语和绕口令等多种形式，赋予闽南方言深邃独特的文化哲理，影响一代又一代的闽南人。

体现闽南人精神追求和人生价值观的闽南熟语形象生动、个性突出。作为语文教师，组织学生学习运用闽南熟语，感受闽南方言的艺术魅力，培养学生爱国爱乡的情感是一项十分有意义且责无旁贷的工作。具体做法是，以寓教育于熟语、寓知识于熟语和寓修辞于熟语作为切入点开展教学，让学生在愉悦学习中长进知识，收获快乐。

1. 寓教育于熟语

闽南熟语蕴含爱情、信仰、婚姻、家教、拼搏、人生等丰富的哲理，给人以智慧的启迪和心灵的净化。许多熟语阐明了为人处世的道理：如"痟贪囵鸡罞"，比喻心存贪念的人，干了偷鸡摸狗的事，迟早会像鸡因贪吃而落入鸡笼一样被捉住，甚至进监牢；"人咧做，天咧看"，意为若要人不知，除非己莫为，人生在世不管善与恶，自有天理公道；"人心肝，牛腹肚"，则是人心不足蛇吞象、贪婪欲望无止境的形象比喻。还有一些熟语体现了重视子女教育，鼓励创业打拼的理念。如"细汉偷割瓠，大汉偷牵牛"，意指小时候偷瓜，长大后就会偷牛，强调教育孩子的重要性；"教子有方囝成材，教子无方囝浪荡"，意思是要以正确的方式方法教育孩子成才，否则，孩子就会"浪荡"（longdong），即不务正业、无所事事；"靠吃家伙，是没好尾"意为靠吃祖业而不去奋斗是没有好结局的，警示人们要努力打拼不坐吃山空。

2. 寓知识于熟语

独具地域文化特色的闽南熟语幽默风趣，充满智慧，它多角度、多侧面反映风土人情，折射社会万象，是人们了解闽南人生活地区自然环境、生活习俗和人文历史的一扇窗口。开展闽南熟语教学，可以让学生了解更多的闽南物产风俗习惯，获取更多的宝贵知识。

闽南人在长期的生活劳动中积累和创造的知识性熟语，大多是反映天文气象、农业生产等方面的。如"春看山头，冬看海口"，传递了代代相传的有效经验：春季时节，山的那边会先下雨，而冬季时节则是海的那边会先下雨；"三月死鱼鳅，六月风拍稻"，意指三月若过分炎热，水中的鱼和泥鳅就会酷死，这预示着台风会过早来临，六月稻谷会遭受不利影响。还有一些熟语提出了科学生活、合理饮食的原则。如"食鱼食肉，着有菜夹"，指饮食要荤素搭配不偏食；"凉九暖三，注意穿衫"，则提示人们九月转凉三月转暖，需适时增减衣物。

3. 寓修辞于熟语

闽南熟语具有结构定型、意义完整的显著特征。其巧妙的修辞手法，以及生动形象、诙谐幽默、朗朗上口的表达效果，成为闽南人熟知并广泛使用的方言类型；寓庄于谐、含蓄委婉的风格特点也往往成为调节人际关系、化解矛盾纠纷的润滑剂。笔者探究过，在闽南熟语中可以找到多达二十多种修辞手法，比喻、引喻、反问、夸张、借代、双关、拈连、对偶、顶针、回环、反复等不一而足。学生在学习闽南熟语中，既可丰富语言词汇，提升修辞手法的运用能力，也可感受这一方言熟语独具特色的美。

"裋赤骹骨力拼，穿皮鞋贫惰行"，运用了比喻、对比的修辞手法，以"裋赤骹"和"穿皮鞋"分别比喻穷人、富人，形象而生动；用"骨力拼"和"贫惰行"的鲜明对比，说明"由俭入奢易，由奢入俭难"的道理。"紧火冷灶，米心哪会透"，采用了反问的修辞手法强调"心急吃不了热豆腐"的道理。"爱花连盆，爱团连孙"则使用反复的修辞手法，道出"爱屋及乌"的情感现象。"食饱困，困饱食"运用回环反复的修辞手法，诙谐地指责懒人贪图安逸、不思进取的生活状态。

由此可见，丰富多彩的闽南熟语具有强大的生命力和重要的文化价值，是语文学习的一种范本，也是表达人生哲理，开发学生心智的有效途径。

（四）闽南艺术活动助力语文教学

课外活动是课堂教学的延伸，利用课余时间为有兴趣的同学提供学习机会，能够达到更好的教学效果。在课题研究中，学校成立文艺社团，开展闽南语艺术交流活动。从高一和高二年段能听、会讲闽南话的学生中挑选近百名同学组成"闽南艺术社"，聘请校外闽南艺术专家莅临指导。学生们在社团中不仅要学习表演，还要自己创作"三句半"等，这不仅学习了表演技能，也提高了写作能力。在学校举办的艺术节活动中，艺术社成员表演了闽南语诗词吟唱、答嘴鼓、"三句半"等，获得了专家及诗词爱好者的普遍好评。课外闽南艺术活动一方面活跃了学生的学习生活，增进了学生的知识，另一方面也提升了古典诗词和写作的教学质量。

闽南方言作为一种特定的语言载体，蕴含着方言使用区民众的思想情感和审美体验，是一份十分珍贵的历史文化遗产。传承推广闽南方言是一项功在当代、利在千秋的事业。作为教书育人、传承文化的学校，将闽南方言融入高中语文教学，对于强化和更新素质教育与多样化教育理念，丰富教育教学内涵，传承弘扬中华优秀传统文化均具有十分重要的意义，这也是实现学生老师双受益、共成长这一教学初衷的有效途径。

第五章

知行合一，五育自然化成

实践是五育的抓手。 "知行合一"是明朝思想家王阳明的核心思想，行是知之始，知是行之成。这既倡导学习与立志，又倡导学以致用，更崇尚实践。将"知行合一"的思想运用到语文教育的过程中，能够进一步地拉近语文与生活的距离，采用生活化的教学方法，让学生在实践中获得"德智体美劳"的教育，做到"知行合一"，得以启发智慧、陶冶情操、冶炼性情、塑造形象，从而提升语文核心素养，五育自然化成。

　　我们要充分利用现实生活中的语文教育资源，优化语文学习环境，努力建构课内外联系、校内外沟通、学科间融合的语文教育体系，引导学生开展丰富多彩的语文实践活动，在实践中拓宽语文学习的内容、形式和渠道，使学生在广阔的生活中学语文、用语文，在学语文、用语文中培养高尚品质，陶冶高尚情操，实现五育融合。让实践成为语文教育落实"五育融合"的重要渠道，促进学生全面发展。

第一节　师德为先　言传身教

师者如光，微以致远。教师应该以自身的魅力成为学生的榜样。新时代要求将"五育并举"转化为一种教学能力，教师既要善于在自己的学科领域充分发挥每一堂课、每一个教育活动的效应；也要善于融合利用五育资源，实现五育融合的新型教育方式。《中学教师专业标准（试行）》（以下简称《标准》）中突出"学生为本""师德为先""能力为重"和"终身学习"，这是与时俱进的理念。生本、师德、能力、终身学习是新时期教师必备的素质，也是新课程改革中的最强音。教育教学的终极目的是学生的发展。教师为了适应新时代的教育教学需要，必须终身学习，加强师德修养，提高教育教学能力，以自身的修为言传身教，成为学生的榜样。

教师的人格魅力对激发学生的学习兴趣有重要的影响力。意识到这点，教师应培养高尚的情操，良好的品德修养，具备渊博的学识并充分融入教学过程的始终，以睿智的思想、友好的态度、幽默诙谐的语言、文明的行为向学生传达尊重、信任和理解的信息，以最新的成果来激励学生，指导学生，形成积极向上轻松和谐的课堂气氛，这样学生才会"亲其师，信其道；遵其师，奉其教；敬其师，效其行"。在愉快的心情中接受知识。这就要求教师有良好的职业道德、强烈的责任心和高度的教学热情。

我们要依据《标准》做一个以学生为本、师德为先、能力为重的老师，做一个终身学习型的老师，做一个享受教育、学生喜欢的老师。关爱学生，尊重学生人格，富有爱心、责任心、耐心和细心；为人师表，教书育人，自尊自律，做学生健康成长的指导者和引路人。

教师的思想道德状况、知识水平、能力素养、行为方式等，都对学生起着潜移默化的教育作用，直接影响学生的道德素质，必须从确保党的事业后继有人和中国特色社会主义事业兴旺发达的高度，从落实科学发展观，落实科教兴国、人才强国战略的高度，从实现中华民族伟大复兴的中国梦的高度，充分认识新时期加强和改进师德建设的重要意义。

一、怀揣梦想，书写人生

以身作则，教师要以自身的积极人生观来感染学生，成为学生信任的老师。有梦想，有追求，静心学习，读一辈子的书，一辈子与书为伴；做一辈子教师，一辈子学做教师，这一定能体验到专业成长的快乐，一定能够更自信地站在三尺讲台上，书写美丽的人生。

（一）揣着梦想上路，踏出一路风光

——揣着梦想上路，路的坎坷便是平仄，坚实的足音便是对这种平仄的吟唱。

在孩提时心灵里就有了当一名老师的愿望；1990年当我走上三尺讲台时，就立志"要当一名优秀的语文教师"，我心里充满了激情，想象着在讲台上滔滔不绝，盼望着学生们崇拜的目光，期待着和他们打成一片。就这样，带着伟大的梦想，开始了我的人生的真正旅程。在这个平凡的岗位上我勤勤恳恳，兢兢业业，始终以"一切为了学生，为了学生的一切"的心态全身心地投入教育教学当中。

作为新教师，我一路坎坷走来，"我不知道用什么词来形容，开心也有，充实也有，伤心，委屈，失望，都一直伴随着我，但终究它还是改变了我。让我摆脱了曾有过的纯真的幻想，慢慢地，由单纯的幼稚的唯心的想象，变得在现实中接受，理解，成熟，平和……"

在适应期间，我遇到了一些年轻老师经常遇到的问题，比如不够熟悉教材，教学重、难点把握不准，教学方式、教学过程、课件设计、表达手段等有时候还欠缺火候。虽然我在教学中饱含激情地手执教科书一词一句地分析课文，教学生各种知识，讲笑话、幽默，甚至利用课余时间无偿为学生补课……

可是学生却不买我的账，我的心受伤了，曾经我黯然神伤。

然而，我认为这对我来说是一种挑战，我承认自己的不足，并下决心广读有关教育教学的书籍，认真钻研教材，深入了解学生的需要。课堂上，开展各种活动，以自己独特的创新教学法让学生领会教科书上枯燥的内容，如热烈的讨论、课本剧角色扮演、激情的演讲、精彩的PPT演示……随着实践经验的积累和教学知识的增加，适应阶段很快结束，学生渐渐地信任我，喜欢上我的课，用学生的话说："他们喜欢我的课，有趣、不乏味，又能学到知识……"

我在教学过程中勤奋刻苦、有所创新，葆有自己的特色、自己的激情，在三尺讲台上展示了自己的青春与活力，体验到教学的愉悦。我的教学成绩优秀，得到了学生的认可、同事的赞赏、领导的肯定，我终于成为一名优秀的语文教师。……

梦想，不会轻轻松松变成收获捏在你的手中，但执着的赶路人分明能真真切切地聆听到它遥远的呼唤，这种呼唤铭刻于骨便是神圣的使命。揣着梦想上路，路的坎坷便是平仄，坚实的足音便是对这种平仄的吟唱。

（二）静心学习，以身作则

有人说，比别人早走一步就意味着比别人早一步接近成功。好的起点决定你将来的高度。要成为一名优秀的教师，要走在别人的前列，年轻的教师就必须静下心来学习，扩大知识视野，不断丰厚文化底蕴，才能把学生引进教材的更为广大的知识领域里去，才能在教育领域有所成就，才能成为学生的榜样。《论语·子路》："其身正，不令而行；其身不正，虽令不从……苟正其身矣，于从政乎何有？不能正其身，如正人何？"这就是说，言传不如身教，管理者的率先垂范就是最有效的动员令。教师只有以身作则，做好榜样，才能令行禁止。教师只有谨言慎行，言行一致，刻苦勤奋，充满正气，才能真正发挥好带头作用。正人先正己，教师通过长期的勤奋学习，潜移默化，才能够影响身边的学生，也才能提升自己的个人魅力。

在当今这个物欲横流、充满喧哗与浮躁的社会里，有部分年轻教师一踏上工作岗位就忙于世俗的交际、谈恋爱，甚至沉溺于各种游戏之中。我个人觉得，教师作为世人眼中的"文化人"，只有静心学习，广博地积累知识，才能促进专业成长。其实，细心的老师们都不难发现，我们有很多特级教师都有一个共同的特点——爱好学习，他们充满智慧和灵气的课堂正是得益于他们广博的知识积累和深厚的文化底蕴。

那么，教师用什么影响学生呢？我认为是渊博的学识和高尚的品格。

教师的知识结构应该包括两个方面：一是关于理论方面的知识，即学科专业知识和教育理论知识；二是关于教学实践的知识，即教师在教学实践中所具有的课堂情境知识以及与之相关的知识。除此之外，丰厚的文化知识，也是构成教师知识结构不可或缺的组成部分。教师专业成长的关键在于，将外在所学的理论知识通过自己的思考内化为自己的教学行为，提高教学实践的智慧。

1. 居于教师的知识结构特点，教师成为榜样有三法：勤于积累、模仿交流、善于反思

（1）勤于积累，丰厚教学文化底气

成功重在学习，也只有经过长期的学习才能在教育舞台上有精湛的表演，才会有一次次革命性的创举。

教师的专业成长需要理论的提高、知识的积累，没有理论、知识支撑的实践是盲目的实践。教师的阅读视野，直接决定了其理论高度与厚度。苏霍姆林斯基在《给教师的建议》一书中，特别强调教师的读书学习，他指出，教师的教育素养主要取决于教师的读书，他提倡教师"要把读书当作第一精神需要，当作饥饿者的食物"。因此，要想实现教师的专业成长，必须读书学习。

首先，教师可以根据自身的需要，选择一些教育理论经典书籍。运用教育教学理论来指导教学实践，促进教学质量的提高。"没有理论上的成熟就没有真正意义上的成熟"，之所以这样说，是因为理论上的成熟意味着思考问题是从本体论角度，全面、系统、辩证地思考，而不是从事物的现象，片面、个别、教条地思考。理论上的成熟意味着想得深、想得透，行动起来就实际、自如、果敢，成功率就高，故有人提出"要从学知识升华到学理论"。

其次，特别需要经常读一些大师作品，通过读书丰厚自身文化底蕴，提高自身文学修养，让自己浸润在文化的滋养里，陶冶性情。

再次，在看书、读报时，要特别关注那些与教育、教学相关的文章，这些文章可以使自己经常受到激励和启迪。

最后，要向学生学习，这是不容忽视的教师学习的新渠道。在这个知识爆炸的信息社会时代，学生看得多、学得多，在学生身上有某些优秀的东西是值得我们教师去学习的，他们已经成为教师学习的重要资源之一了。当然了，这也是教师主动去了解学生的主要途径，教师只有深入了解学生所需所学，才能更好地驾驭课堂，才能更好地与学生互动，从而促进教学质量的提高。这就是能者为师、教学相长。

我喜欢读魏书生老师、李镇西老师等名师的著作，通过阅读他们撰写的书籍，走近大师，倾听大师的声音；通过与大师的对话，我的眼光变得坦然，我的生活更加丰满，我的思想更加成熟。一本好书就是一个好世界，它能使人明智，使人高尚。教师只有在不断地学习、不断地探索中，扩大自己的视野，陶冶自己的情操，才能跟得上时代的步伐，才能有更多更新的知识来应对学生提出的各种问题，才能丰厚教学文化底蕴。

作为教师，只有不断地去学习，才能不断扩展自己的知识范围，及时更新知识，以适应社会发展的需求，进而做好自己的本职工作。

（2）模仿交流，前辈指点少走弯路

观摩名师上课，取人之长，补己之短；特别是得到前辈的引领、指点，在教学中可以少走很多弯路。

记得1990年刚刚走上讲台时，我给学生上课还会语无伦次、害羞脸红，还会惴惴不安，心里一直感叹自己不是教书的料，甚至有打退堂鼓的念头。可是一次机遇，我听了魏书生老师到集美中学上的《爱莲说》后，改变了对教书的看法，魏老师在课堂上谈笑风生，他的幽默机智及互动的教学方式给我留下了难忘的印象。这以后，我不断地回想魏书生老师的上课方式，在上课时有意模仿，在模仿中慢慢地领悟到名师的教学思想和先进的教学理念。其实模仿得多了，思考也就多了；思考多了也就比较容易找出差距，这样自己在上课时，就能避免很多错误，少走很多弯路。就这样，我渐渐觉得自己上课有了底气，我的课也得到同行、学生的肯定和赞扬。

还有一次，区里要我上一节区级公开课，这对教龄未满三年的我来说是

"压力山大"。为了上好《我的叔叔于勒》，我深度思考、反复琢磨、集思广益、不断修改教案；为了一些犹豫不决的教学环节，我甚至利用休息时间打扰教研员戴淑华老师、教研组长黄锦忠老师，和他们交流看法，在他们耐心指导、点拨下，我上了一节成功的区级公开课，获得了全区语文老师的好评。从此，我的专业成长起来也就快多了。可以说，公开课是开课教师与同行、前辈交流最多的时刻，是获得前辈指点最多的时刻，这样不断学习身边教师的优秀经验，不断汲取前辈的思想和智慧，可以少走很多弯路，大大缩短教师的成长历程。

虽然现在我是市级学科带头人、市级专家型教师的培养对象，但我仍然经常多看名师的观摩课、多与同事交流，从中受益匪浅。所以，听名师讲课、模仿名师、博采众家之长是教师成长的必经之路。

（3）善于反思，提升教育教学智慧

教学反思是教师成长的必由之路。苏联教育家赞可夫指出："没有个人的思考，没有对自己经验寻根究底的精神，提高教学水平是不可思议的。"正所谓，一个教师写一辈子教案难以成为名师，但如果写三年反思则有可能成为名师。

任何教师，哪怕是特级教师，在其执教的过程中也不可能做到尽善尽美。所以教师在上完课后，要花些时间来想想自己的上课情况，审视和分析自己的教学行为、教学决策和教学结果，这样可以有效地纠正教学观念、教学行为、教学设计上的偏差，形成独立思考和创造性见解的能力，从而提高自我觉察水平和教学监控能力。教学反思，特别是在理论指导下的教学反思更是教师成长的"催化剂"。

现在有许多一线教师也都能认识到教学反思的重要性，但对于如何进行有效教学反思，不少教师还存在困惑，在反思中存在很多误区：叙事记录多，理性思考少；失败教训多，成功经验少；独立自省多，互动交流少……这导致有些教师把写教学反思看作一种负担，只是为了应付学校检查，因此，教学反思流于形式，其价值根本没有得到切实的体现。

其实教学反思就是研究如何教、如何学的问题。那么，如何进行教学反思？

首先，要反思教学中的成功经验。教师在教学过程中，总会出现一些精彩的片段，课后若能及时记录下这些课堂的闪光点，并进行系统的整理、归纳、总结，这不仅能够不断丰富教学经验，提高教学能力，形成独特的教学风格，而且为教师进行教学研究、撰写教研论文提供不可或缺的第一手资料。我的很多篇文章也是在反思的基础上写成的，如《"文"与"画"相促，提高审美品位》来源于《桃花源记》的教学反思；《重视情感熏陶，培养高尚情操》来源于《散步》的教后随笔；《少加一点束缚多留一份空间》来源于《木兰诗》的教学随想；《说教也可以偷偷地进行》也是由教读《氓》时想到的……

其次，要反思教学中的不足之处。一堂课，即使再完善也可能有疏漏失误，再好的教学设计也难免存在不足。美国心理学家波斯纳提出，"如果一位教师仅仅满足于获得的经验而不对经验进行深入的思考，那么，即使是有20年的教学经验，也只是一年工作的20次重复，除非善于从经验反思中吸取教益，否则就不可能有什么改进，永远只能停留在一个新手型教师的水准上"，因而，他提出"经验+反思＝成长"的教师成长模式。所以教师只有在课后认真反思，查找课堂中失败的原因，积极寻求解决的办法，同时还可以和其他老师交流，或向学生征求的意见，这有助于我们矫正偏差，并在以后的教学过程中不断改进。

最后，要反思课堂中学生的表现。很多教师的反思着眼点多集中在教学内容、教学方法等教师层面上，很少思考学生在课堂上的活动表现及学习效果。其实，在教学中，学生才是学的主体，学生在课堂中的种种表现是从多角度多方位多渠道提出问题，有的问题甚至可以引向纵深，这有利于拓宽教师的思路，有利于教学相长。所以反思课堂中学生的表现，寻找教学设计与学生实际的差距，促使新课程理念向教学行为方式的转变；通过反思也可以及时敏锐地发现一些成功"细节"，准确把握这些细节，让它成为教学中的生成性资源，进而成为教学活动的亮点。我课堂上很多出彩的设计也都是来源于以往学生的课堂表现。

在平时的工作中，我注意收集教育教学中的案例、反思，并在此基础上认真撰写成论文，且多次在省、市论文交流评比中获奖，多次在CN刊上发表，同时将科研成果转化为教育教学效益，用于指导教育教学，形成自身的个性化教学。

所以，教师全面反思自己的日常教学行为可以使自己的课堂教学日益精进，从而促进教师的专业成长，才能长久地成为学生的楷模。

2. 居于教师的人格魅力特点，教师成为榜样有二法：宽容善良的爱心、忠诚执着的精神

教师所从事的是一种特殊的职业，它不仅需要教师有丰富的知识，还要有一颗母亲般宽容善良的心。因为学生的大部分时间都是和老师一起度过的，老师如果能善解人意，走进学生的心中，学生就会相信你，就会敞开心扉与你交流，甚至会把连父母都不愿告诉的事情告诉你，这就是教师的人格魅力。带了一届又一届的孩子，已然过了三十几年，但孩子们的成长过程却让我记忆犹新。从初一到初三，从高一到高三，在和他们的周记交流中，我对他们的各方面都还算了解，经过长时间的相处，拉拉家常，说说人生，谈谈理想，我和孩子们成为无话不说的好朋友：有孩子因为失恋而苦恼，我没有谴责，而是以宽容之心帮他们排忧解难；有孩子因为家庭矛盾而难过，我帮忙做家长的思想工作，让孩子有个温暖的家；有孩子因为经济困难而自卑，我鼓励他们自立自强，并默默地为他们添衣加食……教师只要拥有一颗宽容善良的爱心，愿意用自己的言传身教去为学生点亮一盏心灵的灯，教师的人格魅力就得到了充分的体现，那作为教师也是快乐幸福的。

作为教师还要用自己忠诚执着的精神去激励学生不断进取，让自己的人格魅力绽放光辉。有人说教师所从事的是太阳底下最光辉的职业，这是对教师最大的肯定和赞扬。那么，作为教师自己，要想对得起这个光荣的称号，就必须热爱自己的事业，热爱自己的学生，全身心地投入工作中去，静得下心，不计个人得失，不贪图名利和享受，为了学生的一切，甘于永远做让学生乘凉的那棵大树，教师的人格魅力自然而然就绽放出来了。

静心学习，读一辈子的书，一辈子与书为伴；做一辈子教师，一辈子成为学生的榜样，这就是我毕生的追求。前路漫漫，相信经过自身的不断努力，静心学习，一定能体验到专业成长的快乐，一定能够更自信地站在三尺讲台上，成为学生心中的"偶像"，书写美丽的人生。

二、精准定位，彰显魅力

作为一名教师，首先要从教育、教学的规律出发，给自己的工作和作用定位，要适应角色的转变，从传统的角色中走出来，从"严师"到"益友"：教师要确定新的师生关系，由居高临下的传授者转化为平等的朋友。要明白教师是学生学习的合作者、引导者、参与者，教学过程变为师生交流共同发展的互动过程。然后在这个角色中用心去教导学生，让学生能学到丰富的知识，让学生在知识的海洋里尽情地吸收养分；用心去引导学生，让学生能有一个积极向上的价值观，做一个充满阳光、充满正能量的好学生。

（一）新课改呼唤语文教师角色的转变

教了近二十年的初中语文，后来走进高中语文课堂，又适逢新一轮高中课程改革在全国各地轰轰烈烈地开展，笔者不禁深思：高中生在知识面上比初中生广，在心理年龄方面比初中生成熟懂事；作为高中语文教师，不应该像在初中时以"高级保姆"的形象出现在课堂上了；那么高中语文教师应该以什么样的角色出现在语文课堂上，以响应新课改的召唤，适应新课程的要求，实现语文教学质量的大幅度提升呢？

在这次语文课程改革中，知识观、学生观以及评价观的变革表明：教师的任务不仅是"传道、授业、解惑"，更是"启智、陶情、冶性、锤志"。教师在实施新课程时，必须对自身角色进行重新审视与定位，树立正确的角色意识，以多重身份、多重角色的新形象去展现课程改革的基本理念，因此，在新课程改革过程中，语文教师所扮演的角色也应随着新课程的实施而转变。

通过问卷调查，并开展学生畅谈"我心目中的教师"的活动；加之在参加"北师大骨干教师研修班"时，学习了向蓓莉博士提出的"教师角色与教育、教学观"的理论，笔者在此基础上归纳出：高中语文教师的角色应该由过去所倡导的"传道、授业、解惑"者，转变为课程的探索者、文化的引领者、学习的合作者和创新能力的培养者。

1. 高中语文教师应是课程的探索者

"语文是实践性很强的课程，应着重培养学生的语文实践能力，而培养这种能力的主要途径也应是语文实践，不宜刻意追求语文知识的系统和完整。语文又是母语教育课程，学习资源和实践机会无处不在，无时不有。因而，应该让学生更多地直接接触语文材料，在大量的语文实践中掌握运用语文的规律。""沟通课堂内外，充分利用学校，家庭和社区等教育资源，开展综合性学习活动，拓宽学生的学习空间，增强学生语文实践的机会。"从这些理论中可以看出高中生的语文学习应该不满足于课本的学习，应该向生活、向社会、向其他学科领域拓展。这就要求语文教师应转变为课程的探索者。

要改变过去语文教学重知识传授轻实践活动的弊端，语文教师就要努力探索课程资源。广泛的课程资源和校外学习资源，特别是家庭都是值得重视的语文课程资源。合理利用现实生活中的语文教学资源，构建课内外联系、校内外沟通、学科间融合的语文教学体系。语文教师要创造性地开展各类活动，增强学生在各种场合学语文、用语文的意识，为学生拓展学习空间，增加语文实践的机会。

比如在作文教学中，可探索、开发家庭、社区的学习资源，可引导学生对家庭亲情、文化背景、经济状况、社会地位等方面的关注和思考，参加社区开展的活动，增强学生的体察能力、理解能力；并让学生通过自身的实践、体会写出富有真情实感的文章。教师在设计课程和进行课程资源探索、开发时，要尽可能地考虑到课程因素，使课程资源互相补充、互促共效，发挥课程教育的积极作用。

在高中语文课本里不仅选编了一些现代作品，还选编了古代、当代作品，甚至还有外国作品。在各类作品中都会因为时代、作者的阅历等因素给学生理解课文制造了障碍。为了消除这些障碍，就应该在教学过程中述说一些历史知识、时代背景，让学生理解文意，与作品产生共鸣。所以在新课教学前，要引导学生去收集有关作者及写作时的相关背景，让学生了解当时社会政治、经济的一些信息。

如学习文言文《鸿门宴》时，笔者在课前让学生收集有关"楚汉之争""霸王别姬""乌江自刎"等故事，然后在课堂上进行交流；再者课件出示刘邦项羽进军路线图，介绍刘邦与项羽相争时的军事形势："在秦末农民起义军中，有两支声势浩荡的队伍，一支是刘邦的队伍，一支是项羽的队伍。楚怀王曾与他们约定'先入定关中者，王之'。刘邦先破咸阳，项羽大怒，欲击刘邦。当时，项羽兵四十万，刘邦兵仅十万在霸上。项羽欲击刘邦易如反掌。刘、项两军相距四十里，战争大有一触即发之势。《鸿门宴》就是在这样的情况下举行的一次宴会，它揭开了楚汉之争的序幕。这次宴会包藏杀机，是一场明争暗斗、扣人心弦的政治斗争。"这样让学生了解鸿门宴的政治背景、军事形势就易于理解课文，把握人物性格特征，从而也拓展语文课程资源，使学生学习不再局限于课本，而是向其他学科领域拓展。

语文课程资源的开发与利用，不仅是学生传统语文学习方式的现代转换与超越，同时也是教师语文教育方式的重要变革，其中一个重要方面就是，它在一定程度上，要求教师必须走出课堂，走出教科书，走向社会、自然，走进学生家庭，走近学生生活；要从"科学世界"走向"生活世界"，从语文学科走进其他学科。在这一过程中，语文教师必然要与社会、家庭、其他学科教师以及文化场所取得广泛而密切的联系，这就要求教师具有一定的协调与沟通能力，不仅要沟通家、校、社区以及其他学科，并与之协作，而且要成为学生课程资源开发与利用的探索者。

2. 高中语文教师应是文化的引领者

我们也应该看到新时期语文课程具有前所未有的开放性。新教材中选编的课文大多优雅精致、脍炙人口，许多文学经典、外国译著、科学小品文等，都走进了高中语文课堂。它们从各个方面反映作者对自然、人生、社会的领略和感悟，往往集景物美、道德美、文化美于一身。总的来说，这些文章都是熔铸着真、善、美的美丽篇章，这就要求高中语文教师要高屋建瓴，以引导者的身份，引领学生一起穿越历史、遨游太空：追溯人类历史的悠久渊源；邀约古今中外的仁人志士；领略异国他乡的风土人情；欣赏大千世界的人生百态……通过语文的学习，要让学生体味屈原的忧国忧民，陶潜的悠然自得，李白的飘逸豪放，杜甫的沉郁顿挫；要让学生感受到文天祥的铮铮铁骨，毛泽东的伟人气魄，鲁迅的民族精神；要让学生了解茅盾的神秘，巴金的缠绵，孙犁的素淡，秦牧的厚重；要让学生认识舒婷的真情，海子的浪漫，普希金的深刻……这些文化、情操所化成的民族魂魄，将永远滋润一代代美好的灵魂。

再说，语文就是生活，知识浩如烟海，老师再怎么讲，也只能掬取茫茫大海中的一滴水。因此，老师只能做学生求知路上的引路人，及时提醒纠正学生前进路上的问题，以防误入歧途。教师要引导学生沿着正确的道路前进，并不断地在他们求知成长的道路上设置不同的路标，引导他们不断地向更高的目标前进。语文教师应该是课堂教学的导演、学生求知路上的引领者。

曾经看过程少堂老师《荷花淀》的课堂教学实录，从中笔者感受到了作为一位高中语文教师应该要引导学生去感受我们中国博大精深的文化。《荷花淀》是经典名篇，程老师独具慧眼，另辟蹊径，全课抓住人与自然、人与人、人与自我的三重关系，从文化的视角来重新解读《荷花淀》。他先从中西文化的比较入手，一上课便向学生抛出一个问题：中国人和美国人在表达感情上有什么不同？一石激起千层浪，学生的思维立刻被激活。在学生列举了他们所观察到的现象后，老师做了深入浅出的解释，引出课题——从《荷花淀》看中国文化。之后，老师让学生反复品读小说开头三段的景物描写，接下来用投影放出了根据第一段改写的诗行，并让一位很有朗读天赋的女生朗读诗句。在这诗情画意的品味中，老师让学生思索：这里人与自然是什么关系？并旁征博引引导学生理解：西方文化中人与自然的关系是一种对立关系，中国文化则主张人和大自然和谐交融，呈现出一种天人合一的和谐美。在这诗情画意的品味中，老师引导学生思索：抗日战争如此残酷，为什么要写这种如诗如画的环境？接着，程老师又水到渠成地分析了小说中人与人之间的关系，无不渗透着一种和谐美。更难得的是，老师由小说中女人们的探夫不遇等情节，得出了中国人处理人与自我（心灵）之间的关系仍是和谐美——乐而不淫，哀而不伤。中国人的表情方式是含蓄而内敛的。这种对心灵的探索，是大胆而深刻的。在课的结尾，老师归结出了"中国文化的基本精神和基本审美观念——中和（适中和谐）"，中国文化是要人学会"诗意地生活"。学生的课后作业是研究性小论文：海明威的《老人与海》与西方文化精神。

这堂课，程老师是在中国文化的大背景下来审视中国小说，培养学生文化素质，注重文化熏陶，让学生更真切地体会到孙犁素淡的风格；尤其难得的是，整节课表现出的水乳交融的新型的师生关系：老师启发学生表现的是其个性、思想，而不仅仅是知识；老师不断地把学生引向求知的轨道，学生的思想十分活跃，本课注重的是非知识目标，小说不过是老师启发学生思维的一个载体。这节课上出了文化品位，上出了启发性，上出了冲击力，上出了老师的个性魅力。它打通了文史哲的界限，从大文化的角度引起了我们的思考，长期受此熏陶，学生定将受益匪浅，并可影响其终身。

学习化社会的到来，学生是学习的主人，是发展的主体，每个学生都有发展的需要和权利，学生的主体应在语文教育教学的过程中得以形成并得到充分的发展。这就要求语文教师不能只做"蜡烛"燃烧自己，更要做"长明灯"，在不断地自我"充电"的同时还要照亮学生，引领学生不断地发展，成为一位真正的文化引领者。

3. 高中语文教师应是学习的合作者

在以往的语文课堂教学当中，教师是一个人在上面讲，讲得眉飞色舞；学生在下面听，听得蔫蔫欲睡，这种单边活动的做法，其结果是让学生缺失主动学习的空间与时间，也无法调动其学习热情。语文教学过程是师生的双边活动，改变学生的学习方式，对教师来说最主要的途径是合作式教学。合作是建立平等、民主、互动式新型师生关系的契机，合作是促进主动、全面、和谐可持续发展的中介。教师要进行教学管理，组织教育教学活动，一个非常重要的任务就是构建一个学习、合作交流的平台，在这个平台上，学生通过感悟、体验来构建自己的精神世界。

新课程标准强调："积极倡导自主、合作、探究的学习方式。"新型的学习方式契合了时代发展的需要，学会交流、学会合作是现代公民必备的素质。新型学习方式呼唤新型的教学方式，课堂教学不再是教师单向灌输、学生被动接受，而是教师要主动打破这种局面，积极地参与学生的学习过程，使学生学会在合作中解决问题。况且语文课程模块化的趋势，更需要教师与学生之间的合作，需要学生与学生之间的合作，需要教师与教师之间的合作。多边互动，主体交流的合作有利于挖掘学生的语文潜能。

作为学习的合作者，高中语文教师要精心组织学生的学习活动。一要组织好学生自学：提出任务或提出问题，以启发、吸引和鼓励学生思考，使学生都能独立思考。二要组织好合作学习：培养学生的合作技能，教给合作的方法，重视对合作学习的评价，做到互动学习与个别辅导相结合；加深学生的参与程度，以各种方式鼓励学生参与；并在讨论中引导学生思考问题的深广度。三要组织好全班交流：指导学生以各种方式把自己的见解用自己的语言正确地表述，在交流中加强引导，以全面实现教学目标。教师作为学习的合作者、活动的组织者，让学生上课能自主学习，提出问题，进行合作探究，下课带着问题查找资料，解决问题。这样，体现了"以人为本"的教学思想，体现了对学生的尊重，更展现学生自主学习的风貌。

例如在教读杜甫的《登高》时，笔者在课前让学生查找一些有关杜甫的生平事迹、作品以及时代背景，并让学生思考"杜甫为何被称为诗圣""我心中的杜甫"。学生带着问题到图书馆查找资料或上网学习，比较全面地了解杜甫、理解杜甫，这样有利于对新课的学习，帮助学生品评诗歌。这样在课堂上组织教学时，先让学生交流收集的材料，引导学生遥想杜甫在生活穷困潦倒中还忧国忧民的情景，再用饱含深情的语调朗读诗句；教师再设置几个问题（前四句运用了哪几个意象？并说说这几个意象渲染什么气氛？表达了诗人什么样的情感？后四句诗人直接抒情，抒发了什么感情？），和学生一起合作探究，共同探讨，然后在小组、班级一起交流，引导学生调动他们对杜甫的了解，体会杜甫的精神实质，对诗歌的理解也就水到渠成了。这样学生对诗歌作品的思想内容有深刻的领悟和启迪，情感产生强烈的共鸣，以实现教学目标。

新课程的语文教学过程将是师生交往、平等对话、共同发展的互动过程。从学习的意义上来说，教师应该是学生学习的伙伴，这样二者的关系才能平等；教师才能站在学生的立场上，根据学生学习的实际情况做好自己的工作，并且从学生学习的角度去设计教学。老师只有把自己当作学生学习的伙伴，才有可能真正地为学生服务，做学生的知心朋友，与学生同悲共喜，教师才能有投入；与学生同呼吸共命运，教师才有可能把自己的作用发挥到极致。站在合作者的平等的地位上，学生才会从教师那里获取平等的意识，主动的意识，参与的意识。

高中语文教师作为学习的合作者、活动的组织者，要精心钻研教材，提升指点迷津之效的种种思路、方法和策略。设计课堂教学中有利于学生发现、尝试的问题系统、训练系统和情意系统，鼓励学生探索、实践，寻找知识、情感与个体心灵的契合点，将生活与生命融进课堂，在个体探索、实践中不断丰富精神生活，寻求与自然、社会的共鸣，感悟生命活力。……从而真正发挥师生的生命力和主体性，构建互动的师生关系，让我们的课堂大放异彩，把课堂教学活动上升到一个更理想的新高度，达到"教学相长"。

4. 高中语文教师应是创新能力的培养者

英国科学家霍伊尔指出："今日不重视创造性思维的国家，则明日将沦为落后国家而羞愧。"创新教育是教育改革的必然趋势和新时期语文教学改革的必然选择。教师在创新教育中承担着重要的历史使命，只有具备创新精神和创新能力的教师才能培养创新人才。因此，新课改下的语文教学应突出对学生创新思维能力的培养，只有这样，语文教学才会常教常新，才会有新的活力。这就要求语文教师应该成为创新能力的培养者。

创造力作为生命力的最高级，无疑是最难培养和提高的。所以在语文教学中，教师要有目的、有计划、有步骤地对学生进行想象思维、发散思维、辐合思维、联想思维、类比思维和逆向思维等的训练，使学生不拘泥于现成的结论，善于动脑筋科学地分析、比较、归纳与综合，敢于创新，学会创新；对于学生在思维上偶尔表现出的一星点火花，教师要引起足够的重视，更重要的是要不断地鼓励、表扬和引导，使其强化，茁壮成长；并且要尊重学生的选择，尊重学生已有的经验，尊重学生的兴趣和主观感受。只有这样，学生才能充分展示自己各方面的才能，才能最大限度地发挥学生的内在潜力，个性才能得以张扬，才能更好地发展学生的创造力。只有这样，教师才能从单纯的知识"传授者"向"创新能力的培养者"的角色转变。

例如在教读《林黛玉进贾府》时，面对博大精深的《红楼梦》选文，可以讲的内容太多太杂，既可以把教学内容处理成一堂名著欣赏课，可是又怕变得空而不实；也可以从字句推敲，一一解析，体味作家语言艺术，然而又恐将文章肢解……几经思考，笔者认为，应该学会取舍教学内容，改变学生阅读的角度，让学生有创造性地阅读。"任凭弱水三千，我只取一瓢饮"，所以笔者就抓住林黛玉出场这一点，以出场带动全文阅读，串联相关内容；以出场看曹雪芹人物肖像描写特点，分析人物性格，再由此生发开去，提供写作情景，让学生练习人物肖像的描写，把课本教学与阅读、写作两个环节有机地结合起来，使学生学有目标，练有方向，收到较好的教学效果。

语文教师要发挥语文教育在发展学生创造能力方面的优势，在继承和传播人类已有的文化成果的同时，给学生提供质疑和创新的空间，让学生多问几个为什么，不盲目地接受原有的知识、技能，指导学生着眼于未被发现的世界。笔者认为，高中语文教师在教学中应该具有一种高屋建瓴的人文视野，一种海纳百川的文化胸襟，一种教学相长的民主意识，一种独立思考的批判精神……只有具备这样的思想素质，才能对学生进行潜移默化的感染，才能体现语文教师的人格魅力。

课程改革犹如一首催人奋进的歌，有着悠远的意境，让每位参与者回味无穷，它以无比的魅力涤荡着我们的教育思想。我相信，只要紧跟时代的步伐，把握课改的脉搏，不断地吸收新思想，新理念，转变教师角色，更新教育教学方法与手段，作为高中语文教师的我们定会在课改这块沃土上耕耘出一片硕果累累的金秋。让我们以多重身份、多种角色和孩子们一起以新的思想、新的方式在新课改中寻觅无限风光，品味人生百态，感悟语文教学的真谛吧！

（二）语文教师的语言魅力

语文教学的实质是语言交际。语文产生于语言交际，存在于语言交际情境。语文教师这一职业是与语言直接打交道的职业。语文教师应对语言有独特的感受力和敏锐性。

语文教学就是师生之间通过话语、文本等语言作品以及听、说、读、写、思等语言活动进行的思想、情感和信息的交流，是一种典型的交际活动。虽然各种学科均要通过语言交际这一途径来展开，但在语文教学中，语言交际既是途径也是目的。对于运用语言交际进行教学的语文教师来说，语言要更具有魅力。那么，语文教师的语言魅力要如何体现呢?

1. 语文教师要用语言去活化流动的意象

语言是对生活世界最为简略的表现形式之一。对语言具有极强感受力的人，能直接根据这简略的言语外壳在头脑中活化流动的意象，再创生活世界。一位优秀的语文教师应该具有这样的语言魅力：他们能从简单的语言中生长出无与伦比的形象来，或宏大，或细腻，或铺张，或蕴藉。比如，读《面朝大海，春暖花开》这篇课文时，头脑中会涌现出大海澎湃的意象，心中生出许多激动和感慨。

再如，面对一段言语，语文教师还要善于从对仗、比喻、顶真等语言形式特征中去感受言语流动的美。而这些形式化的美也最容易敲击语文教师的心，让美流遍他们的全身。

教师如果可以敏锐地从语言中把握意象深刻的意义，那么一段精彩的语言，其文字背后流淌的不仅仅是意象，更有生生不息的意义。语文教师应善于捕捉这些意义，能比一般人更迅速、更深刻地从中悟出意蕴来，并结合自己的人生体验丰富文本或口头语言的内涵。他们不仅具有宏观把握语言的能力，而且具有从只言片语中开掘意义的独特才能。而这些，正是语文教师为人师的本钱。

2. 语文教师要用语言去唤起学生独特的语言体验

语文教师不仅要求自己对语言有极强的感受力，关键还在于能运用语言唤起学生独特的语言体验。要唤起学生独特的语言体验，语文教师在教学中可以从以下几个方面着手。

一是在理解语言中培养学生的语言洞察能力。一个对语言敏感的人，可以从语言中读出无尽的意义来。而这种语言的洞察力，也只有从对语言的理解中来培养。语文教师除了给学生理解语言以示范外，还要引领学生透过语言去理解意义，换句话说，让学生在语言与意义的世界中飞翔。

二是在感受语言中提升学生的语言审美能力。只有直接从语言中感受到美的人，才能对语言有独特的体验。语文教师要提升学生的感受力，就必须引导学生直接去感悟语言的魅力。比如，引导学生阅读"慈母手中线，游子身上衣"的诗句时，可引导他们从"线"与"衣"的内在联系中拓展出一个新的意象来，打开母子连心的无穷画卷，并在这个过程中对文字和文字的表现力有更深刻的理解，从而体验到文字的无穷魅力。

三是在玩味语言中拓展学生的语言视域。文字的认识或口头语言是语文教学的起点，也仅仅是起点而已。语文教学更重要的任务还在于引导学生玩味文字或口头语言时，拓宽其视界，使之从语言中领会更多超乎文字的东西。如果再进一步，还可以对文字做类似说文解字似的探究，从中领悟文字背后的文化。这样，语言教学便和思维教学、文化教学、生活教学等联系在一起。通过语言，学生可以进入无穷无尽的宏大世界。

四是在创生语言中形成言语个性。语言虽然暗含着一定的规则，但也是在不断突破自己的规则，不断发展的。创生性是语言最大的特点，它使人运用语言、发展思维和形成个性有了极大的空间。因此，让学生进行语言创生是形成学生语言个性的主要甚至是唯一途径。学生的语言创生活动不外乎两个方面：一是口头交际；二是书面作文。语文教师就是要让学生在这些语言活动中发展自我，通过独特的语言积淀形成自己的语言个性。

3. 语文教师要用语言来引领学生的心灵生长

从某种意义上说，言语是生活世界的简洁表达，是心灵世界的自由流淌。"语言不仅仅是工具，更是人的生命活动、心灵活动。""语言也是人本身，是主体，或说人与语言互为主体……有着强烈的人道、人生、人性、人格意向。"如果说言语是有形有声的，言语所呈现的生活世界也是有形有象的，那么，言语背后的心灵世界则更多地表现为有情有义。通过言语走进心灵世界，一是走进作者的心灵世界；二是走进自己的心灵世界；三是走进共同阅读者或言说者的心灵世界。语文教师走进作者的内心世界，不仅是为了了解作者的思想和情感，更是为了更好地帮助学生寻找到理解作者内心的合适路径。走进自己和共同阅读者或聆听者的心灵世界，更是为了让学生与学生、学生与教师在共同的视域中进行心与心的沟通。

在语文教学中，我们不但要调动学生不同的人生感受来学习语言，更要让学生用自己的语言来记录自己的人生体验。教师用语言来引领学生心灵的生长，最关键的是让学生敞开心扉，运用语言去思考，用语言来构筑学生的心灵世界。

教师是学生心灵世界的呵护者和润泽者。语文教师主要是运用语言来完成这一使命。那么，教师如何运用语言来丰盈学生的心灵世界呢？在我看来，可以从三个方面入手。

一是用语言来照亮学生的心灵空间。语言是思想的物质外壳，每一个丰盈的心灵都需要语言来浇灌。语文教师可以凭借文本或话语去开启学生蒙昧的心灵，照亮他们的灵魂世界。这个过程主要是通过让学生咀嚼语言背后的思想去进行的。比如，引导学生阅读英国作家、批评家约翰·罗斯金的《痕迹》："把每一个黎明看作你生命的开始/把每一个黄昏看作你生命的小结/让每一个这样短的生命/都能为自己留下一点可爱的事业的脚印/和你心灵得到充实的痕迹。"通过读这首小诗启发学生在痕迹的意象中去感悟生命、体会人生，从而明白没有一步步坚实的生活脚印，生命的天空就不会出现绚丽的长虹，使之心胸洞开。

二是用语言储蓄学生的心灵体验。语言是记录人生体验的心灵符号。无论你愿意与否，我们每个人都在利用语言记录心灵，要么是文本的，要么是话语的。而事实上，我们阅读不同的语言可以浮现不同的画面或情感，这是因为我们的语言体系记录着我们的人生体验。在语文教学中，我们不但要调动学生不同的人生感受来学习语言，更要让学生用自己的语言来记录自己的人生体验。

三是用语言来引领学生的心灵生长。人的成长包括身体的成长和心灵的生长，身体的成长是有限的，并且很快达到顶峰，进而走向衰退；但心灵的生长是无限的，可以随着岁月而不断丰富和充盈。教师用语言来引领学生心灵的生长，最关键的是让学生敞开心扉，运用语言去思考，用语言来构筑学生的心灵世界。

所以在教学中，语文教师应该充分展示独特的语言魅力，引导学生遨游在语文的世界里。

　　语文教师的素养与教育艺术密切相关，教师应当发挥审美主体的作用，深刻挖掘并传达教学内容中的审美元素，提升学生的审美能力和文化素养，以自身的审美体验和感受来引导学生进入审美过程，从而提升教学的艺术性。语文教师应积极探索并应用多种教育艺术方法，提升教育教学质量、激发学生的学习兴趣和培养个性化探究能力，实现五育融合。

第二节 由"知"到"行" 践行五育

五育过程中要加强实践和体验。在实践中实现"五育并举"，这不仅是一种教育思想、教育理念，更是一种实践样态和实践形式，是一种独特的教育实践和育人实践。要实现培养时代新人的目标，学校教育需要加强生活实践、劳动和体验教育，让学生接触自然、体验生活、了解社会，习得在未来社会立足的必备品格和关键能力。引导学生开展"语文化"生活实践活动，以不断丰富自身的"生活体验"，在实践中实现五育融合。

《普通高中语文课程标准（2017年版2020年修订）》在课程目标中指出："关注、参与当代文化。关注并积极参与当代文化传播与交流，在运用祖国语言文字的过程中，坚定文化自信，提高社会责任感，增强为中华民族伟大复兴而奋斗的使命感。"华东师范大学李政涛教授则强调，"五育"并举是对教育的整体性倡导，"五育"融合着重于实践方式，致力于在学科贯通融合中实现"五育"并举，要在学科融合中落实"五育"融合。

语文教育的实践性体现在通过实际的听、说、读、写活动，让学生掌握语言技能并应用于日常生活。语文教育作为基础教育课程中的重要组成部分，其实践性是教学过程中不可或缺的一个方面。

第一，语文讲读生活化。语文讲读生活化是指课堂语文讲读要面对学生生活实际，在课堂教学中，营造一种宽松平等而又充满智力活动的智力氛围，使学生通过具体课文的学习，自然而然地受到灵魂的陶冶和思维的训练。

第二，语文训练生活化。语文训练生活化，要求教师的训练应着眼于学生的学以致用，而非学以致考，所用的训练材料，尽可能来自生活，即使是教材上的练习，也应尽量挖掘其与学生生活的联系，这样学生在接受训练时，便会感受到掌握知识培养能力，不只是为了应付考试，而是为了更好地生活。

第三，语文教育生活化。语文教育生活化要求教育既应紧扣课文本身的教育因素，又应符合学生的思想实际，还要注意这种教育的潜移默化，润物无声，这种教育必须是非常语文的，因为这种教育无一不是只根据教材本身的思想内涵和文化内涵，因而这样的教育不但是自然而然的，而且紧扣学生的生活，又与时代息息相关。

语文学科的性质是工具性和人文性的结合。这意味着在培养学生的语文实践能力时，不仅要注重技能的训练，也要注重文化内涵的传递和人文素养的提升。

一、以实践落实"知""行"的转化

下面以"闽南文化视域下'当代文化参与'任务群实施"来谈谈立足实践的语文教育艺术方法。

（一）"当代文化参与"任务群实施的价值和现状

《普通高中语文课程标准（2017年版）》首次提出了十八个学习任务群，"当代文化参与"属于典型的实践型任务群，课标指出本任务群要课内外结合开展；其吸引学生的亮点：不仅可以拓宽学生的语文学习空间，锻炼学生的综合实践能力，而且能增强学生的文化自信。

然而，在现实教学中很多教师直接忽视"参与"这个环节，让学生闭门造车写"访谈录""调查报告"，没有真正完成本任务群的教学目标。"当代文化参与"任务群的学习是转向社会生活，参与文化活动，调查研究文化现象，构建文化内涵，阐释文化意义。目前在语文教学中没有相应的学理基础，也较少有具体的策略。因此针对上述情况，笔者根据学校地处闽南的特点，通过对闽南文化的具体考察与分析，引导学生参与闽南文化活动，让语文实践落地生根。所提供的相应教学策略，希望有助于一线教师对"当代文化参与"任务群的落实。

（二）"当代文化参与"任务群实施策略初探——以"闽南文化生活"为例

1. 依据课标，设计学习目标

必修上册第四单元的主题是"家乡文化生活"，本单元设置的三个学习任务，分别为"记录家乡的人和物""家乡文化生活现状调查""参与家乡文化建设"。显然，本任务群旨在引导学生关注和参与当代文化生活，学习剖析、评价文化现象，积极参与文化的传播和交流，培养学生热爱家乡的情怀，增强文化自信。

家乡总在牵动着我们的情思：名山大川、寻常巷陌、小桥……根据新课标，利用学校地处闽南的优势（闽南独具特色的多元文化，如南音、歌子戏、闽南古厝、历史名人），制定本单元的达成目标：通过实地调查访谈，学会列访谈提纲、做调研表、撰写调查报告；掌握融洽流利地访谈、调查询问的技巧；对家乡文化的保护重建提出合理的建议；传承并弘扬闽南的优秀文化。

2. 立足实践，设计学习活动

以往的语文教学多是以传承间接经验为主，但"纸上得来终觉浅"，学生如果"一心只读圣贤书"，将会缺少对社会的了解，对文化没有准确的认识，也就无法理性地评判文化价值。"当代文化参与"这个综合性、实践性相当强的任务群，教师在教学设计时应当建立在"实践"的基础上，将实地考察、访谈、社会调查等实践活动落到实处。

新课标强调本任务群以"参与性、体验性、探究性的语文学习活动"为主；注重与社会生活的联系，注意调研与书面阅读相结合、研讨与书面表达相结合。因此，选择在"闽南文化"视域下的教学活动，需要学生走进动态的闽南文化世界，在生活中学习语文。学生通过小组的方式，分工合作，探索解决问题的途径，从这一流程中获取最直接的生活体验。根据课标及课程特点，本任务群的学习任务分为三个活动。

（1）社会现象调查

聚焦特定文化现象，自主梳理材料，确定调查问题，编制调查提纲，访问调查对象，记录调查内容，完成调查报告。

以闽南建筑为例。厦门有不少被戏称为"穿西装戴斗笠"风格的建筑，如厦门大学、集美中学、集美大学等建筑，这是陈嘉庚先生创办的，校园建筑是中国近现代校园建筑的典范，这是一种文化现象。可据此引导学生开展调查，挖掘这些建筑背后反映的城市精神。通过了解、探究到这些具有中国民族特色的斗拱形屋顶，中式屋顶，西式屋身，取西方实用之长、长中国精神之气的内蕴。

厦门有很多古建筑，老城区随便一转都是历史，让学生调查记录建筑历史文化，如鼓浪屿上的"殷承宗宅""陈国辉宅""三一堂""种德宫""廖家别墅（林语堂旧居）"等，每座建筑都有它的名人历史和源远流长的文化底蕴。

（2）文化生活研究

聚焦文化热点，就某个文化现象进行专题研讨。阅读相关书籍和文章，收集整理相关信息，并加以提炼、分析，得出自己的认识，不同的认识相互碰撞，展开专题研讨，解释文化现象。在这一过程中，提高对文化现象的认识能力和阐释自己见解的能力。

例如，当今提倡闽南文化进校园，闽南文化成为热点。学生了解闽南文化的相关信息，如歌仔戏、答嘴鼓、闽南语歌曲等；查阅相关评论，通过观看欣赏歌仔戏等、阅读网络文章和书籍，梳理探究，比较分析，得出自己的认识，完成表达自己观点的《闽南文化之我见》。

（3）文化活动参与

要求"建设各类语文学习共同体（如文学社团、新闻社、读书会等），在阅读、表达中探析有关文化现象，拓宽视野，培养多方面语文能力；通过社会调查、观看演出、参与文化公益活动等，丰富语文学习的方式，积极参与当代文化生活"。

比如，让学生参与社区和学校的文化社团（如读书会、戏剧社、演讲队、诗社等），参加各种语言实践活动，丰富语文学习方式，培养多方面的语言能力。

这样的实践活动才有生命力。"闽南文化"活动的设计"逼迫"学生扩大自身的生活圈，在更高的层面上思索文化价值。让学生在这一活动的影响下，努力地用自己的双脚丈量闽南，用自己的双手接触闽南，用自己的灵魂体会闽南文化，与闽南的前辈们聊聊天，访问闽南的名人，翻阅闽南的地方志，看看闽南的地方政府建设蓝图并以情感的态度、理性的思想对待闽南。在接触、感受、探索、反思的历程中，提高学生的人文意识，增强文化自信。

3. 语言构建，落实文化传承

本单元围绕"家乡文化生活"展开学习活动。学生通过个性选题，结组研究后，形成文字报告，才能达到语言构建与运用。因此，设计好学生的访谈表、调查表、实践报告表尤其重要，它们是学生由实践回归语言文字学习的基本途径。

（1）访谈记录表

对象		性别		年龄	
访谈成员			访谈时间		
访谈提纲	1. _____ 2. _____ 3. _____		访谈记录		
写人物（风物）志	要求： 1. 人物志：人物生平、主要事迹、重要贡献、社会影响 2. 风物志：写作缘由、风物渊源、特色风貌、文化价值				

（2）历史建筑登记表

建筑名称		建筑位置	
历史由来		建筑现状	
价值描述		信息来源	
照片		建议	

（3）闽南文化调查报告

标题	关于……的实践报告
前言	调查的参加者、主题、时间、地点
正文	调查内容、经验体会、思考建议、调查结论

续 表

结论	写出对此次调查的意见、指出不足之处
落款	署名和报告时间
参考资料	列出参考的文献资料及其来源

新课标强调本任务群学习是通过真实的情境让学生在积极的语言实践中逐渐形成关键能力和必备品格。设置这些表格，让学生在采访、调查和查阅文献中，了解闽南的人和物，关注闽南的文化与风俗，深入认识闽南，并对丰富闽南文化生活提出合理的建议，增进对闽南的文化认同。通过开放式的学习，引导学生积极参与闽南当代文化生活；把调查访问与书面记录相结合、现状调查与比较研究相结合、分析研究和参与传播建设相结合，提高学生语文综合运用的能力；将新课标要求落到实处，让核心素养落地。

在高中阶段，实践不仅是提升教学艺术的重要途径，更是激发学生兴趣、提高教学质量的关键手段。通过设计语文综合实践活动，将语文知识与生活紧密结合，帮助学生深入探究语文知识，提升他们的文学积累与语文素养；通过实践活动，如教材内容与实际生活的结合，培养学生的自主学习能力，使他们能够独立思考和学习，从而全面提高语文能力；根据不同情况采取不同的评价方式，如书面测试、口头表达、项目作业等，以提高教学评价的实践意义和可操作性。

总的来说，在实践中，教师可以不断提升教学艺术水平，同时激发学生的学习兴趣和主动性，从而提高整体的教学质量。因此，在语文教学中，积极探索并应用多种实践方法，对提升语文教学艺术具有重要意义。通过实践活动培养学生的个性探究意识，使他们能够在探究中学会学习，学会创新，从而全面提升自身的综合素质，达到五育融合。

二、以情境教学创新语文教育艺术

情境教学是运用情境问题设计、内容系统化开发、课堂情境模拟化的教学模式，以建构主义教学思想为基础，让学生参与讨论和学习，引导学生深度学习、自主合作学习。《普通高中语文课程标准（2017年版）》的出版，给新高考语文教学带来了许多新的理念和新的思考，许多热词也随之而起，其中在课标中提及"情境"一词多达34次，于是"情境"和"情境教学"就成了高中语文教学一个不可忽视的热点；且新课标中关于"高考命题建议"的表述："考试、测评题目要以具体情境为载体，以典型任务为主要内容"，更使"情境化"成为教学设计和测评题目的趋势。崔允漷教授同时强调，情境是实现素养目标与学生达成深度学习的重要方式。因此在"双新"背景下，"情境教学"蔚然成风，成为当今高中语文教学的重要模式。

尽管情境教学策略可以有效地提升课堂教学质量，然而教师个人的专业水平、教学能力、获得的学校专业支持以及备课组的教研水准等，都可能影响情境教学的质量。

（一）情境教学存在的问题分析

情境教学的方式或手段都在运用中因客观或主观的原因存在其局限，同时在贯彻中也会偏离初衷。部分教师所设置的情境与教学内容不相匹配，远离教学目标，使得教学情境与实际脱轨；且在情境创设中只关注趣味性，缺少问题意识，不能让学生在学习过程中产生疑问、发现问题，也不能借助学科知识对某些问题做出解释，这样无视实际效果的情境不能引导学生深度学习，不能得到认知的发展。

新课标中的"情境"在不同语境中含义不同：有感知和审美对象的"情境"，有作为学习要素的"情境"，有作为试题要素的"情境"，有作为问题、任务的"情境"，有作为综合性学习活动的"情境"，这样的一词多义性给教师造成了理解的困扰；况且多处"学习情境"的表述语意模糊，指意不甚明确，让教师无法真正理解何为"情境"以及其在课堂教学中的意义和价值，导致教师对"情境"的理解浅尝辄止，甚至误解，情境创设较为盲目，造成应用效果不理想。种种原因导致情境教学存在下面三种常见的问题。

1. 重形式略情感

课堂频繁设置"情境教学"，只注重形式，缺乏新意，忽略了学生的情感体会，片面要求学生找"写作背景""作者生平"或相关的图片、视频等资料，久而久之，这些一成不变的形式规行矩步，吸引不了学生的兴趣，最终使情境教学设计的初衷与课堂教学的效果相悖。形式上的情境教学，与培养全面发展的人的教育目标渐行渐远，忽视了学习主体的情感、认知的发展和思想的深度。

2. 重活动略认知

课堂上只注重开展情境教学的各类活动，为活动而活动；有些教师情境把握不当，没有及时掌控活动，学生个性过分张扬，就容易出现吵闹、跑题的现象，课堂上热热闹闹，却脱离了教学目标，学生无法将语文知识转化为认知。例如在戏剧教学设计时，很多教师总喜欢让个别学生编排课本剧或是分角色朗读，进行情景剧表演。殊不知，有些剧本在一定程度上远离了学生的生活实际，学生在表演中不一定能够准确把握人物的思想感情，而作为观众的其他学生也很难从中获得认知；同时过度强调表演也违背了语文言语实践的特性，效果不佳。

3. 重趣味略思考

教学中只注重情境教学的趣味性和课堂的互动性，而忽视了教学活动本身应该具备的思考性，舍本逐末。一些教师误以为"情境教学"就是欣赏图片、播放音频视频等，比如，讲授《赤壁赋》时就会播放相关的图片、视频，让学生从中体会唯美的画面，并以此来体会苏轼坎坷的人生；教《登泰山记》时就让学生观看泰山相关的人文景观，感受泰山的景色之美。而这些图片视频却无法引发学生独特的个体体验，不能触发学生思考，导致学生不能深度学习。

本文认为只有依据生活、借助体验，让学生在思考中感悟文本，以心灵触摸文学形象，才能发挥情境教学的作用，真正落实语文的核心素养。下面以《陈情表》为例谈谈矫正策略。

（二）矫正策略——以《陈情表》为例

《陈情表》至情至性，颇具震撼力，凸显了当下生活和情感并重的语文教学特色。然而，很多教师在设计教学时只是形式化地设置情境："李密生平视频""朗读课文"，制作好"乌鸦反哺微课"进行讲解，却忽视了这些情境与学生之间的沟通。这种对情境设置的浅表化、固定化，导致情境教学与教学初衷相悖。

"情境"顾名思义可以分成"情"与"境"，其原理是情感和认知相互作用。其实，在教学中可以借助学生的个人生活、社会体验、思维等情境，引导学生认识古人"至孝"的行为，调动学生的情感体验，唤醒学生珍惜亲情，并通过问题的设置，引导学生深度学习，落实语文核心素养。

1. 依据生活创设情感情境

依据学生生活实际，以感情为主导，创设情感情境，牵引学生走向认知，走进思想深处。"建构生活化的教育情境，是教育回归生活的路径之一。"创设情感情境要源于学生真实的生活世界，要能与学生产生情感联结。教师可根据学生的身心发展特点、生活历程等，选取校园、家庭、社会中与学生生活密切相关的主题；或是选取学生在现实生活中遇到的情境或模拟现实世界中会遇到的情境，让学生根据自己的经验在情境中享受情感的熏陶，从自己的生活经历中体味语文的味道，感受语文的魅力。

（1）依据生活阅历，品味情感

活动一：歌曲先声夺人，以乐激情。在课前选学生们喜闻乐见的歌曲《懂你》播放导入，整堂课引入了浓浓的爱意。

活动二：咏叹余音绕梁，以读品情。课堂上学生们在《感恩的心》乐曲伴奏下朗读，在这舒缓忧郁的节奏中体会李密的心情，情感十分到位。

学生在自己喜欢的歌曲中多种形式地朗读，能感受到文字思想的深度厚度，体味到文本多姿多彩的情感，想象力得到充分发挥，审美境界得到提高。所以，朗读课文，品味语言，感受形象是文言文教学中必不可少的环节，可以扣人心弦，达到以读诉情、意犹未尽的效果。

（2）模拟现实世界，移情入境

活动三：模拟情境入情，以析移情。模拟情境：如果你是李密，留在奶奶身边会不会是你的选择？你将要怎么说服、感化皇帝呢？

学生在模拟情境中，设身处地地去揣摩李密的心思，感受与祖母相依为命的场景。李密告诉皇上祖母96岁高龄，已为极寿；再以乌鸦反哺为例，禽兽尚能知孝，何况在圣朝中久病床前岂能无孝子？然后进一步抒发"孝为先，忠为后"的胸襟和情怀。模拟情境让学生在情感情境中层层剖析，汲取不尽的情感养分。

教师模拟这种情境，是根据学生的真实世界，创设出的既符合学生的真实生活（现在许多学生的父母都外出打工，大都跟着爷爷奶奶生活），又与教学思想主题相契合。在情境教学探索中，通过情境把情感和认知结合起来，逐步实现"入情→动情→移情"。当学生能够实现情感迁移时，情境教学的作用就得以实现。

2. 依据体验创设认知情境

通过让学生参与角色扮演、情境模拟等活动，亲身体验作品情感，进行感性认识和理性思考，使所学知识内化于心，从而转化为认知，"指向学生探究语文学科本体相关的问题，并在此过程中发展语文学科认知能力"。体验，它带给学生的是一种前理解结构，可以作为支架，在陌生的文字符号和阅读者之间架起一座桥梁。

（1）通过体验把与"我"无关的文本与"我"联系起来

从识字读文章到识文读自我、读他人、读社会，为学生营造一种身临其境、产生学习需求和兴趣的氛围，调动现有的认知结构，以主动的、高度集中的、超越文本的状态去吸收理解新知识，从而达到对文本的理解，甚至超越文本，以文化人。

活动一：指导学生把文本编写为课本剧，创设李密和晋武帝对话的情境，让学生通过君臣的对话身临其境地去感受李密高妙的说话艺术。

在学生表演的君臣对话中，你可以感受到《陈情表》的语言是既有形又有声的：你可以看到李密茕茕孑立的孤寂，看到祖母奄奄一息的悲凉，看到帝王笑容背后的恼怒，看到李密诚惶诚恐的怖惧；你还能听到伶仃少年的无助哀叹、病中老妇的无奈呻吟、知恩图报的孝子的恳切哀告、网罗英才的帝王的厉声呵斥……学生的个性体验贯穿于文本阅读的过程中，通过体验的引导，解码、翻译以文字符号呈现的文字材料，转化为有意义的语言，并通过对情境中传达的情感、价值观的感受，激发个体的阅读经历，建构认知情境，使认知由表及里、由浅入深、因文得义、见文生情，真正掌握作者出神入化的言语艺术，学到李密高妙的说话艺术。

（2）通过体验整合学生的情感、认知和交际等

"阅读教学中的情境所具有的情感性不是指情境本身具有情感，而是指情境具有激发学生情感的性质，要能够与学习者产生情感联结，使学生获得情感体验。"新课标指出，创设情境"应整合关键的语文知识和语文能力，体现运用语文解决典型问题的过程和方法"。情境须具有一定的综合性、复杂性，才能体现关键知识、能力、过程、方法的整合运用，提高学生解决问题的能力。学生把身心释放在体验中，回归到学习的本质，把课本知识转化成直接的经验，完成对学科的认知。

活动二：社会体验，让学生观看公益广告《给妈妈洗脚》，并用心给父母洗一次脚，之后，把过程、感受及父母的情感变化写下来。

通过体验创设认知情境，学生体悟到什么才是真正的"孝"。给爸妈洗一次脚虽然是小事，但对于被家长细心呵护的学生来说却是一种新的体验，特别让学生把自己的体验写成文字，让他们对"孝"有真真切切的感悟，构建了认知情境，感受文本的力量。

"孝"是千百年来民族整体的精神支柱。我们在教育学生孝敬父母时，不能只停留在嘴上说说，而要落实到具体行动上，让学生明白孝顺父母是我们一生的作业，孝顺父母从心灵做起，真正落实"立德树人"，完成学科的德育目标。

3. 依据问题创设思维情境

教师在课堂上通过一连串的"设疑"，在情境中创设符合学生认知的学习任务；由思考现实生活中的问题，推及文本内容的学习，提高学生的分析能力和实际运用能力。新课标要求情境教学是在一定的背景、场景中，创设一定的"设疑式情境"，因为"学启于思，思源于疑"。

好的问题能起到调动思绪、思维的作用。在对话式问题中创设思维情境，"对话性思维的说理，要有真诚态度，并呈现思维的逻辑性；思维以语言为载体而外化呈现，也要讲究语言表意的清晰"。创设思维情境，不能仅仅停留在对课本文字的讲解，更要用问题引发学生的思考，调动其想象力，用自己的语言建构思维画面。以下是创设思维情境的问题举例。

问题1：第一段几个表示时间的词语"六月、四岁、九岁"，说说这几个词有什么作用？你能否用自己的话来描述李密幼年的苦难？

问题2：李密说自己是"险衅"的，有哪些句子可以抒发他命运悲苦的情怀呢？

问题3：细读第二段，思考李密为什么会在升职前推脱？讲讲他的"狼狈"究竟是处在什么样的状态？

问题4：李密在第四段陈述中又是怎样巧妙地使皇帝对自己的猜忌烟消云散的呢？他让皇帝心服口服的筹码，又是什么呢？

问题5：李密最后选择留在祖母身边，用什么高妙的推理艺术来感化这位帝王？

这五个问题层层铺陈，引导学生层层思考。在老师设计的思维情境中，学生们读懂了李密那平淡无奇的文字背后唱出的那首深沉的尽孝之歌。五个问题思考讨论完毕，全班鸦雀无声，大家都为李密捏了一把汗，陷入了对李密的深切同情之中，对作者字里行间所蕴含的更深层次的思想内涵，也有了更深刻的体会。

杜威说过，"只有在经验中，任何理论才具有充满活力和可以证实的意义"。情境教学只要借助体验，唤起学生的情感，让学生在文字背后挖掘思想，在思考中感悟文本，以心灵触摸文学形象，就能更好地发挥其作用，真正落实语文的核心素养。

高中语文情境教学与教学艺术的关系密切相关，情境教学不仅是高中语文教学中的重要方法，更是提升教学艺术的有效途径。教师依据教学内容和学生的实际情况，创设动人、具体的情境，引导学生主动参与和体验，从而帮助学生更好地理解和运用知识；通过设计富有感染力的导语，如在《变形记（节选）》的讲解中导入部分可以设计引发学生好奇心的问题，使学生快速投入作品学习，为课堂教学奠定情感基础；在教学过程中合理设置问题，创设情境，以问题为导向，指引学生学习思考的方向。例如在学习《烛之武退秦师》时，通过创设问题情境来引导课堂教学；将情境教学融入课堂中，并紧密结合生活实际，增强学生生活实际与知识内容的关联性，如在《登高》的教学中，结合班级学生的实际情况来创设情境；情境教学能够吸引学生参与并体会教师创设的情境，在情境中产生情感共鸣，文化认同，快速进入课堂学习状态；通过情境教学法的应用策略，科学设置教学情境，培养学生的个性探究意识，有效激发学生进行自主学习；情境教学法以其高效、灵活等特点能很好地适应新时代教学需求，大大提高了课堂教学质量。

　　总的来说，高中语文情境教学与教学艺术紧密相关，通过创设真实、具体、多样化的教学情境，不仅能够激发学生的学习兴趣和积极性，还能提高学生的语文综合能力。在实际教学中，教师应灵活运用多种情境创设方法，从学生日常生活和学习实践出发，设计富有挑战性的学习任务，使课堂教学更具艺术性和有效性。

附 录

高中语文必修上册第三单元"生命的诗意"单元学习活动案例

◆◆ 群文教学案例 ◆◆

学习专题一 出世与入世的思想碰撞——赏析志士与隐士的诗意人生

选定联文篇目：《短歌行》《归园田居（其一）》

专题学习目标：

1. 积累基础知识，品味诗歌语言，熟读成诵，有感情地诵读并背诵《短歌行》，培养语言建构与运用素养。

2. 厘清思路，了解两位诗人的人生状态、人生境遇，理解诗歌的主旨、寓意，学习曹操积极进取、重视人才的精神风貌；领悟陶渊明的田园情怀、返璞归真的人生志趣。促进思维发展，培养学生思维发展与提升素养。

3. 掌握"知人论世"鉴赏古典诗歌作品的方法，提高鉴赏能力，培养审美鉴赏与创造素养。

4. 了解曹操、陶渊明两位诗人的生平及创作风格，分析两首诗在表达技巧和语言风格上的不同。培养和弘扬民族文化与民族精神，培养文化传承与理解素养。

计划课时：2课时

━■ 第一课时 ■━

【学习任务】

1. 文本初读感知，积累基础知识，熟读成诵，有感情地诵读并背诵《短歌行》。

2. 赏析诗歌的思想感情——了解两位诗人的人生状态，感受出世与入世的思想碰撞，体会不同的诗意人生。

3. 掌握"知人论世"鉴赏古典诗歌作品的方法，赏析抒情主人公形象。

【学习活动设计】

一、课前准备

1. 利用网络查资料，了解曹操、陶渊明的生平及创作风格。

2. 利用网络查资料，了解这首诗的写作背景。

3. 利用网络查资料，了解建安风骨及歌行体；了解《归园田居》其他诗歌。

4. 梳理字词，积累基础知识。要求学生朗读并背诵，能用普通话流畅地朗读，恰当地表达出文本的思想感情和自己的阅读感受，提高学生的语文素养。

二、教学过程

（一）导入

出世与入世，江湖与魏阙，历来都是一个相互矛盾却又相辅相成的问题。其实，出世与入世只不过是两种不同的生活方式而已。在东汉末年乱世中，曹操和陶渊明作为身份地位截然不同的两个人，他们都借助诗歌传达出了自己的心声。解读这两首诗，可以更深刻地理解这两种不同的人生态度。

（二）初读感知，语言构建

诵读体味：自由朗读诗歌，把握节奏，画出朗读节奏，初步体味情感。

1. 积累词语

对酒当歌：对着酒应该放声高唱。原意是人生时间有限，应该有所作为，后也用来指及时行乐。

周公吐哺：周公礼贤下士，求才心切，进食时多次停下来不吃，急于迎客。比喻在位者礼贤下士。

2.疏通文义，积累文言知识

（1）通假字

契阔谈讌："讌"通"宴"，相聚叙谈。

（2）古今异义

人生几何

古义：多少；今义：研究空间结构及性质的一门学科。

（3）词类活用

鼓瑟吹笙：名词作动词，弹奏。

（三）知人论世，文化传承

1.走近作者

（1）曹操（155—220），字孟德，东汉人。三国时期魏国著名政治家、军事家、文学家。他"外定武功，内兴文学"，是建安文学的开创者和组织者，其诗继承汉乐府民歌的现实主义传统。他的创作一方面反映了社会的动乱和民生的疾苦，另一方面表现了统一天下的理想和壮志，具有"慷慨悲凉"的独特风格。这种风格被称为"建安风骨"或"魏晋风骨"。

（2）陶渊明（352或365—427），又名陶潜，字元亮，浔阳柴桑人，东晋田园诗人，自称"五柳先生"。祖父、父亲曾做过太守、县令一类的官。他幼年时，家世衰落，家境贫寒。他青年时曾有建功立业的大志，但未得重用，只做过几任小官。东晋末年统治阶级内部矛盾尖锐，仕途充满风险，加之政治腐败，陶渊明对现实很失望。他不愿在纷乱黑暗的现实里随波逐流，曾几次退离仕途，最后，从彭泽令职位上隐退，这一年他41岁，以后终老农村，死后世人称他"靖节先生"。

陶渊明的作品大多写退隐后的生活，表现农村风物、劳动生活，表达对黑暗现实的不满。他的诗情感真实，风格平淡自然，诗味醇厚，语言清新，对后世有很大影响。

2.探寻背景

（1）《短歌行》：赤壁大战前夕，在曹军用铁索连舟之后，曹操看着大军威武的气势，以为不日就可扫平四海，统一中原，不禁喜从中来，于是备齐鼓乐，以歌舞壮军威，饮至半夜，忽闻鸦声望南飞鸣而去。曹操感此景而持槊歌成《短歌行》。

（2）《归园田居（其一）》：陶渊明出身破落官僚家庭，出生时家道已衰落。青年时期，他曾有"大济于苍生"的雄心壮志。但是，他所生活的东晋时代，举贤不出士族，用法不及权贵，门阀制度极其严酷，使他无法施展自己的才能与抱负。

陶渊明29岁时，为谋出路，开始走上仕途。曾三次辞职。41岁时，在亲友的劝说下，出任彭泽令。任职八十余天，传来了妹妹死于武昌的噩耗，这时，又正逢郡派督邮来县巡视，县吏告诉他"应束带见之"，渊明说："我岂能为五斗米，折腰向乡小儿！"当天便解绶辞官回乡。他终于同黑暗官场决裂，抛弃功名利禄，归隐田园，从此结束了时隐时仕、身不由己的生活，终老田园。归来后，作《归园田居》诗一组，共五首，描绘田园风光的美好与农村生活的淳朴可爱，抒发归隐后的愉悦心情。课本中所选是第一首。

3. 赏析诗歌的思想感情

（1）分析结构，厘清思路

思考：这两首诗各分为几层？每层写了什么内容？

①《短歌行》全诗共分为四层。

第一层：对酒当歌……唯有杜康。写作者对酒当歌，感慨人生的短促。

第二层：青青子衿……鼓瑟吹笙。写作者思念贤才，表达了对贤才的渴望。

第三层：明明如月……心念旧恩。先写内心的忧愁，再写要礼遇贤才。

第四层：月明星稀……天下归心。写求贤若渴之情。

②《归园田居（其一）》全诗可分为三层。

第一层：（少无适俗韵……守拙归园田）以自己为官13年的"羁鸟""池鱼"的仕途生活，表现了对仕途的厌恶，对自由田园生活的强烈渴望。

第二层（方宅十余亩……鸡鸣桑树颠）以简淡的笔墨，勾画出自己居所的朴素美好。

第三层：（户庭无尘杂……复得返自然）对社会虚伪的批判，对可以返回田园的快乐的最直接表达。

（2）知人论世，把握诗歌思想感情

赏析诗句把握感情，任务设计：

①"何以解忧？唯有杜康"，曹操"忧"什么？真的是想借酒浇愁吗？"守拙归园田"，"拙"指什么？为什么陶渊明要"守拙"？

［思考，探究，明确］

"何以解忧？唯有杜康"，是一个政治家身处乱世渴望招募贤才、建功立业、一统天下的慷慨之叹。表面上是要借酒浇愁，放浪形骸，实际上表现出一个有雄心壮志的政治家深感人生苦短、贤才难求的苦闷心理。"守拙归园田"，"拙"即朴拙，含有原始本真的意思，与世俗的"巧"相对，陶渊明要"守拙"，即强调自己不会顺应世俗的潮流，要坚守自己的纯真本性。

②曹操想"掇明月"，陶渊明重"返自然"，各自表现作者什么样的思想情感？

［思考，探究，明确］

"掇明月"，表现曹操思慕人才而不得的惆怅心理，"明明如月"流露出对人才的仰慕之情，在诗人心中，人才如悬空之月，明鉴宇内。明月可望而不可即，即为人才难得，也反映诗人欲得人才的迫切之情。"复得返自然"，"自然"既是自然环境，又是顺适本性无所扭曲的生活，与开篇的"丘山"照应，是点题之语，表明诗人对田园的向往是源自"质性自然"的生活态度。

③曹操在《短歌行》中反复出现一个"忧"字，你从哪些诗句当中可以看出这种情绪呢？全诗的感情基调是不是消极的、低沉的？陶渊明辞官归隐，有人说是一种消极避世的态度，你怎么看待呢？

［思考，探究，明确］

①开篇"对酒当歌，人生几何！"引出诗人的感慨。人生短暂，作者满怀忧愁。他忧的是什么呢？一是时光易逝，二是贤才难得，三是功业未就。正因为功业未就，曹操思贤若渴。不同的人，对短暂人生的态度看法不同。曹操因人生短暂，渴望招纳贤才、为己所用，建功立业。又从表面上看，曹操是在抒个人之情，实际上却是在巧妙提醒广大贤士：人生就像"朝露"那样易于消

失，贤士应该珍惜时间，及时施展才华。联系曹操的一生，我们也不难做出判断，曹操是积极进取的，看似及时行乐，实则把深沉的情感隐藏在酒中。②全诗的感情基调并不消沉。作者的这种忧思，源于内心的焦急，正因人生短暂，才更渴望招纳贤才、为己所用，建功立业这里讲"人生几何"，不是叫人"及时行乐"，而是要及时地建功立业；从表面上看，曹操是在抒个人之情，实际上却是在巧妙提醒广大贤士：人生就像"朝露"易于消失，贤士应该珍惜时间，及时施展才华。③在封建社会，人们要建功立业，要实现政治理想，只能当官，走仕途。但是，当时的东晋政治腐败，社会动乱，门阀势力飞扬跋扈，统治阶级热衷的是争权夺利，在这样的政治局面下，想实现进步的政治理想是不可能的，陶渊明又不愿同流合污，只有选择离开，选择归隐。《归园田居（其一）》写了诗人摆脱污浊官场来到清新的农村后的自由生活和愉快心情。这种情绪，用一个词组来概括叫作"返璞归真"。第一是"真"，做人要真实正直不虚伪，具有人的本性；第二是"朴"，处世要朴实，不造作，不追求荣华富贵，而是自由自在潇洒之至。这是一种与污浊的官场生活相对立的生活方式，也是历代文人学士所追求的至高至真的境界。

（3）知人论世，赏析抒情主人公形象

任务设计：

① 这两首诗歌分别塑造了抒情主人公什么样的形象？

［思考，探究，明确］

《短歌行》塑造了一位具有统一天下的雄心壮志而又求贤若渴的志士形象。《归园田居（其一）》塑造了一位不与世俗同流合污、向往怡然自得的田园生活的隐士形象。

② 鲁迅先生评价曹操："是一个很有本事的人，至少是一个英雄。"他评价陶渊明："陶潜正因为并非浑身静穆，所以他伟大。"你如何理解呢？请根据曹操和陶渊明的作品客观评价一下。

［思考，探究，明确］

曹操名作有《蒿里行》《观沧海》和《龟虽寿》等，这些作品风格慷慨悲凉而沉郁雄健，从这些作品可以看出，曹操是一个在乱世中有顽强进取精神的人，称为"英雄"也是实至名归。

而陶渊明因为自己的性格与世俗官场生活不适应，不适应仕途中繁文缛节的限制和尔虞我诈的权势之争，尽管反复多次出仕，但是最终归隐田园。正是因为他并未完全脱离现实，却有这样的精神气节，"并非浑身静穆"，他才如此伟大。

（4）归纳小结

历朝历代，许多仁人志士都具有强烈的忧国忧民思想，这种可贵的精神，使中华民族历经劫难而不衰。而隐士思想，也历来占据传统文化精神最崇高、最重要的地位。另外，古往今来，很多人同时具备隐士情怀和志士节操，在历史上留下浓墨重彩的一笔。他们可能没有实现"大济苍生"的理想，却能造就人格的丰碑。

两位诗人有不同的人生经历，他们对人生也有不同的感受。曹操作为政治家、军事家，挟天子以令诸侯，希望一统天下，在诗中表达对时光流逝的感慨，以及招揽贤才建功立业的宏愿。陶渊明终于同黑暗官场决裂，抛弃功名利禄，归隐田园，在诗中写退隐后的生活，表现农村风物、劳动生活，表示对黑暗现实的不满。这两首诗展示了两种不同的人生状态，这是志士与隐士的对话，曹操对"天下归心"的渴望，陶渊明"复得返自然"的淡泊，在诗中表现了生命的诗意。

三、作业设计

（一）基础巩固

1. 下列对诗句解说不正确的一项是（　　）

A. "对酒当歌，人生几何"和"何以解忧，唯有杜康"几句诗表达了功业未成的曹操悲观厌世的一面。

B. "青青子衿，悠悠我心"运用了"青衿"的典故，意在表达作者求贤若渴的愿望。

C. 根据当时的时代背景，诗人"忧从中来"的"忧"来自壮志未酬却已年过半百的忧虑，来自社会动荡，国家统一前途未卜的担忧，等等。

D. "月明星稀，乌鹊南飞，绕树三匝，何枝可依"两联借乌鹊绕树表达

"良禽择木而栖，贤臣择主而事"之意，希望天下贤士归于自己。

［解析］A项，不是悲观厌世，而是为自己不能得到建功立业的贤才而忧伤、悲苦。

［答案］A

2. 补写出下列句子的空缺部分。

（1）曹操的《短歌行》中的"＿＿＿＿＿＿＿＿＿＿＿＿＿＿＿"被唐代文学家刘禹锡在《陋室铭》中化用为"山不在高，有仙则名；水不在深，有龙则灵"的千古名句。

（2）＿＿＿＿＿＿，＿＿＿＿＿＿。绕树三匝，何枝可依？——《短歌行》

（3）《归园田居（其一）》用鸟和鱼来表达自己对园田与自由的向往。这两句诗是＿＿＿＿＿＿，＿＿＿＿＿＿。

［答案］（1）山不厌高　海不厌深（2）月明星稀　乌鹊南飞（3）羁鸟恋旧林　池鱼思故渊

（二）迁移拓展

阅读下面的诗歌，回答问题。

观沧海

曹　操

东临碣石，以观沧海。水何澹澹，山岛竦峙。

树木丛生，百草丰茂。秋风萧瑟，洪波涌起。

日月之行，若出其中；星汉灿烂，若出其里。

幸甚至哉，歌以咏志。

本诗的诗眼是哪个字？曹操给我们描写了怎样的画面？表达了怎样的感情？

答：＿＿＿＿＿＿＿＿＿＿＿＿＿＿＿＿＿＿＿＿＿＿＿＿＿＿＿。

［参考答案］"观"字统领全篇，是全诗的眼睛，描写了一幅波澜壮阔的海景图：苍茫动荡，山岛高耸屹立。树木丛生，绿草丰美兴旺。秋风飒飒，大海巨浪滔天，日月星汉之运行与灿烂，均若出于沧海之中。诗人正是通过这一诗歌画面，抒发了一统天下的雄心和积极进取的精神。

———— **第二课时** ————

【学习任务】

1. 文本深究细读，体会两首诗不同的表情达意的方法。

2. 学习诗歌言浅意深的艺术手法——用典、比喻。

3. 了解两位诗人的创作风格，积累其名句。

【学习活动设计】

一、教学过程

（一）导入

从上节课的学习中，我们在两首诗中了解到曹操是一位胸怀天下、渴望建功立业、求贤若渴的诗人；陶渊明是一位厌恶官场，保持自己高尚的节操，追求精神上的自由和独立，热爱田园生活的诗人。他们不同的人生际遇，造就了他们对世界的不同人生态度，用不同风格的笔墨描绘了他们生命的诗意。

（二）审美品味，鉴赏艺术手法

任务设计：

1. 分析《短歌行》《归园田居（其一）》中的景物描写，指出它们在表情达意方面的作用。

［合作，探究］

《短歌行》中的写景"月明星稀，乌鹊南飞。绕树三匝，何枝可依？"描绘月光明亮的夜晚星辰稀疏，乌鹊寻找依托向南而飞。绕着大树飞翔三圈，不知可以依傍栖息在哪根树枝？这四句，既是准确而形象的写景，同时也有比喻，生动刻画了那些犹豫彷徨者的处境与心情。在浓郁的诗意中透露着诗人对这些人的关心和同情。

《归园田居（其一）》：在这首诗里，方宅草屋、榆柳桃李、傍晚的村落、墟里的炊烟、深巷中的狗吠、桑树颠的鸡鸣，这些具体的景物构成了一种宁静安谧、纯朴自然的意境，使人深深体味到作者那淡泊恬静的生活情趣，衬托出了作者心满意足的欣慰情绪。

2. 《短歌行》《归园田居》用了哪些艺术手法？请结合诗句具体分析。

[合作探究]

1. 用典

《短歌行》:"青青子衿"——《诗经·郑风·子衿》:比喻渴慕贤才,本意是传达恋爱中的女子对情人爱怨和期盼的心情,这里诗人化用诗意,比喻热烈期待贤士的到来。语言古朴深沉,自然妥帖。

"呦呦鹿鸣,食野之苹。我有嘉宾,鼓瑟吹笙"——《诗经·小雅·鹿鸣》:贤才若来投奔于己,必将极尽礼节招待他。

"周公吐哺,天下归心"——《韩诗外传》:作者以周公自比,反复倾诉求贤若渴的迫切心情,表明为完成统一大业而不遗余力的真诚态度。

"山不厌高,海不厌深"——《管子·形解》:海纳百川,诚心纳英才,希望接纳的人才越多越好。

《归园田居》中的"狗吠深巷中,鸡鸣桑树颠",套用汉乐府《鸡鸣》"鸡鸣高树颠,狗吠深宫中"而稍加变化。诗人绝无用典炫博的意思,不过是信手拈来,不写虫吟鸟唱,却写了极为平常的鸡鸣狗吠,因为这鸡犬之声相闻,才最富有农村环境的特征,和整个画面也最为和谐统一。隐隐之中,似乎也渗透了《老子》所谓"小国寡民""鸡犬之声相闻,民老死不相往来"的理想社会观念。

2. 比喻

(1)《短歌行》

譬如朝露,去日苦多:比喻人生美好的时光何其短暂。

明明如月,何时可掇:两句喻得不到贤才的忧思不可断绝。

月明星稀,乌鹊南飞:喻贤士们还没有归宿。

绕树三匝,何枝可依:喻贤才尚在徘徊并急于寻找可依托的明主,流露出诗人唯恐贤士不来的焦急心情。

山不厌高,海不厌深。周公吐哺,天下归心:以山高海深比喻招纳人才的博大胸怀,用以虚心待贤的周公自比,表示自己像周公一样厚遇贤士,使天下人才都心悦诚服地归顺。

（2）《归园田居（其一）》

尘网：指尘世，官府生活污浊而又拘束，犹如尘网。这里指仕途。

羁鸟：笼中之鸟。池鱼：池塘之鱼。鸟恋旧林、鱼思故渊，借喻自己怀恋旧居。

樊笼：蓄鸟工具，这里比喻仕途。

返自然：指归耕园田。这两句是说自己像笼中的鸟一样，重返大自然，获得自由。

3. 白描

《归园田居（其一）》：以村落、草屋、榆柳、炊烟、鸡鸣、狗吠等农村中最平常的景象，勾画出一幅恬静、平和、质朴的田园风光，其中融入了诗人的高雅情趣，表现了诗人对自由闲适的农村生活的热爱，营造出宁静淡远的意境。

陶诗的美，美在朴素淡雅，不加雕饰而诗意隽永，其成功的秘诀得益于白描手法的运用。白描本是一种绘画技巧，指仅用墨线勾勒物象而不施以彩色的画法。后来用以指文学创作上采用简练朴素的文字加以描摹，不注重华丽辞藻与渲染烘托的笔法。

（1）屋舍环境之美

“方宅十余亩，草屋八九间”一句，用简笔勾勒出屋舍概貌：宅院不大，占地也有十亩左右；草屋不多，也有八九间供居住使用。“八九间”“十余亩”这些枯燥的数字，一经诗人感情的浸染，就使诗句活跃起来，其中包含乡间生活的闲适、淡泊及诗人对简朴生活的满足。

屋舍主人一年四季该是多么的自在，尽可极视听之娱，享口福之乐。“荫”“罗”两个动词既绘出了树木绿荫覆盖、排列有序的生长状态，又将无生命的事物写得情意绵绵，读起来显得格外亲切。

（2）村庄氛围之美

“暧暧远人村，依依墟里烟”，这袅袅的炊烟中，有农人家庭的温暖，也有诗人内心的安闲。“暧暧”有模糊、不清晰之意，与“远”字相呼应；“依依”一词写出了炊烟轻柔、缓慢上升的姿态。这两个叠字简练而巧妙，将远近村庄的恬静与祥和烘托出来，给人一种迷茫淡远的美感。

（三）归纳两首诗的创作特色

《短歌行》：这首诗第一句作者担忧人生之短，感悟光阴易逝，深感人生有限。曹操急于实现人生理想，迫切需要人才的辅助。他借用《诗经》中的句子表明希望有更多的人才到他这里来。"周公吐哺，天下归心。"借周公的典故，表达了对人才的谦敬，深刻揭示了曹操求贤若渴的心情。

《归园田居（其一）》：起首四句，先说个性与既往人生道路的冲突。表现了作者清高孤傲、与世不合的性格，而为了较舒适的日常生活，不能不违背自己的本性，奔波于官场。回头想起来，那是误入歧途，误入了束缚人的世俗之网。接下来四句是两种生活之间的过渡，描写了做官时的心情，强化了厌倦旧生活、向往新生活的情绪。后八句是写归隐之后的生活：方宅、草屋、榆柳、桃李、远村、近烟、狗吠、鸡鸣。这些平平常常的景物，一经诗人点化，都添了无穷的情趣。全诗从对官场生活的强烈厌倦，写到田园风光的美好动人，新生活的愉快，一种如释重负的心情自然而然地流露了出来。

（四）积累名言

曹操名言：

1. 生于乱世是为不幸，但如能变乱为治，岂非不幸中之大幸！

2. 丈夫志四海，万里犹比邻。

3. 欲取胜他人，自己先要立于不败之地！

4. 唯才是举，吾得而用之。

5. 秋风萧瑟，洪波涌起。

6. 老骥伏枥，志在千里。

7. 龙能大能小，能升能隐，大则兴云吐雾，小则隐介藏形，升则飞腾于宇宙之间，隐则潜伏于波涛之内，龙乘时之变化，可比世之英雄！

8. 干大事而惜身，见小利而忘命，非英雄也。

9. 以蝼蚁之垒而撼泰山，何其愚也。

10. 夫英雄者，胸怀大志，腹隐机谋，有包藏宇宙之机，吞吐天地之志也。

陶渊明名句：

1. 采菊东篱下，悠然见南山。——《饮酒·结庐在人境》

2. 盛年不重来，一日难再晨。——《惜时》

3. 及时当勉励，岁月不待人。——《惜时》

4. 山气日夕佳，飞鸟相与还。——《饮酒·结庐在人境》

5. 娇儿索父啼，良友抚我哭。——《拟挽歌辞三首》

6. 僮仆欢迎，稚子候门。三径就荒，松菊犹存。——《归去来兮辞》

7. 悲白露之晨零，顾襟袖以缅邈！——《闲情赋》

8. 紫芝谁复采？深谷久应芜。——《赠羊长史·并序》

9. 拥怀累代下，言尽意不舒。——《赠羊长史·并序》

10. 酒能祛百虑，菊解制颓龄。——《九日闲居·并序》

三、作业设计

（一）基础巩固

1. 说明诗中所用比喻的含义。

（1）用"朝露"比喻＿＿＿＿＿＿＿＿＿＿＿＿＿＿＿＿＿＿＿＿。

（2）用"月明星稀，乌鹊南飞"比喻＿＿＿＿＿＿＿＿＿＿＿＿＿＿。

（3）用"山不厌高，水不厌深"比喻＿＿＿＿＿＿＿＿＿＿＿＿＿＿。

（4）用"樊笼"比喻＿＿＿＿＿＿＿＿＿＿＿＿＿＿＿＿＿＿＿＿。

（5）用"羁鸟""池鱼"比喻＿＿＿＿＿＿＿＿＿＿＿＿＿＿＿＿＿＿。

［解析］朝露：出自"譬如朝露，去日苦多"，指人生就像早晨的露水转眼就会消失，用于感叹光阴易逝，人生短暂。月明星稀，乌鹊南飞：出自"月明星稀，乌鹊南飞。绕树三匝，何枝可依？"，明月升起，星星闪烁，一群寻巢乌鹊向南飞去。绕树飞了三周却没敛翅，哪里才是它们栖身之所？指那些犹豫不定的人才，他们在三国鼎立的局面下一时无所适从。山不厌高，水不厌深：出自"山不厌高，海不厌深，周公吐哺，天下归心"，指山越高越好，水越深越好，迫切渴望人才都来归顺自己。樊笼：出自"久在樊笼里，复得返自然"，长久地困在笼子里面，现在总算又能够返回到大自然了，将官场比喻成"樊笼"表达了对官场生活的强烈厌倦。羁鸟、池鱼：出自"羁鸟恋旧林，池鱼思故渊"，指被人家养在笼子里的鸟儿心中永远想着自己生存的森林，鱼池

里的鱼儿永远想着自己本来生活的地方，这两句都是说自己对自由生活的向往。

［答案］（1）人生的短暂　（2）贤才投主　（3）自己渴望多纳贤才　（4）官场　（5）自己

2. 下列对《短歌行》文意的解说不正确的一项是（　　）

A. 全诗四句一节，共八节。开头两句抒发诗人对时光易逝、功业未成的感慨。首句"对酒当歌"及第三句妙用比喻"譬如朝露"，展示了一种时间不等人的急迫境界，蕴藏着促人及时努力的意思。

B. 三、四节在内容上，表现了诗人对贤才的思慕，艺术手法上则是巧借"引用"，诗人引古喻今，突出了他求贤而不得的朝思暮想和求得贤才后的恭敬。

C. 五、六节承接上文，进一步抒发诗人渴望贤才的情怀，时忧时喜，感情有起伏。

D. 最后两节仍运用借代和引用的手法，深化诗人渴求贤才的热望和统一天下的雄心。

［解析］D项，运用比兴和引用的手法，而不是借代。

［答案］D

3. 对《归园田居（其一）》中的诗句理解不恰当的是（　　）

A. 方宅十余亩，草屋八九间：住宅周围土地有十余亩，草房有八九间。方：周围，四旁。

B. 榆柳荫后檐，桃李罗堂前：繁茂的榆树、柳树遮蔽着草屋的后檐，桃树、李树整齐地排列在堂屋的前面。

C. 户庭无尘杂，虚室有余闲：门外没有一点尘土杂物，干干净净，住在陈设简陋的屋子里觉得清闲。

D. 久在樊笼里，复得返自然：长久关在樊笼里，如今终于又回到了大自然。

［解析］C项，门外分析不当。"户庭"泛指门庭、家门。

［答案］C

（二）拓展阅读

阅读下面的诗歌，完成小题。

175

移居（其二）

陶渊明

春秋多佳日，登高赋新诗。过门更相呼，有酒斟酌之。

农务各自归，闲暇辄相思。相思则披衣，言笑无厌时。

此理将①不胜？无为忽去兹。衣食当须纪②，力耕不吾欺。

注：①将：岂。②纪：经营。

1.下列对这首诗的理解，不正确的一项是（　　）

A.全诗生动地描绘了诗人佳日登高赋诗的美好情景。

B.“有酒斟酌之”的意思是邻人间互相招呼饮酒。

C.“无为忽去兹”意思是不要急着离开这种生活。

D.最后两句是说应该通过自己的辛勤劳作解决衣食问题。

［解析］A项，错误，通过“农务”“力耕”等词，可以清楚地看到这是一首描写田园生活、表达生活感受的诗歌。

［答案］A

2.本诗表现了诗人在田园生活中感受到的哪种乐趣？这种乐趣是怎样表现的？

［解析］本诗写诗人移居之后，与邻人融洽相处的情味。以“春秋”发端，说明一年四季中常有生活的乐趣。对作者来说，新迁南村，登临胜地，更觉欣慰。除登高赋诗之乐外，更有与邻人过从招饮之乐、忙时闲聚之乐。

［答案］感受到一种美好的人际关系，即人与人之间充满了纯真而质朴的友情。这种乐趣主要是通过“过门更相呼”至“言笑无厌时”六句对具体生活情景的白描表现出来的。

学习专题二 浪漫主义，现实主义——各放异彩，交相辉映

选定联文篇目：《梦游天姥吟留别》《登高》《琵琶行并序》

专题学习目标：

1.积累基础知识，品味浪漫主义与现实主义诗歌语言特色，熟读成诵，培

养语言建构与运用素养。

2.厘清思路，理解诗歌的思想感情，促进思维发展，培养学生思维发展与提升素养。

3.掌握鉴赏古典诗歌作品"缘景明情"的方法，提高鉴赏能力，培养审美鉴赏与创造素养。

4.了解李白、杜甫、白居易的生平及创作风格，领略唐诗三座巅峰的风采；积累唐代三大家名句，培养和弘扬民族文化与民族精神，培养文化传承与理解素养。

计划课时：3课时

第一课时（《梦游天姥吟留别》《登高》）

【学习任务】

1.文本初读感知，积累基础知识，熟读成诵，有感情地诵读并背诵《梦游天姥吟留别》《登高》。

2.理解诗歌内容，把握思想感情。

【学习活动设计】

一、课前准备

1.利用网络查资料，了解李白、杜甫的生平及在文学史上的地位。

2.利用网络查资料，了解李白、杜甫诗歌创作风格及古体诗相关知识。

3.利用网络查资料，了解《梦游天姥吟留别》《登高》的写作背景。

4.梳理字词，积累基础知识。

二、教学过程

（一）导入

李白与杜甫，一个是浪漫主义的"诗仙"，一个是现实主义的"诗圣"。他们，一个喜欢调动自己丰富的想象力，为我们构建一个奇伟瑰丽的世界；一个擅长把现实中的风物纳入诗中，让一个个意象成为感时伤怀、忧国忧民的载体。二人的风格，自是非常不同，差别也非常明显。现在让我们走近两位伟大诗人。

（二）走近作者，探寻背景

1. 作者生平

（1）李白（701—762），字太白，号青莲居士，唐代伟大的浪漫主义诗人，被称为"诗仙"。代表作《蜀道难》《行路难》《静夜思》《早发白帝城》等。

李白是个有远大政治抱负的人，"安世济民""功成身退"是他一生的愿望。天宝元年（742），李白经友人吴筠推荐，被唐玄宗征召进京。他兴高采烈地来到了长安，认为实现"济苍生""安社稷"的时机已经到来。但到了长安，只做了翰林供奉，任了个侍御闲职，不能施展政治才干。当时的最高封建统治集团昏庸腐败，李白"粪土王侯"，不甘趋炎附势，招致权贵的谗毁，不到三年（744），唐玄宗以"赐金还乡"为名，把他赶出长安。李白在极度悲愤惆怅的心情下离开京城，继续他的漫游生活。

（2）杜甫（712—770），字子美，原籍湖北襄阳，生于河南巩义市，自号少陵野老。我国古代伟大的现实主义诗人，被尊称为"诗圣"，一生写诗一千四百多首。唐肃宗时，官任左拾遗。后入蜀，友人严武推荐他做剑南节度府参谋，加任检校工部员外郎。故后世又称他杜拾遗、杜工部。

杜甫是受儒家思想影响很深的人，忠君爱国、关心民生疾苦是他思想的核心。年轻的时候，杜甫就有"致君尧舜上，再使风俗淳"的抱负，他的忠君爱国是真心实意的，骨子里的！儒士认为"穷则独善其身，达则兼济天下"，而杜甫是无论如何穷困潦倒都要心系天下，为国家担心！他是唐王朝由兴到衰的见证者。

2. 写作背景

（1）《梦游天姥吟留别》是李白离开长安后第二年写的。唐玄宗天宝元年（742），由于道士吴筠的推荐，李白奉诏来到京城长安。他本想能够施展才能，有所作为，对其妻说："归时傥佩黄金印，莫见苏秦不下机。"但玄宗只把他看作词臣，并不重用；李白不肯与权贵同流合污，又因醉中命宠臣高力士脱靴，得罪京城权贵，受到排挤，使他只居住了一年多便被赐金放还，由布衣而卿相的梦幻就此破灭。离开长安后，与杜甫、高适游山东，在兖州话别，临行作《梦游天姥吟留别》。这首诗就是他告别东鲁诸公时所作。虽然出翰林已有段时间，但政治上遭受挫折的愤怨仍然郁结于怀，政治上的失败使他胸中块垒难消，这首诗便是他的"发愤之作"，借以排解内心的悲愤，表现对黑暗现实的不满，对世俗权贵的蔑视，对理想世界的追求。

（2）杜甫写《登高》这首诗时，安史之乱已经结束四年，但地方军阀又乘时而起，相互争夺地盘，社会仍是一片混乱。在这种情势下，他只得继续"漂泊西南天地间"，在"何日是归年"的叹息声中苦苦挣扎。时代的艰难，家道的艰辛，个人的多病和壮志未酬，再加上好友李白、高适、严武的相继辞世——所有这些，像浓云似的时时压在他的心头，他为了排遣郁闷抱病登台，写成了《登高》。

（三）朗读诗歌，积累文言知识

1.有感情地朗读这两首诗，把握朗读节奏

自由朗读、配乐朗读体会李白式的自由和离别的心绪，体会杜甫面对国难家仇的悲苦之情。

2.梳理文言知识

（1）古今异义

①烟涛微茫信难求

古义：实在；今义：诚实、书信。

②云霞明灭或可睹

古义：暗；今义：火熄、消失。

（2）通假字

①列缺霹雳"列"通"裂"，分裂。

②曲终收拨当心画"画"通"划"，划拨。

（3）词类活用

①名词活用作动词

a.虎鼓瑟兮鸾回车：敲击

b.安能摧眉折腰事权贵：侍奉

c.云青青兮欲雨：下雨

179

②名词作状语

a. 对此欲倒东南倾：向东南

b. 訇然中开：从中间

③形容词作动词

商人重利轻别离：重：看重；轻：轻视

④使动用法

栗深林兮惊层巅：使……战栗；使……惊

（四）理解诗歌内容，把握思想感情

任务一：赏析《梦游天姥吟留别》。

思考1：（1）诗人是如何进入梦境的？诗人为何提到"谢公"？（2）"谢公宿处今尚在，渌水荡漾清猿啼。脚著谢公屐，身登青云梯。"这几句在全文起什么作用？（3）梦中醒来，诗人的心境如何呢？梦境与现实有什么联系呢？

〔明确〕

（1）诗人用"飞"字进入梦境。"飞"写出了急切心情和飘逸似仙的姿态。李白一生都喜月，月是他的好友，沐在月光中飞翔，喜悦之情溢于言表，与倒映在湖水中的月亮为伴，月亮走我也走，一直送我到剡溪，本身送已生情愫，情深深月朦朦中来到了神往之地。

（2）谢灵运是南朝时期著名的山水派诗人，他热衷政治仕途，但到了刘宋时代，他的仕途地位受到威胁，不很顺利；后来他干脆辞官，领着僮仆门生几百人游山玩水，以排遣政治上的不满。谢灵运与李白一样，也是空有满腔抱负，却在政治上饱受打击，都有政治上的不满。所以，李白借谢灵运来写自己，也表达了自己要效仿谢灵运寄情山水、鄙弃俗世。

（3）①"长嗟""惟""失"，能够看出，诗人此时是失落的。②"亦如此"将梦境和现实联系了起来，梦中的经历能够说是李白人生经历的折射，诗人从听闻天姥，到寻访、登临、遇仙、梦醒的过程，其实就是对人生理想的向往、追寻、艰难、圆梦、梦碎的过程。世间一切都如南柯一梦，醒来无踪。"东流水"的意象就是取"逝去"之意，万事皆是如此。由期望到失望，李白借诗歌抒发内心的郁闷。

思考2：名句"安能摧眉折腰事权贵，使我不得开心颜"表现了诗人什么样的思想感情？

［明确］

哪能够低头弯腰伺候那些有权有势的人，使得我整天不愉快呢！从这里可以看出诗人的思想是曲折复杂的，但是它的主要方面是积极的，富有反抗精神的，是诗中的思想精华。这铿锵有力的十六个字，是诗人思想和个性的体现，表达了诗人宁愿寄情山水，也决不向权贵屈服，也决不取悦于世而苟且偷生，充分显示了诗人的反抗精神和豪迈气概。这正是本诗的主题所在。

思考3：《梦游天姥吟留别》中为何运用浪漫主义手法描写梦境？

［探究，明确］

这首诗写梦游奇境，不同于一般游仙诗，它感慨深沉，抗议激烈，并非真正依托于虚幻之中，而是在神仙世界虚无缥缈的描述中，依然着眼于现实。神游天上仙境，而心觉"世间行乐亦如此"。仙境倏忽消失，梦境旋即破灭，诗人终于在惊悸中返回现实。梦境破灭后，人不能随心所欲地轻飘飘地在梦幻中翱翔了，而是沉甸甸地躺在枕席之上。"古来万事东流水"，其中包含着诗人对人生的几多失意和深沉的感慨。此时此刻诗人感到最能抚慰心灵的是"且放白鹿青崖间，须行即骑访名山"。徜徉山水的乐趣，才是最快意的。对于名山仙境的向往，是出自对权贵的抗争，它唱出封建社会中多少怀才不遇的人的心声。

任务二：赏析《登高》。

思考1：最能体现杜甫感情的是哪个字？这首诗可分为几层？哪几句写景？哪几句抒情？

［思考，交流，明确］

感情字：悲。层次：全诗分两层：前四句写景，述登高见闻，描绘了一幅雄浑高远而又凄清悲凉的秋景。后四句抒情，写登高所感，抒发了诗人感时伤世的爱国情感和长年漂泊的孤苦愁绪。

诗歌前四句：首联两句，描写天高风急、秋气肃杀、猿啼哀啸、清清河洲、白白沙岸、鸥鹭低空回翔的景象，指明了时节和环境，渲染了浓郁的秋意，构成一幅登高壮阔而又苍凉萧瑟的秋景图画，为全诗定下了哀婉凄凉的基调。对仗工稳，句法严谨，语言极为凝练。

颔联从大处落笔，仰头写山景：落叶飘零，无边无际，纷纷扬扬，萧萧而下；俯视写江景：奔流不尽的长江，汹涌澎湃，滚滚奔腾而来，不仅使人联想到落木窸窣之声，长江汹涌之状，也无形中传达出韶光易逝、壮志难酬的悲怆。同时让人想到生命的消逝与有限，宇宙的无穷与永恒。通过沉郁而又高昂的精工对句，显示着诗人出神入化的笔力，历来被视为千古佳句。

后四句：颈联是诗人一生颠沛流离生活的高度概括。先横写"万里悲秋常作客"，再纵说"百年多病独登台"。一横一纵，承上启下，点出了全诗感时伤世、羁旅漂泊的主旨；表达了诗人内心深处沉郁悲抑的感情。久客最易悲秋，多病独自登台，极为沉郁顿挫。宋代学者罗大经在《鹤林玉露》中评说："盖万里，地之远也；秋，时之惨凄也；作客，羁旅也；常作客，久旅也；百年，暮齿也；多病，衰疾也；台，高迥处也；独登台，无亲朋也；十四字之间含有八意，而对偶又极精确。"可见诗人内心深处是何等的愁苦沉痛。

尾联两句是悲叹自己穷困潦倒孤苦寂寞的境遇和心情。出句写诗人备尝艰难之苦，白发丛生；对句写自己困顿潦倒，疾病缠身。国难家仇，只有借酒排遣，但又因多病不得不放下这浇愁的酒杯。"艰难"，既有国家的艰难，又有个人的苦难。他既忧国，忧民，又忧身。全诗就在这忧愤无奈的感叹声中收笔，悲愤深沉，而又寄意深远。

思考2：宋代罗大经曾说杜甫《登高》中"万里悲秋常作客，百年多病独登台"有八层意思，请具体分析。

［答案］"悲"是这一联的核心，包含复杂情感。①万里：指地理长度，说明其远。②悲秋：在特殊季节里人的悲凉情绪，同时也在交代时间。③常：表示频率高或者时间长久。④作客：就是流浪，常作客就是常年流浪，很悲惨。⑤百年：表示时间长，长年，同时还暗示了作者年纪大，老了。⑥多病：身体不好，多有病痛。⑦独：孤独，无人陪伴。⑧登台：台为高处，独登台说明没有亲朋好友。因此，八层意思是：他乡作客，一可悲；常作客，二可悲；万里作客，三可悲；又当萧瑟的秋天，四可悲；年已暮齿，一事无成，五可

悲；亲朋亡散，六可悲；孤零零地独自去登，七可悲；身患疾病，八可悲。

任务三：对比赏析浪漫主义与现实主义诗人的表情达意。

都处在人生的峰谷时，两位诗人如何用不同的笔调、不同的情感来抒写人生？

〔思考，探究，明确〕

李白用奇特的夸张描写了天姥山的雄姿，以主要的笔墨借助想象描绘了梦游天姥的情景，突出地展现了作者的浪漫主义风格。全诗通过神奇瑰丽梦境的描写反映了作者政治上的不得意和对权贵的不妥协态度；诗人对神仙世界的向往，对自由生活的渴慕，反衬现实的黑暗腐朽。同时，也反映了他消极的避世态度。

杜甫却以沉郁为主，体现了现实主义的创作风格，他善于把自己的悲欢愤激之情同当时战乱的时局联系在一起，一句"艰难苦恨繁霜鬓"把对个人病困潦倒生活的深沉感叹、对终生壮志难酬的激愤与哀怨、对祖国多灾多难现实的忧愁与焦虑、对人民艰苦命运的关切联系在一起，让我们感受到了这位伟大的现实主义诗人忧国忧民的爱国情怀。

三、作业设计

1. 背诵《梦游天姥吟留别》《登高》这两首诗。

2. 语言运用。

仿照下面一段话的句式，仍以"登高"开头，恰当引用古诗词名句，写两句话，组成一个排比句。

例句：登高会有"会当凌绝顶，一览众山小"的豪迈。

答：_____。

〔解析〕仿写要注意句式特点：登高会有……（名句）的……（感受）。引用的名句须与登高有关，感受应与名句表达的情感一致。

〔答案〕登高会有"欲穷千里目，更上一层楼"的豁然；登高会有"不畏浮云遮望眼，自缘身在最高层"的开朗。登高会有"无边落木萧萧下，不尽长江滚滚来"的伤感；登高会有"半壁见海日，空中闻天鸡"的惊喜。

3.拓展阅读。

阅读下面这首诗，思考后面的问题。

宿五松山①下荀媪家

李 白

我宿五松下，寂寥无所欢。

田家秋作苦，邻女夜舂②寒。

跪进③雕胡饭④，月光明素盘。

令人惭漂母⑤，三谢不能餐。

注：①五松山：在安徽铜陵。李白曾路过此地，留宿于山下荀媪家。②舂：舂米，把稻谷放在石臼里捣去皮壳。③跪进：古人席地而坐，屈膝坐在脚跟上，上半身直立叫跪坐。荀媪端来晚饭，也是跪下身子放在小桌上，所以叫跪进。④雕胡饭：菰米（茭白的果实）做的饭，古人当作美餐。⑤漂母：韩信年少时候很穷困，在淮阴城下钓鱼，一个正在漂洗丝絮的老妈妈见他饥饿，便拿饭给他吃。后来韩信被封为楚王，送给漂母千金表示感谢。

（1）请结合你所了解的李白，谈谈诗人在此诗中的形象。

答：_____。

［答案］李白的性格本来是很高傲的，他不肯"摧眉折腰事权贵"，常常"一醉累月轻王侯"，在王公大人面前是那样的桀骜不驯。可是，对一个普通的山村老妈妈却是如此谦恭，如此诚挚，充分显示了李白的可贵品质。

（2）我们把李白归到浪漫主义诗人里，但李白也有如本诗这样的现实主义作品；陶渊明是田园诗人，作品大都平淡自然，但他也有"刑天舞干戚，猛志固常在"这样金刚怒目式的作品；一代婉约词人李清照也写出过"生当作人杰，死亦为鬼雄"的豪迈文辞。对此，你有什么看法？

答：_____。

［答案］（示例）创作风格只是就一个作者大部分作品而言，而并非全部作品。古人作词作诗全是在特定环境下有感而发，如果拘泥于自己的流派、风格，就会限制住自己。同样，我们理解作品内容，固然应该做到知人论世，但在涉及具体作品的理解时，则应具体问题具体分析，不能把同一作者的所有作

品都归到同一种风格中去。

━━ **第二课时（《琵琶行并序》）** ━━

【学习任务】

1. 了解诗歌体裁特点。

2. 赏析《琵琶行并序》描摹声音的艺术。

【学习活动设计】

一、教学过程

任务一：了解诗歌的各种体裁特点，积累文化常识。

了解本课三首唐诗在体裁上各不相同。

本课三首唐诗在唐朝均是三大家的代表作，然它们的体裁各不相同。

李白的《梦游天姥吟留别》是一首古体诗，古体诗包括"今体诗"出现以前的除"楚辞"以外的所有诗作，也包括"今体诗"出现以后的除"今体诗"以外的所有诗作。"歌、行、吟"都是古体诗的体裁。吟：本意就是吟咏，古诗中的一种体式，即乐府诗的一种体裁；内容多有悲愁慨叹之意，其音节格律较为自由，节奏多变，有五言、七言、杂言等句式。

《登高》被称作"古今七言律第一"，是七言律诗的代表，情感苍凉凄怆。律诗是中国传统诗歌的一种体裁，属于近体诗范畴，因格律要求非常严格而得名。律诗起源于南朝齐永明时沈约等讲究声律、对仗的新体诗，至初唐沈佺期、宋之问等进一步发展定型，盛行于唐宋时期。律诗在字句、押韵、平仄、对仗各方面都有严格规定。其常见的类型有五言律诗和七言律诗。律诗每首四联，依次称首联、颔联、颈联、末联（或尾联）；每联两句，上句称出句，下句称对句；每句的平仄都有严格规定，特别是第二、四、六字的平仄不得随意变更；凡偶句都要押韵（首句可押可不押），一般押平声韵，一韵到底；中间两联须对仗。

《琵琶行》是唐代著名现实主义诗人白居易写的一首歌行体长篇叙事诗，是我国古代叙事诗和音乐诗中的"千古绝唱"。属于乐府歌行体。新乐府，是相对古乐府而言的。由白居易提出来。特点有三：一是用新题；二是写时事；

三是不以入乐与否为衡量标准。新乐府诗从音乐角度看是徒有乐府之名，而在内容上则是直接继承了汉乐府的现实主义精神，是真正的乐府。新乐府保留古乐府叙事的特点，把记人物、记言谈、发议论、抒感慨融为一体，内容充实而生动；声律、韵脚比较自由，平仄不拘，可以换韵，"歌行"体诗歌在格律、音韵方面冲破了格律诗的束缚。歌行体的形式比较自由，是由内容所决定的；句式比较灵活，一般是七言，也有的是以七言为主，其中又穿插了三、五、九言的句子。

任务二：赏析《琵琶行并序》。

唐代大诗人白居易的《琵琶行》可谓描写音乐的极品，自唐以来历咏不衰，今天，我们就来看看白居易是怎样描写乐曲的。首先来探究这首诗的写作背景。

思考1：诗人为何发出"同是天涯沦落人"的慨叹呢？试结合全诗内容和白居易的生平来谈一谈。

［探究，明确］

白居易与琵琶女有类似的遭遇，琵琶女"曲罢曾教善才服，妆成每被秋娘妒"，昔日在京城可谓红极一时；诗人29岁进士及第，后授翰林院学士，草拟诏书，参与国家机密，过去在朝廷也可以说是春风得意。琵琶女年长色衰，本不是她的过错；诗人惨遭贬官，原因是他正直敢言，同样不是自己的过错。琵琶女是"嫁作商人妇"而独自"守空船"；诗人现时的处境是"谪居卧病浔阳城""往往取酒还独倾"。琵琶女与诗人有着完全相同的无奈和不完全相同的屈辱，琵琶女无意拨动了诗人最敏感的心弦。悲人，怜己；伤人，伤己。两重感伤交融一体，积累沉淀，悲怆满怀，忍不住泪洒青衫，发出了"同是天涯沦落人"的千年浩叹。

思考2：《琵琶行并序》中的音乐描写生动传神，请赏析其精妙之处（琵琶女总共有三次演奏，重点欣赏第二次演奏）。

［探究，明确］

第一乐段：大弦嘈嘈如急雨，小弦切切如私语。嘈嘈切切错杂弹，大珠小珠落玉盘。——用"嘈嘈""切切"模拟声音，又用"急雨""私语"的意象来表现，使得音乐的描写更加形象。但这还不足以表达此时的曲调，于是出现了私语急雨交错，大珠小珠落玉盘，听觉与视觉并现的描写，令人眼花缭乱，目不暇接，描写乐声由急骤粗重而急促轻细，进而纷繁清脆。感情由悲愤而凄苦，倾泻而出，充分表现了音乐刚开始时急切愉悦的感情。达到演奏的第一个高潮。

第二乐段："间关莺语花底滑，幽咽泉流冰下难。冰泉冷涩弦凝绝，凝绝不通声暂歇。"——描写乐声由纷繁清脆的高潮，转入婉转低回艰涩不通，低到无声。"间关"之声，轻快流利，而这种声音又好像"莺语花底"，视觉形象的优美强化了听觉形象的优美。"幽咽"之声，悲抑哽塞，而这种声音又好像"泉流冰下"，视觉形象的冷涩强化了听觉形象的冷涩。由"冷涩"到"凝绝"，是一个"声暂歇"的过程，诗人用"别有忧愁暗恨生，此时无声胜有声"的佳句描绘了余音袅袅、余音无穷的艺术境界，弹者已将听者带入乐声意境中去，此时的音乐充满了幽愁暗恨，令人以为曲子已经结束。

第三乐段：银瓶乍破水浆迸，铁骑突出刀枪鸣。——无声中蕴含了无尽的力量，无法压抑，终于像银瓶破裂水浆迸发，铁骑突出刀枪轰鸣般，乐曲迎来了激越雄壮的高潮。

曲终：曲终收拨当心画，四弦一声如裂帛。——乐曲才到高潮，却又戛然而止。一曲虽终，而回肠荡气、惊心动魄的音乐魅力，却并没有消失。感情由激愤而凄厉。这一层乐声在低谷中，奇峰突起，再掀高潮又戛然而止；感情上由凄楚无声，转入激昂愤慨，恣肆奔腾，进而凄厉无尽，演奏在高潮中陡然结束。

这段乐声描写，运用一连串贴切形象的比喻，描写琵琶声声情并茂，恍如江潮迭涌，奇峰层出，不愧历来被誉为古典诗歌中描写乐声的绝唱。

任务三：有感情地朗读全诗，把握作者的思想感情，体味情感主题。

思考1：为什么白居易会发出——"同是天涯沦落人，相逢何必曾相识"的哀叹？

［探究，明确］

琵琶女：早年的境况是"艺压京城、艳盖群芳"（色艺双绝）；现在的境况是"年老色衰、漂泊憔悴"（委身商人）。

诗人：早年的境况是"身居高位、名动京师"（高官厚禄）；现在的境况是"谪居卧病、飘零天涯"（沦落凄凉）。

小结：他们有着相似的经历，都是由"盛"（风光无限、春风得意）而"衰"（沦落天涯、境况凄凉）。琵琶女用一支琵琶曲向人们倾诉了她坎坷曲折的人生，白居易用文学艺术形象地再现了琵琶女精湛的演技，又尽情地倾诉了自己的悲愤之情，是"音乐"将他们联系在一起。

思考2：为什么"坐中泣下谁最多，江州司马青衫湿"？

［探究，明确］

"同是天涯沦落人，相逢何必曾相识"一句既表达了诗人对歌女不幸遭遇的同情，又抒发了自己谪居江州后的郁闷的心情，隐含当时社会变乱、政治衰落给人们造成的痛苦，意义深刻。"天涯沦落"有着丰富的内涵，它写出了人们对苦难生活的共同的情感体验，引起了一代代人的共鸣。由于诗句简明准确，情意合一，成了千古名句。

思考3：根据全诗的内容，归纳诗歌主题。

［探究，明确］

这是一首叙事诗，主要记叙白居易贬谪江州时，月夜送客江边，巧遇琵琶女一事。诗中主要塑造了两个人物形象：琵琶女和诗人自己。前者为主，后者为宾。通过对琵琶女高超弹奏技艺和不幸经历的描述，揭露了封建社会官僚腐败、民生凋敝、人才埋没等不合理现象，表达了诗人对她的深切同情，也抒发了诗人对自己无辜被贬的愤懑之情。

二、作业设计

（一）语言运用

"……枫叶荻花秋瑟瑟……别时茫茫江浸月"，将月夜送别的情景写得那么凄美。请扩展这两句诗，根据语境，构造合理的情景。（不少于50字）

_____

_____

［答案］示例：秋夜朦胧，微风拂过江面，岸边的枫叶和荻花在秋风中瑟

瑟作响。离别时分，迷茫的月影沉浸在茫茫的江水之中，波光和着月光悠悠飘散，又缓缓聚拢。

（二）拓展阅读

阅读下面的文字，完成1～2题。

夜 筝

白居易

紫袖红弦明月中，自弹自感暗低容。

弦凝指咽声停处，别有深情一万重。

1. 请分析"紫袖红弦明月中"一句的作用。

答：_____。

［解析］"紫袖""红弦"分别是弹筝人与筝的代称。"紫袖红弦明月中"不仅点出弹筝者身份，而且描绘其服饰美好，使人物形象更具感染力。

［答案］"紫袖红弦"不但暗示出弹筝者的乐伎身份，也描写出其衣饰的美好，女子弹筝的形象宛如画出。

2. 诗人集中笔力写出"弦凝指咽声停处"这样一个无声的时刻有什么好处？它化用了《琵琶行并序》中的哪几句诗？

答：_____。

［解析］留下空白，让人更有补充发挥的余地，让人回味刚才那美妙的乐曲；也让读者产生了疑问，弹者因何而"弦凝"？自然与前一句中的"感"有关，那又是在"感"什么呢？从其中的"暗低容"可知，一定是伤心悲苦之事。

［答案］有丰富的暗示性，不仅引导读者发现奇妙的无声之美，更可以通过这一无声的顷刻去领悟那筝曲的全部妙处。同时也暗示出了弹者的不幸与悲苦。

这一句是"冰泉冷涩弦凝绝，凝绝不通声暂歇。别有幽愁暗恨生，此时无声胜有声"这几句诗的化用。

━━◆ 第三课时 ◆━━

【学习任务】

1. 掌握"缘景明情"鉴赏古典诗歌作品的方法，鉴赏这三首诗景物描写的艺术。

2. 赏析这三首诗的艺术特色：学习浪漫主义夸张及想象结合的表现手法，学习现实主义诗歌语言凝练丰富、意蕴深远的特点。

【学习活动设计】

一、教学过程

（一）导入

诗歌的景情关系是指诗人通过特定的意象构建一定的意境，来表达内心的情感。正如近代评论家王国维说："一切景语皆情语。"所以诗中所有写景的诗句都在写情。诗人的情不直接表露，而深藏于所描绘的景象之中。诗中的景，要细细地品，才能品出个中之情。

诗歌情景关系从景、情角度鉴赏诗词，包括诗歌中的景与情、诗歌画面、诗歌意境，是高考诗歌鉴赏题中一个重要考点。

（二）学习"缘景明情"诗歌鉴赏方法

任务一：体会这三首诗作者是如何"缘景明情"的？

思考1："列缺霹雳……仙之人兮列如麻"十句诗描绘了梦中所说的洞天仙境的景象，那么诗人所描绘的洞天仙境具有怎样的特点？李白为什么要描绘这样的景象？

［思考，探究，明确］

①诗人通过奇诡瑰丽的想象，以超越尘俗的意象，创造了一个神奇壮丽的洞天仙境。②"梦中的洞天仙境"象征着诗人追求的理想境界，写仙境主要是反衬社会现实的丑恶，写自己对神仙世界的向往正是为了表明对黑暗社会现实的厌恶。

思考2：《登高》写了哪些景物？描绘了一幅怎样的画面？从这些景物中可以体会出杜甫怎样的情感？

［思考，探究，明确］

《登高》描写了秋风、猿鸣、飞鸟、落木、长江等景物，这些意象及对应特点：风——急、天——高、猿——哀、渚——清、沙——白、鸟——飞回、落木——萧萧、长江——滚滚，描摹出了一幅秋风萧萧、万木凋零、江水滔滔、落叶飘飘、鸟鸣猿哀、秋肃临天下的秋景图，意境苍凉、雄浑、沉郁而悲壮。作者展示一幅既雄浑高远，又肃杀凄凉的秋景，登临的结果是愁思满怀；让我们感受到诗人忧国忧民、为国家破亡忧心如焚的爱国情怀。

思考3：体会《琵琶行并序》开篇描写环境"浔阳江头夜送客，枫叶荻花秋瑟瑟"的作用，请结合诗歌内容简要分析。

［思考，探究，明确］

"浔阳江头夜送客，枫叶荻花秋瑟瑟。"叙述江东送客时的环境。秋夜的江水、枫叶、荻花，色调暗淡，"瑟瑟"风声。秋叶衰草，秋风萧瑟，更显出荒凉寥落。景物暗淡萧条，景中有情。令人顿感秋凉袭人不断，渲染了送别时人物凄凉愁惨的心情，为全诗定下了悲凉基调。

任务二：归纳这三首诗情景交融的艺术。

1.《梦游天姥吟留别》

月夜剡溪清幽，白昼山中壮美，傍晚洞外恐怖。梦中仙境象征作者追求的理想境界。写仙境的美妙是为了反衬现实的丑恶。写自己对神仙世界的向往正是为了表明对黑暗现实的厌恶，写诗人对自由生活的向往，只是诗歌的前半部分用梦的形式曲折地表达出来，而后半部分诗人则是直抒胸臆，直接唱出："且放白鹿青崖间，须行即骑访名山。安能摧眉折腰事权贵，使我不得开心颜？"

2.《登高》

这首诗前四句写景，后四句抒情，前景后情，融为一体，情是景中之情，景是情中应有之景。全诗气象雄浑，感慨深沉；诗人面对辽阔的江天，耳听清猿哀鸣，眼见飞鸟栖止不定，落木萧萧，长江滚滚，如何能不引发诗人的老病孤愁之感。

3.《琵琶行并序》

①篇首的"浔阳江头夜送客，枫叶荻花秋瑟瑟"，叙述了江边送客时的环

境。秋夜的江水、枫叶、荻花，构成清晰如画的意境，传达出诗人凄凉愁惨的心情，为全诗奠定了感情基调。②篇中"别时茫茫江浸月"，叙述别时景象，景中含情。茫茫江水，溶溶月色，无不弥散着诗人的离愁别绪，仿佛诗人的心情融化其中，与自然风物有了感应。"唯见江心秋月白"，写音乐结束时寂静的环境。音乐结束，但感情仍在扩散，一直渗入被秋月照亮的江心，仿佛江心秋月也被音乐中的感情所打动。情景交融，烘托了音乐效果，形成令人回味的意境。③另外如"绕船月明江水寒"，写琵琶女独守空船时的环境，渲染了琵琶女冷落凄凉的心情；"黄芦苦竹绕宅生"，写诗人的生活环境，渲染诗人被贬后的孤寂悲凉。

（三）鉴赏这三首诗其他的艺术手法

任务设计：请结合诗句简要分析三首诗运用了哪些艺术手法？

[思考，探究，明确]

1. 比喻

《琵琶行》：大弦嘈嘈如急雨，小弦切切如私语，大珠小珠落玉盘，间关莺语花底滑，幽咽泉流冰下难，银瓶乍破水浆迸，铁骑突出刀枪鸣，四弦一声如裂帛。这八个比喻句，其喻体分别是"急雨""私语""大珠小珠落玉盘""莺语滑""泉流难""银瓶乍破""铁骑突出""裂帛"，分别写出了琵琶乐曲的"粗重急骤""清细委婉""清脆圆润""婉转流利""冷涩不畅""激越雄壮""戛然而止"等特点。

2. 想象

《梦游天姥吟留别》：通过梦境的描绘，借助仙界的出现，展开了丰富的想象。诗中所写的，是梦游而不是真游，却又以现实为基础。天姥山神仙的出现，是作者对美好世界的向往。

3. 映衬（衬托）

《琵琶行并序》琵琶女的遭遇与白居易的失意造成正衬效果。琵琶女今（憔悴落寞）、昔（繁华欢乐）遭遇的对比。

《梦游天姥吟留别》：写梦境中仙人们其乐融融的和谐景象就是为了衬托出现实的黑暗。作者以"瀛洲"来衬托天姥山，"以虚衬实"突出了天姥山胜景，暗蕴着诗人对天姥山的向往。

4. 夸张

《登高》："万里悲秋常作客，百年多病独登台。"表现出诗人内心的悲愁。"万里""百年"更是从空间、时间上进行夸大，加深这种苦痛。

5. 借代

《琵琶行并序》：举酒欲饮无管弦：管弦借代"音乐"。终岁不闻丝竹声：丝竹借代"音乐"。妆成每被秋娘妒：秋娘借代"歌伎"或"美女"。秋月春风等闲度：秋月春风借代"良辰美景"。门前冷落鞍马稀：鞍马借代"豪客"。

6. 顶真

《琵琶行并序》：醉不成欢惨将别，别时茫茫江浸月。

冰泉冷涩弦凝绝，凝绝不通声暂歇。

7. 互文

《琵琶行并序》：主人下马客在船：主人下马（客下马）、（主人在船）客在船。

（四）体会浪漫主义与现实主义的语言特点

任务一：你从《梦游天姥吟留别》这首诗中的哪些诗句，读出了李白诗歌豪放飘逸的浪漫主义特色？

［探究，明确］

李白运用丰富奇特的想象和大胆夸张的手法，组成一幅亦虚亦实、亦幻亦真的梦游图。

（1）奇特的构思。

这首留别诗，突破了古代这类诗大都写离愁的陈规旧俗，别出心裁地用"梦游"这一奇特的方式来构思全诗。全诗围绕一场游仙的梦幻而写，由瀛洲引出天姥，由"或可睹"引出梦游；再由天姥引出仙洞，由梦醒而生感慨。这样从现实到梦境，又从梦境到现实，借描绘仙境的美好，以揭示现实的丑恶；借抒发对理想的追求，以显示对权贵的憎恶；借惜别的机会赋诗，却写访游名山，以明自己的斗志，来表现"安能摧眉折腰事权贵"的主题。

（2）丰富的想象。

诗人驰骋想象的野马，徜徉在奇山秀水之间，描绘出一幅幅瑰丽变幻的奇景。其中有月光皎洁、渌水荡漾、白鹿青崖、镜湖映影的静幽之感，也有海日东升、浮光跃金、天鸡破晓的壮美晨光，有"千岩万转路不定，迷花倚石忽已暝"的胜景，也有电闪雷鸣、熊咆龙吟、列缺霹雳、丘峦崩摧的夜间奇景，还有琼楼银台、雍容和谐、富丽堂皇的仙府。奇景异境，变幻迭出。诗人构思出一幅幅梦游中的奇景，塑造出一个个梦幻中的生动形象，真可谓"笔落惊风雨，诗成泣鬼神"。

（3）大胆的夸张。

本诗所描写的梦游，所表达的炽热情感，充分体现了诗人的夸张才能，他把想象中的事物写得活灵活现，惊心动魄。如天姥山横空耸立，山势超越了以险峻闻名的五岳，遮掩了高耸的赤城山，甚至连一万八千丈的天台山也拜倒在天姥山的脚下。诗人以夸张、烘托的手法，极言天姥山之高。尤其是"横""拔""掩"三字，气象博大，生动有力，突出了天姥山的高大雄奇，描绘出了天姥山横空出世的高大形象和磅礴气势。

（4）句式灵活，语言流利自然，不事雕琢。

全诗以七言为主，杂用了四言、五言、六言和九言兼用楚辞句法。灵活多样的句式便于表达诗人奔放的思想感情。诗歌语言朴实自然，如"天姥连天向天横""对此欲倒东南倾""安能摧眉折腰事权贵，使我不得开心颜！"这些地方跟散文一样流畅，也只用了一些极其平常的字眼，却有很强的表现力。"清水出芙蓉，天然去雕饰"是对李白诗歌语言最生动的形容和概括。

任务二：你从《登高》这首诗中的哪些诗句，读出了杜甫诗歌语言的什么特色？

［探究，明确］

首联两句，描写天高风急、秋气肃杀、猿啼哀啸、清清河洲、白白沙岸、鸥鹭低空回翔的景象，指明了时节和环境，渲染了浓郁的秋意，构成一幅登高壮阔而又苍凉萧瑟的秋景图画，为全诗定下了哀婉凄凉的基调。对仗工稳，句法严谨，语言极为凝练。

后四句抒情，写登高所感，抒发了诗人感时伤世的爱国情感和长年漂泊的孤苦愁绪。颈联自伤身世，将前四句写景所蕴含的比兴、象征、暗示之意揭出；尾联再作申述，以衰愁病苦的自我形象收束。此诗语言精练，通篇对偶，一、二句尚有句中对，充分显示了杜甫晚年对诗歌语言声律的把握运用已达圆通之境。

二、作业设计

（一）阅读鉴赏

《登高》这首诗被称为"古今七言律第一"，然而更多的评论家激赏前六句，对尾联则有些轻视，清代学者沈德潜更给尾联下了"结句意尽语竭，不必曲为之讳"的定评。对此，你是怎样认为的？

答：＿＿＿＿＿＿＿＿＿＿＿＿＿＿＿＿＿＿＿＿＿＿＿＿＿。

［参考答案］（观点一）赞同沈德潜等人的观点。①前两联景象苍凉阔大、气势浑涵汪茫，高浑一气，古今独步。②颈联，诗人从空间（"万里"）、时间（"百年"）两方面着笔，把久客最易悲秋、多病独自登台的感情，融入一联雄阔高浑的对句之中，情景交融，使人深深地感到他那沉重的感情脉搏。③尾联转入对个人身边琐事的悲叹，生活困苦，鬓如霜白，困顿衰颓，狼狈失意，以至需要停杯，给人的感觉是没有话可说了，软绵无力。

（观点二）不赞同沈德潜等人的观点。①诗人的生活状态因"艰难"而"潦倒"，艰难的全部意蕴都在尾联得到了深刻的揭示。②"苦"做副词，意为"很……甚"，这样就使"艰""难"与"恨"所产生的情绪更浓厚，用字精当令人拜服。③"繁""停"二字让人触目惊心，无处宣泄的愁绪只能郁积心头，愈发沉重，且不断补充而来。若多病中的诗人杯酒不停，会加速生命的流逝速度；但停杯则使胸中的抑郁之气不得抒发，同样会导致生命在积重难返的痛苦中快速衰竭。诗人身心濒临绝地，令人倍感压抑，感情更加沉郁，也使人不得不佩服诗人的功力。

（二）比较阅读

阅读白居易的《琵琶行》与李白的《听蜀僧濬弹琴》，两首诗中都有对音乐的描写，却又有着各自的魅力，试从对音乐的描写和对演奏者技艺高超的表现手法两个角度分析两者的异同。

听蜀僧濬弹琴

李 白

蜀僧抱绿绮，西下峨眉峰。

为我一挥手，如听万壑松。

客心洗流水，馀响入霜钟。

不觉碧山暮，秋云暗几重。

答：_____。

[答案] ①对音乐的描写：都用了比喻的手法。所不同的是，白居易用了七个比喻，以形喻乐，化抽象之声为具体形象，将演奏的全过程细腻真切地展现在读者面前。李白则只用了一个比喻"如听万壑松"来描摹琴声，并且也没有像白居易那样将整个过程写出来。②对演奏者技艺高超的表现手法：都用了反衬手法称赞演奏者技艺的高超。如《琵琶行》中的"东船西舫悄无言，唯见江心秋月白"，《听蜀僧濬弹琴》中的"不觉碧山暮，秋云暗几重"。所不同的是，在结构安排上，白居易是先通过侧面描写烘托出琵琶女娴熟的技艺，然后才写自己的感受；而李白是先写自己的感受，再写蜀僧造诣之高深。

学习专题三 双峰竞秀，词坛增辉——豪放派与婉约派词风的比较鉴赏

选定联文篇目：《念奴娇·赤壁怀古》《永遇乐·京口北固亭怀古》《声声慢》

专题学习目标：

1. 知人论世，了解词人的生平经历及作品的写作背景。

2. 把握意象，体会诗歌营造的意境和传递的情感。

3. 名句鉴赏，分析诗歌的艺术手法。

4. 比较阅读，感受宋词不同的审美追求。

计划课时：3课时

■— 第一课时（《念奴娇·赤壁怀古》《永遇乐·京口北固亭怀古》）—■

【学习任务】

1. 品味两首词所抒发的情怀。

2. 重点掌握怀古词的表现手法——用典。

3. 能够体会词人营造的艺术境界，了解两首词的风格特点。

【学习活动设计】

一、教学过程

板块一：聚焦重点——用典赏析

"用典"是怀古之作重要的艺术手法。作品中的"典"承载了丰富的感性和理性意义，"用典"，不仅能凸显，而且能有效地推进和发散作者的体验与思考。分析作品的"用典"，对准确理解作者的思想情感有着重要意义。

两首词作涉及的历史事件和人物很多，《念奴娇》着意刻画了周瑜的形象，而《永遇乐》更是运用了孙权、刘裕、宋文帝、佛狸、廉颇五个典故。下面我们就围绕两个问题对两首词的用典加以赏析。

1. 作者为什么会想到这些典故？

苏轼游览赤壁为何只想到周瑜而非诸葛亮？辛弃疾站在京口北固亭为什么想到的是孙权、刘裕、拓跋焘而不是其他和此地相关的人与事？

（1）与"此时此地"有关。

（2）与"此时此地的作者"有关。

先以辛弃疾的《永遇乐·京口北固亭怀古》为例：

（1）与"此时此地"有关。

南宋政权偏安一隅，但主战派一直将"王师北定中原"当作目标，京口作为抗金前线与金人劫掠后的扬州隔江相望。

三国时，孙权曾在京口建都，并击败北方曹操的军队；南朝宋武帝刘裕曾在京口起事，大举北伐，恢复中原并建立政权；北魏太武帝拓跋焘曾追击宋文帝刘义隆到京口瓜步山，并在山上建立行宫。

这些典故在空间上与作者此时立足的京口（镇江）直接有关，而且都关涉南北战争，与当时的现实背景建立起了关联。

（2）与"此时此地的作者"有关。

此时，作者率众南归已经四十三年，被投降派排挤而被迫退居江西乡间也已有十多年，但他从未放弃收复失地的愿望；此地，作者此前在濒临抗金前线的镇江任知府，因力促充分备战和得当用人而遭到当权者的疑忌，为恢复大业一展才略的愿望极有可能再次落空。此时此地的作者空怀却又不愿空怀一腔忠贞，报国无门却又不甘心报国无门。自然地，他便想起了曾以京口为基地，开疆拓土，成就霸业的孙权、刘裕，联系自己和南宋统治者，不胜慨叹；现如今当权者的草率冒进，又怎能让他不想起当年宋文帝草率出师北伐，只落得仓皇北顾的结局；而眼前老百姓在佛狸祠下喧喧嚷嚷的迎神赛会，更让作者痛心不已，老百姓快忘了自己是宋室的臣民；自己希望能为国效力的耿耿忠心一如廉颇，可报国无门。

孙权、刘裕的典故侧重于"人"——曾在京口建功立业的历史人物。宋文帝、佛狸、廉颇的典故侧重于"事"——与北伐抗金的需要和愿望有关的历史事件。这几个典故都与作者此时的思想情感和抱负直接有关。

正因为以上两个"有关"，内心沉郁却又壮怀激烈的作者立足京口想到了这五个典故。

2. 从表情达意看，词中的典故有哪些作用？

诗歌鉴赏关于情意表达的三个切入点：意境、情感以及抒情主人公的形象。

（1）这两首词如何创设意境？

《念奴娇·赤壁怀古》起笔就营造了一个极为辽阔悠远的时空背景，将气象非凡的长江和自古以来与之有关的无数英雄豪杰都概括进来了，表达了词人对古代英雄的追慕之情。接着，词人开始寻找英雄的足迹："故垒西边，人道是，三国周郎赤壁。"周郎是词人心中景仰的英雄，但接下来并没有展开写，而是转而勾画古战场的险要形势："乱石穿空，惊涛拍岸，卷起千堆雪。"寥寥数笔便勾勒出赤壁恢宏壮丽的景色。一句"江山如画，一时多少豪杰。"将江山之胜和怀古之情融合为一体。

这样从不同角度而又诉诸不同感觉的浓墨健笔的生动描写，把读者带到了一个惊心动魄、思接千载的奇幻境界，为下阕周瑜的出场营造了声势，做了铺垫。下阕"遥想"一词承接上文，心往神驰，八百多年前的周瑜在作者描写的赤壁雄奇壮丽的景色中出现了。词中用典的主角周瑜成为画面的主体。至此，整幅画面中，景为雄壮之景，人为奇伟之人，背景、主体相得益彰，境界全出。

而辛弃疾《永遇乐·京口北固亭怀古》中意境的创设则另有一番意味：几乎完全是通过对古人古事的怀想，因典而生境，境中隐情，自然而生动。

比如，开篇第一句"千古江山，英雄无觅孙仲谋处"，"江山"既实指京口之江山，也虚指天下之江山；饰以"千古"，更是置孙权及其英雄业绩于时空的邈远辽阔之中，既有多娇江山之美，又含英雄豪迈之气，兼有感慨今昔之情，终成雄壮开阔之境。

再如，写刘裕北面破敌，"金戈铁马，气吞万里如虎"，其英武形象跃然纸上；写刘义隆草率北进，"元嘉草草，封狼居胥，赢得仓皇北顾"，其狼狈情状现于眼前；写百姓祭神的场面，"一片神鸦社鼓"，其喧嚷之声闻于耳畔。

两首词中，所用典故都经过了再创作。生动的语言，使一个个典故，在作者笔下化成了一幅幅活生生的图。

（2）通过作者所怀古事了解作者的情怀。

辛词中用典均含"情"。

比如"想当年，金戈铁马，气吞万里如虎"三句，以刘裕建功立业的形象，既表达了对英雄业绩的向往之情以及自己抗敌救国的热情，也借此暗讽了南宋统治者苟且偷安于江左、忍气吞声的怯懦表现。

再如"元嘉草草，封狼居胥，赢得仓皇北顾"。作者直陈史实，寓议论于叙事中。辛弃疾似乎在语重心长地告诫南宋朝廷：要慎重啊！备战一定要认真充分呀！你看，元嘉北伐，由于草草从事，"封狼居胥"的壮举，只落得"仓皇北顾"的结局。

而"可堪回首，佛狸祠下，一片神鸦社鼓！"三句，则表示自己深深的担忧：如今江北各地沦陷已久，不迅速谋求恢复的话，民众将会安于异族的统治，而忘记自己是宋室的臣民了。

因情用典，以典蕴情，切合词人表情达意的需要，这是辛词用典最主要的特点。

而《念奴娇·赤壁怀古》中，苏轼借周瑜形象所宣泄的激情，以不可遏阻之势表现理想与抱负，以及理想与抱负难以实现的怅惘。"故国神游，多情应笑我，早生华发。"正是在对周瑜尽情赞美中的情绪的陡转，让读者也随之产生一种不可抑止的怅惘。但苏轼放逸旷达的胸襟与超越的时空观所体验的人生，常常表现出哲理式的感悟。人间如梦，一尊还酹江月。

这种渗透人生感悟的情愫，从激越的冲动终归于深沉的平静。

两首词中，用典已成为情感表达不可缺少的途径。

（3）用典之于抒情主人公的刻画起到怎样的作用呢？

辛弃疾的《永遇乐·京口北固亭怀古》，词中，"凭谁问，廉颇老矣，尚能饭否"，用了廉颇的典故。廉颇虽老，还想为赵王所用。他在赵王使者面前一顿饭就吃了一斗米做的饭、十斤肉，又披甲上马，表示自己尚有余勇。此句中的故作疑问，展现了廉颇虽老思用的场面，一位须发皆白、忠心依旧、雄心不已的老将形象跃然纸上；联系作者际遇，自况以表报国之心的用意不言而喻。以典塑人，以人明志，形象而深刻。这个典故最能体现作者形象。

而苏轼的《念奴娇·赤壁怀古》，"遥想公瑾当年，小乔初嫁了，雄姿英发。羽扇纶巾，谈笑间，樯橹灰飞烟灭"。这六句集中笔力塑造青年将领周瑜的形象，着力表现了周瑜风流儒雅、从容破敌的英姿。在写赤壁之战前，插入"小乔初嫁了"这一生活细节，以美人烘托英雄，更见出周瑜的丰姿潇洒、年轻有为，令人艳羡。

那么，周瑜的形象与词人自我形象的塑造有什么内在联系呢？

联系下面一句"故国神游，多情应笑我，早生华发"，我们不难发现，此句表达了作者极其矛盾和苦闷的心情。诗人站在赤壁，面对大好河山，遥想周瑜当年风流倜傥、少年得志，年轻时便因遇明主而建功立业名垂青史，可自己年近半百，功业无成却又遭贬，虽有抱负，但有志难伸，相比之下，无限感慨便油然而生了。

显然，词中借周瑜的形象反衬了词人遭受政治挫折后的自我形象，表现了自己不遇之无奈。由此我们可以归纳两首词都是借助典故来刻画抒情主人公形象的。

小结：两首词以内容特定的典故来表情达意，不仅简省精练，还可曲尽其妙；同时，用典与意境、情理和主人公形象有机结合，体现了词的精练性和含蓄性，使词作的思想性和艺术性有机地达成了统一。

板块二：难点突破——比较风格

苏轼、辛弃疾同属豪放派，这两首同是怀古词，二者在风格上究竟是否完全相同呢？

1. 读一读两首词的开头，看看有怎样不同的情味。

这两首词的开头虽都写古代英雄随岁月的流逝而消逝。但是，风格很不一样，苏词借写长江汹涌奔流之势而尽显豪放，辛词却是借追慕古代英雄，感叹"时无英雄"，而显得感伤。

"大江东去，浪淘尽，千古风流人物"，何等豪迈，何等雄壮！这是辛弃疾做不到的。《永遇乐·京口北固亭怀古》基调虽是豪放，却流淌着一股浓郁的悲凉、惆怅之情。起句"千古江山"，伟岸、挺拔，然而"英雄无觅"却笔锋一转，调子低了下来。孙权曾被曹操激赏为"生子当如孙仲谋"，可是而今风流余韵安在？只剩下风雨之后，落红满地而已。一个"总"字，让人心头闷闷的。词人青年时代满怀凌云壮志，南归后一直壮志未酬，写这首词时，66岁高龄的他正渴望建功立业，所以对孙刘有仰慕之情。然而"英雄无觅""风流总被雨打风吹去"又充满了词人世无英雄之慨叹。那一声深沉叹息，留给我们的是昔人已乘黄鹤去的怅惘，又有对自己难逢明主，报国无门的抑郁，更有对南宋朝廷昏庸无能，妥协求和的谴责！

2. 再来看两首词中所选择的历史人物，两首词都表达了对英雄人物的怀想，目的相同吗？

在三国这个历史舞台上，英雄人物风云际会，而最令苏轼向往的是周瑜。在苏轼笔下，周瑜儒雅风流，大敌当前，谈笑自若，指挥镇定，强敌瞬间瓦解。读了让人振奋不已，为之顿生豪迈激情。苏轼借歌颂古代英雄抒写了自己的豪迈气概。

而辛弃疾笔下的英雄人物刘裕，想当年，为了恢复中原大举北伐，"金戈铁马，气吞万里如虎"，是何等的气势，何等的声威！而今刘裕的住处，已沧海桑田，变成了寻常巷陌，斜斜的如血残阳给杂草茂树抹上了一层红晕，堂前燕子可还记得旧时主人？遥想刘裕当年壮举，令人徒唤奈何呀！辛弃疾歌颂古代英雄，主要目的是斥责当朝统治者的苟且偷安，抒发自己壮志难酬的郁闷心情。所以，苏词豪迈，辛词愤慨。

3. 这两首词都用典故，但选择了不同类型的历史人物，这对两首词的情感、风格会有影响吗？

苏词中只提到一个历史人物——周瑜，辛词提到五个历史人物——孙权、刘裕、宋文帝、佛狸、廉颇。

苏词是借写周瑜抒写自己想建功立业的豪情，以及壮志难酬的感慨；而辛词却是借众多历史人物来表达自己既担忧国事又报国无门的复杂心情。辛弃疾关注社会现实，往往以时代的歌手自居，执着的爱国热忱与壮志难酬的忧愤悲情相交织，使其内心痛苦不已。特别是词的下片，起首"草草"二字，道尽了刘义隆、王玄谟辈利令智昏，误国误民。词人从北归南，历时四十三年，人生能再有一个四十三年吗？可自己的雄心壮志、抗金大业却一直难以完成。此时，眺望江那边曾经战斗过的热土，老百姓依然在异族统治下苦苦挣扎，心中真是苦恨相煎啊！往事不堪回首，那佛狸祠本来是异族首领南侵的遗迹，可现在人们竟然在那里击鼓祭神，乌鸦飞来飞去啄食祭品，连半点恢复北方的战斗迹象和气氛都看不到，南宋的失败，金人的南侵，国家的耻辱随着时光的流逝，而渐渐地被人们淡忘了。廉颇虽老，赵王尚有起用之意，而自己此时却连遭贬斥，天子不闻不问，空怀老当益壮的爱国豪情，其幽怨、悲愤、郁闷之情溢于言表。

4. 两首词的结尾，分别表达了怎样的人生况味？

先看苏轼的词，"故国神游……华发"：这里边的确有政治理想落空、壮志未酬的悲哀。

"人间如梦，一尊还酹江月"：历史现实交相震撼，词人于天地之中顿悟，既然人间如梦，何不放怀一笑，驰骋于山林、江河、清风、明月之中，洒脱情怀于此略见一斑。在苏轼的词中，既认知人间如梦，又极写人间之辉煌，使人难辨其究竟消极还是积极，人生功业虽辉煌而终归于梦，但纵使如梦毕竟曾经辉煌，也许如梦的辉煌人生更值得珍惜，更惹人向往。

再看辛弃疾的词，"凭谁问：廉颇老矣，尚能饭否？"有谁还来问：廉颇老了，饭量还好吗？一股怨愤之情萦绕笔端。"廉颇老矣，尚能饭否"的诘问与感喟，使人产生几多悲凉之感。

小结：统观二词，虽同为怀古词，虽都借古人酒杯浇心中块垒，但苏词中抒情多直抒胸臆："多情应笑我，早生华发。人生如梦。一尊还酹江月。"风格显得开阔明朗、旷达乐观。辛词中抒情多与用典结合："凭谁问，廉颇老矣，尚能饭否"，风格显得含蓄蕴藉、激愤沉郁。总体看来，苏轼的豪放是达观者的风采，轻松而迷人；辛弃疾的豪放是壮志难酬的悲壮之音，沉郁而震撼人心。

5. 方法归纳。

学会从不同层面去解读文本，掌握诗词鉴赏的视角和途径。通过本课比较赏析，可归结为这样几个途径。

（1）品味语言，捕捉其细腻的情感。

（2）揣摩技法，把握其精巧的构思。

（3）知人论世，破译其心灵的密码。

二、作业设计

1. 疑点探究

毋庸置疑，苏轼与辛弃疾都是至情至性之人，但两人却有独特的个性及不同的人生经历。

辛弃疾是个英雄，他始终把洗雪国耻、收复失地作为自己的毕生事业，并在文学创作中写出了时代的期望和失望、民族的热情与愤慨；他总是以炽热的感情与崇高的理想来拥抱人生，更多地表现出英雄的豪情与英雄的悲愤。因此，《永遇乐·京口北固亭怀古》中，他的所有感喟都是紧扣当时现实的。

而苏轼是一个富于浪漫气质和自由个性的人物，他常以旷达的胸襟与超越的时空观来体验人生，其作品常表现出一种哲理式的感悟，《念奴娇·赤壁怀古》便是个很好的例子。

这首词，由写景到怀古，最后从历史回到现实，从怀古到伤己，完成全篇。有人说，词的最后两句"人间如梦，一尊还酹江月"貌似超脱，实是无可奈何的慨叹。对此，我们该做怎样的理解呢？

附几种看法。

（1）洒脱说。

苏轼在《前赤壁赋》里说："哀吾生之须臾，羡长江之无穷。"也许苏轼在想：人生真的犹如一场空梦，辉煌像周瑜那样是一生，郁闷像我苏轼一样也是一生，在滚滚不息的长江面前，在圆缺循环的月亮面前，一切的失意潦倒、迫害挫折、郁闷愁苦又算得了什么呢？"大江东去，浪淘尽，千古风流人物"，放得下，才能拿得起，看得开，才能出得来。因此，苏轼才会情不自禁倒一杯酒祭奠江月。这种观点认为，这就是苏轼的生存智慧，这就是苏轼的达观态度，这就是苏轼的诗意人生。

（2）双重说。

所谓双重说，也就是认为这首词具有感奋和感伤的双重色彩。但我们应该看到，苏轼的感伤是由于建功立业的激切愿望不能实现而萌发的。我们应当更多地体会苏轼对人生的激情和思索，而不要把这看作单纯的伤感。"人间如梦"这种思想的存在未必不是好事，它反过来可能激发我们对人生的追求。这也许正是这首词的理趣所在。

（3）矛盾说。

苏轼深受儒、道、佛三家思想的影响，既渴望建功立业，又能保持超然物外的旷达态度，表现了他复杂矛盾的思想。但苏轼习惯于把政治思想和人生态度区别对待，采用"外儒内道"的形式，把它们统一起来，从而使他的世界观中既有积极进取的精神，又交织着齐生死等是非的虚无态度。末了"人间如梦"的感慨也许就是这种思想的体现。

林语堂先生在《苏东坡传》中认为，苏东坡给予世界者多，他不管身在何处，际遇如何，总能把稍纵即逝的诗的感受，赋予不朽的艺术形式，从而丰裕我们的生活。阅读苏东坡，我们一直在追随观察一个具有伟大思想、伟大心灵的伟人的生活。苏东坡已死，他的名字现在只是一个记忆，但他留给我们的，是心灵的喜悦、思想的快乐。其实，辛弃疾又何尝不是这样呢?

2. 预习

预习《声声慢》，小组内分角色朗读《念奴娇·赤壁怀古》《永遇乐·京口北固亭怀古》《声声慢》这三首词，感受其风格的不同。

━ ◆ ━ 第二课时 ━ ◆ ━

【学习任务】

1. 进一步认识李清照婉约词的特点；掌握品读诗词的方法；掌握古诗词常见意象的象征意义。

2. 通过朗读初步感知诗词的感情基调、词风；鉴赏诗词的意境和意蕴；深味诗词的情感。

3. 提高审美趣味，加深对中国古典文学文化的认同。

【学习活动设计】

一、教学过程

（一）导入

在中国文坛有这样一位奇女子，她天真烂漫，浅唱"争渡，争渡，惊起一滩鸥鹭"；她哀婉惆怅，低吟"此情无计可消除，才下眉头，却上心头"；她"人比黄花瘦"，却也有着巾帼不让须眉的铮铮铁骨，她大声呐喊"生当为人杰，死亦为鬼雄。至今思项羽，不肯过江东"。她是谁呢? 她就是婉约派一代词宗李清照。这堂课我们将学习李清照婉约词的千古名篇《声声慢》。

（二）知人论世

请学生谈谈对李清照的认识，从《如梦令》《醉花阴》《一剪梅》《武陵春》《夏日绝句》等诗词中了解李清照的身世，认识李清照诗词创作的三个时期及其诗词的风格变化。

李清照词风格：清新婉丽，是婉约派的代表。

创作以南渡为界分为前后两个时期。

南渡前：描写少女、少妇时期的生活

内容——闺怨离愁　词风——清丽柔媚

南渡后：表现思夫、思乡、思国

内容——怀旧悼亡　词风——凄婉哀怨

（三）三读——初品诗情

1.学生自由朗读，抽查一位男生朗诵，其他同学做出点评。（师从声调、节奏、速度等方面点评）

2.范读：播放视频。

3.请另一位女生朗诵，配上背景音乐，教师点评。

思考：1.这首词的词眼是哪个字？

愁——"词眼"

2.怎样鉴赏"愁"？

赏析角度：

（1）如何写"愁"？

（2）"愁"的是什么？

（四）细品词境——如何写愁？

1.如何入愁？请学生赏析七组叠词。

（1）细品七组叠词的意味：

寻寻觅觅——（动作）若有所失寻觅无果

冷冷清清——（环境、心境）冷清凄冷

凄凄惨惨戚戚——（感受）沉痛凄厉

（2）开篇连用七组叠词作用：

①形式上，音乐美、音韵美；增强感情。

②内容上，奠定哀婉、凄凉、愁苦的感情基调。

③七组叠字，无一愁字，却字字含愁，声声是愁；

音韵上徘徊婉转，感情上层层递进；

使全词顿挫凄绝，如泣如咽；

（3）扩展：叠词在文学作品中的魅力。

庭院深深深几许，杨柳堆烟，帘幕无重数。——《蝶恋花》

晴川历历汉阳树，芳草萋萋鹦鹉洲。——《黄鹤楼》

迢迢牵牛星，皎皎河汉女。纤纤擢素手，札札弄机杼。终日不成章，泣涕零如雨。河汉清且浅，相去复几许？盈盈一水间，脉脉不得语。——《古诗十九首》

曲曲折折的荷塘上面，弥望的是田田的叶子，叶子出水很高，像亭亭的舞女的裙，层层的叶子中间，零星地点缀着些白花。——朱自清《荷塘月色》

先是料料峭峭，继而雨季开始，时而淋淋漓漓，时而淅淅沥沥，天潮潮地湿湿，即连在梦里，也似乎有把伞撑着。——余光中《听听那冷雨》

2.有哪些意象可以来表现愁思呢？（方法：小组讨论合作探究）

（1）六个主要意象：淡酒晚风过雁黄花梧桐细雨。

（2）学生分组探讨某一个有感触的意象，思考这些意象是怎样表现愁情的。

（3）学生组长收集整理本组意见，做总结汇报：

淡酒：①淡酒：并非酒太淡，而是愁太浓，酒力压不住心愁。

②酒，一种浓郁情义和相思的幽愁；酒，一种溢满凄凉哀伤的落寞。

③酒在文学作品中的体现：

对酒当歌，人生几何，譬如朝露，去日苦多。——曹操《短歌行》

抽刀断水水更流，举杯消愁愁更愁。——李白《宣城谢朓楼饯别校叔云》

劝君更尽一杯酒，西出阳关无故人。——王维《送元二使安西》

结论：酒是“愁”的象征。

晚风：①渲染愁情，环境的寒衬内心的冷，写出词人独居生活的凄惨。

②风在文学作品中的体现：

“风急天高猿啸哀”；“古道西风瘦马”；“帘卷西风，人比黄花瘦”；

“秋风萧瑟天气凉”；“无奈朝来寒雨，晚来风”。

过雁：①雁，由北往南飞，如词人南渡，雁，似乎是词人的故知，但是雁还是那种雁，让雁传书的那个人（丈夫赵明诚）已经不在了，表达了物是人非的悲痛和对丈夫的悼念。

②风在文学作品中的体现：

云中谁寄锦书来？雁字回时，月满西楼。——《一剪梅》

无可奈何花落去，似曾相识燕归来。——晏殊《浣溪沙》

碧云天，黄花地，秋风紧，北雁南飞，晓来谁染霜林醉，总是离人泪。——王实甫《长亭送别》

③总结：雁，一种离情别恨的希望；雁，一种怀古伤情的寄托；

黄花：①喻憔悴的容颜，孤苦飘零的晚境。

②黄花在文学作品中的体现：

"莫道不消魂，帘卷西风，人比黄花瘦。"——李清照《醉花阴》

碧云天，黄花地，秋风紧，北雁南飞，晓来谁染霜林醉，总是离人泪。——王实甫《长亭送别》

梧桐：①梧桐，一种悲怆凄婉的寄寓；梧桐，一种凄凉悲伤的象征。

②梧桐在文学作品中的体现：

无言独上西楼，月如钩，寂寞梧桐深院锁清秋。——李煜《相见欢》

梧桐树，三更雨，不道离情正苦；一叶叶，一声声，空阶滴到明。——温庭筠《更漏子》

细雨：①雨滴梧桐，却敲碎人心。

②细雨在文学作品中的体现：

自在飞花轻似梦，无边丝雨细如愁。——秦观《浣溪沙》

清明时节雨纷纷，路上行人欲断魂。——杜牧《清明》

青鸟不传云外信，丁香空结雨中愁。——李璟《摊破浣溪沙》

③细雨：哀伤、愁丝的象征。

（4）以上这些意象，营造出了一种怎样的意境？

总结：营造凄婉愁苦哀怨的气氛，传递出孤寂愁苦绝望的心情。

3.深读词蕴——为何而"愁"？

（1）了解作者：李清照大事记：

1103—1126年：与赵明诚结婚，婚后融洽欢娱，共同致力于金石书画的研究，度过了一生中最安宁、幸福的日子。

1126年：北宋末日，腐败透顶，金兵入侵，围困京师。

1127年：金灭北宋，二人所存的十余屋金石书画在战火中焚为灰烬。

1129年：赵明诚孤身赴任，身染重病，八月十八日去世，终年49岁，李清照时年46岁。

1130年：李清照为赵明诚解不白之冤，在越州、台州、黄岩、温州之间漂泊。

1131年：卜居浙江会稽，又逢盗贼，重病缠身，几欲丧命。

1132年夏：再嫁张汝舟，可惜遇人不淑，9月提出诉讼，与张汝舟离婚，被判刑两年。

1134年：整理完成赵明诚遗著《金石录》。

1151—1156年：李清照没有子嗣，凄然一身，悲苦地离开人世。

（2）小结："愁"。

丧夫之痛、孀居之悲、颠沛之苦、故国之思、亡国之恨。

（五）再品诗蕴——重读诗词

女独（老师）：寻寻觅觅，冷冷清清，凄凄惨惨戚戚。乍暖还寒时候，最难将息。三杯两盏淡酒，怎敌他、晚来风急？

女合（女生）：雁过也，正伤心，却是旧时相识。

男合（男生）：满地黄花堆积，憔悴损，如今有谁堪摘？

女合（女生）：守着窗儿，独自怎生得黑？

男合（男生）：梧桐更兼细雨，到黄昏、点点滴滴。

女独（老师）：这次第，怎一个愁字了得？

二、作业设计

一杯残酒、一声雁鸣、一片落叶、一缕秋风、一滴秋雨营造出了凄悲哀婉的千古名篇，请同学们课后多加朗诵、品味，并选择其中的一个场景，用现代汉语写出一篇优美的散文。

对比这两节课所学三首宋词，复习词的文学常识，了解豪放派和婉约派的相关知识与代表作家，并品读其经典作品。

附：推荐作品

1.豪放词

破阵子·为陈同甫赋壮词以寄之

辛弃疾

醉里挑灯看剑，梦回吹角连营。

八百里分麾下炙，五十弦翻塞外声。沙场秋点兵。

马作的卢飞快，弓如霹雳弦惊。

了却君王天下事，赢得生前身后名。可怜白发生！

满江红

岳 飞

怒发冲冠，凭阑处，潇潇雨歇。抬望眼、仰天长啸，壮怀激烈。

三十功名尘与土，八千里路云和月。莫等闲、白了少年头，空悲切。

靖康耻，犹未雪。臣子恨，何时灭？驾长车，踏破贺兰山缺。

壮志饥餐胡虏肉，笑谈渴饮匈奴血。待从头、收拾旧山河，朝天阙。

江城子·密州出猎

苏 轼

老夫聊发少年狂，左牵黄，右擎苍，锦帽貂裘，千骑卷平冈。

为报倾城随太守，亲射虎，看孙郎。

酒酣胸胆尚开张。鬓微霜，又何妨！持节云中，何日遣冯唐？

会挽雕弓如满月，西北望，射天狼。

2.婉约词

虞美人

李 煜

春花秋月何时了，往事知多少。小楼昨夜又东风，故国不堪回首月明中。

雕栏玉砌应犹在，只是朱颜改。问君能有几多愁，恰似一江春水向东流。

雨霖铃

柳 永

寒蝉凄切，对长亭晚，骤雨初歇。都门帐饮无绪，留恋处，兰舟催发。执手相
看泪眼，竟无语凝噎。念去去、千里烟波，暮霭沉沉楚天阔。

多情自古伤离别，更那堪、冷落清秋节。今宵酒醒何处，杨柳岸、晓风残月。
此去经年，应是良辰好景虚设。便纵有千种风情，更与何人说。

蝶恋花

柳 永

伫倚危楼风细细，望极春愁，黯黯生天际。

草色烟光残照里，无言谁会凭栏意。

拟把疏狂图一醉，对酒当歌，强乐还无味。

衣带渐宽终不悔，为伊消得人憔悴。

醉花阴

李清照

薄雾浓云愁永昼，瑞脑消金兽。佳节又重阳，玉枕纱橱，半夜凉初透。
东篱把酒黄昏后，有暗香盈袖。莫道不销魂，帘卷西风，人比黄花瘦。

江城子·乙卯正月二十日夜记梦

苏 轼

十年生死两茫茫，不思量，自难忘。千里孤坟，无处话凄凉。

纵使相逢应不识，尘满面，鬓如霜。

夜来幽梦忽还乡，小轩窗，正梳妆。相顾无言，惟有泪千行。

料得年年肠断处，明月夜，短松冈。

———— ✦ 第三课时 ✦ ————

【学习任务】

1. 了解宋词豪放派与婉约派代表作家以及他们在艺术风格上的不同特点；

2. 学习运用分析比较的方法来鉴赏宋词的艺术风格；

3. 品味诗词的美妙意境，进一步激发学生对我国古典诗歌尤其是宋词的喜爱之情，对我国灿烂辉煌的传统文化的热爱之情。

【学习活动设计】

一、教学过程

回顾已学过的豪放派和婉约派代表词人的词作，小组内朗读、探讨。

（一）导入

回顾苏轼《念奴娇·赤壁怀古》和李清照的《声声慢》，初步感受这两种风格的词作不同之处。

提示：古人对词中体现出来的婉约和豪放风格的感受。

东坡在玉堂（官署名）日，有幕士善歌，（苏轼）因问："我词何如柳七（柳永）？"对曰："柳郎中（柳永）词，只合十七八女郎，执红牙板，歌'杨柳岸晓风残月'；学士（苏轼）词须关西大汉，铜琵琶，铁绰板，唱'大江东去'。东坡为之绝倒。"——俞文豹《吹剑录》

（二）探究学习，了解婉约词与豪放词的不同

探究一：婉约词和豪放词的不同

1. 通过自主学习，找出婉约词和豪放词在代表词人、题材内容、表现手法、情感风格上的不同。

	婉约词	豪放词
代表词人	温庭筠、柳永、李清照、周邦彦	苏轼、辛弃疾、陆游
题材内容	儿女之情，离别之绪	对国计民生的关心；壮志难酬的苦闷
表现方法	多含蓄蕴藉地间接抒情	慷慨激昂地直抒胸臆
情感风格	绮丽，委婉缠绵	大气磅礴，气势雄壮

2. 回顾通过已学词作，感悟婉约派与豪放派词风之不同。

探究二：学习苏轼婉约与豪放风格的两首《江城子》

1.赏析《江城子·记梦》中所体现出来的深情。

2.赏析《江城子·密州出猎》中所体现出来的壮志。

3.比较两首《江城子》，进一步感受婉约与豪放风格的不同。

（1）题材内容（儿女情长/欢爱离别/国计民生）

（2）抒情方式（直抒胸臆）

（3）情感风格（凄婉/奔放）

（三）讨论：通过鉴赏词作加深对婉约和豪放风格的理解

1.学生任选材料中的一首词进行赏析，并发表即时评论。要求：可以对整首词进行赏析，也可以对其中你感受最深的词句进行赏析。

2.教师引导学生进行讨论。

3.讨论结束，教师简单点评学生的赏析。

二、作业设计

1.将自己在课堂第四步骤对一首词的理解深化，并写成600左右的赏析文章。

2.同一个词人可以有不同的词风。课后阅读"范仲淹：《苏幕遮》（婉约）、《渔家傲》（豪放）；陆游：《钗头凤》（婉约）、《诉衷情》（豪放）；李清照：《一剪梅》（婉约）、《渔家傲》（豪放）"，请选择一个词人的不同风格词作进行对比赏析。

◆◆ **活动组织案例** ◆◆

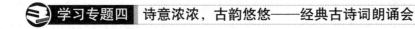

学习专题四　诗意浓浓，古韵悠悠——经典古诗词朗诵会

【学习任务】

1.通过经典诵读，了解优秀的中华文化和民族精神，从而产生民族自豪感

和爱国主义情思；

2. 通过经典诵读，接受中国传统美德潜移默化的影响和教育，陶冶性情，培养良好的道德情操；

3. 通过经典诵读，提高思维能力；提高人文素养和审美情趣。

计划课时：2课时

【学习活动设计】

古韵悠悠，诗意浓浓。"经典古诗文"是中华民族传统文化的精华，记录着民族的智慧，传承着圣贤伟大的思想光辉，蕴含着丰富的人文精神，是中华民族的思想支柱、智慧源泉、感情纽带和行为动力，是极具凝聚力和向心力的民族文化瑰宝。它们是培育民族精神的沃土，是养育艺术鲜花的源泉，历代的优秀人物都十分注重从中汲取思想和文化。

吟咏和背诵是学习经典诗文的重要方法。吟诵古典诗文，如同面对良师益友，可以聆听教诲，可以受到熏陶，极有利于培养高尚美好的思想情操；背诵古诗文，又犹如在花海中徜徉，可以感受艺术奇葩的芳香，得到艺术雨露的滋润。

一、活动形式

在班内以小组为单位进行古诗文的朗诵活动。

二、活动准备

1. 学生课外收集经典古诗文作品；

2. 小组内交流，共同研究，确定小组要展示朗诵汇报的篇目，并进行相关的配乐或配图或改写等的准备；

3. 在老师的帮助下组建"评委团"，并定出评比标准；

4. 推举主持人；确定朗诵会的时间、地点，提前发出通知，布置好会场；

5. 准备好的名句、名联的上句或下句写成字条，注明出题人姓名。

三、活动过程

1. 我给大家诵美文

以小组为单位，整体展示汇报诵读小组最爱的古诗文。

2. 我为大家唱经典

推荐个人或小组展示经典古诗文的歌曲，如孟郊《游子吟》，苏轼《大江东去》《明月几时有》，李商隐《别亦难》，白居易《长恨歌（片段）》等，同时学生还可以运用自己喜欢的歌曲曲调去唱古诗文。

3. 我给经典配插图

在经典中，因为作者的推敲琢磨，语言具有鲜明的形象性。如"春风又绿江南岸，明月何时照我还""黄四娘家花满蹊，千朵万朵压枝低""碧玉妆成一树高，万条垂下绿丝绦"等，都可为之配上一幅幅配上精美的插图。

4. 背诵经典我能行

（1）赛诗

采用"击鼓传花"的方式，由主持人背对大家播放音乐，随意停止；同学们按座位顺序在音乐中传递花束，音乐停止时，花传到谁手，谁就要站起来背诵一首古诗，不得与已背诵过的诗重复。背诵不出或背得有错误的罚表演一个节目。然后继续进行。

（2）对诗

同学们先将准备好的名句、名联的上句或下句写成字条，注明出题人姓名，交给主持人。集中后，由主持人代替出题人发问，向同学们征求所需的上句或下句，同学抢答。如果无人能答，则由出题人给予答案并解释诗句的出处、作者和含义。（也可分男、女组对决）

（3）以点带面诵诗句

说出有关描写山的古诗句：

说出有关描写水的古诗句：

说出有关描写花的古诗句：

说出有关描写草的古诗句：

说出有关描写日、月的古诗句：

说出有关描写思乡的古诗句：

说出有关描写爱国的古诗句：

……

5. 运用经典我先试

（1）巧改编

在诵读的过程中，你觉得哪些古诗文有哪些故事、情节、句子等可以借用的，你可以改编成现代文；或将经典古诗文中的优美意境变成现代文，为我所用。

（2）善引用

诵读经典，能在实际中运用，能让我们更乐于、好于诵读。这也是我们诵读的一个目标。在实际中，你能在写作中有意识地运用经典吗？

如描写春雨时，用上"好雨知时节，当春乃发生"，充分地表达自己对春雨的喜爱之情……

6. 主持人做总结

四、评比及奖励

1. 各活动过程的评分细则：由教师根据本班学生实际制定；

2. 奖项、奖品设置：各班组织评奖，可设个人奖一、二、三等奖各2名；给予德育考核加分；团体奖一名，授予"诵读古诗文冠军队"称号。

◆◆ 写作教学案例 ◆◆

学习专题五 入乎其内，出乎其外——学写文学短评

专题学习目标：

语言建构与运用：了解文学短评的定义及基本特征；了解文学评论以议为主、叙议结合、评析结合的特点，掌握写作文学短评的基本技法，把握"叙"与"议"的尺度与比重。

思维发展与提升：培养学生的联想、想象能力以及逻辑思维能力；能对文

学作品进行个性化解读和进行有创意的表达，提高学生语言表达能力。

审美鉴赏与创造：引导学生在理解文学作品的基础上体会作品艺术之美，提高文学艺术鉴赏的水平与能力，促进学生审美能力的提高。

计划课时：2课时

【学习任务】

1. 学习从自己的感受出发，表达对作品的理解和评价；把握文学短评写作的基本要求。

2. 学习"从小处切入，深入挖掘"的方法写文学短评。

3. 学习运用叙议结合的方式，在适当复述、介绍或引用作品的基础上，展开分析和评论。

4. 区分"评论"和"读后感"的界限。

教学重点：把握文学短评写作的基本要求；探讨文学评论的写法。

教学难点：区分"评论"和"读后感"的界限；把握"叙"和"议"的尺度与比重。

【学习活动设计】

一、课前准备

1. 查阅相关资料，了解文学短评的特点。

2. 从本单元的作品中挑选一篇你最喜爱的作品，深入研读。

3. 上网查找该作品的相关赏析或评论的文章。

二、教学过程

（一）导入

写文学短评，有利于梳理、积累个人的阅读经验，领悟创作、鉴赏的规律，提高个人的文学审美能力。

阅读课本第69~70页，自读《学写文学短评》

（二）学习"短评""文学短评"文体特征

学生根据课前材料收集，交流以下问题。

1. 什么是短评

顾名思义，"短"是指它篇幅短小，"评"是指在文体上属于议论文的

217

范畴。它短小精悍，言简意赅，涉及的内容非常广泛，包括社会评论、文学评论、艺术评论。

2. 什么是文学短评

文学评论又叫"文艺评论"，既指运用一定的理论和方法对各种文学现象进行探讨、体会、评价的科学研究活动，又指反映这种研究成果的一种文章样式。其任务在于揭示艺术现象中的审美价值和思想意义，探讨艺术创作的方法和规律，以提高文艺创作的水平；还要帮助读者正确理解作品，培养和提高读者的艺术欣赏能力与健康的艺术情趣。

文学短评是文学评论的一个分支，主要以具体的文学作品为评论对象，并对对象的某一点进行深入品析和阐发，进而得出某个评论性观点。

文学短评是对作家、作品和其他文学现象进行评论而篇幅相对短小的一类文章，主要是评论作家创作的得失，分析作品的思想内容、艺术特色等。

（三）指导写文学短评的方法

1. 入其内，出其外

写文学短评，必须对作品有深入的了解和准确的把握。要认真读作品，对作品的情感、形象、思想内涵、艺术特点等有自己的理解，抓住让你感触最深的地方，以此展开评论。

短评写作之前，一定要先置身作品之中，读懂作品；然后又要跳出作品，远而观之，客观超然评价作品。既要入其内，又要出其外。入其内，故有生气；出其外，故有高致。只有入其内，才能细致地阅读作品，才可能对作品的思想内容、艺术特色有真切的感觉，才能准确把握评论对象；而只有出其外，才能对评论对象有准确的把握，才能形成自己的见解，从而明确自己的观点或评论的中心，否则只能是泛泛而谈。

怎样做到既入其内，又出其外呢？

首先，一定要仔细阅读全文，精读作品，找出作品中画龙点睛的句子，认真揣摩、品味作品中重要的词语、句子、段落，明确文章的主旨，厘清文章的思路和结构层次，力争有较深的感受和独到的发现。

其次，阅读作品时可回忆作者生平、创作风格、写作背景等知识，借此可帮助我们探知作者写作此文的意图、目的，从而更准确地把握作品的主题。

如何阅读文学作品呢？我们一般采取"总体—部分—总体"的步骤。"总体"，就是从头至尾通读作品，得出初步而概括的印象。"部分"，就是对重要部分仔细地阅读，找出画龙点睛的句子，通过分析研究，加深印象，从而把握文章的主要内容，抓住主要的特色，初步形成观点。"总体"，就是再次浏览全文，获得对作品全面完整的认识，最后对作品的思想内容和艺术特色做出自己准确的判断。

2.定题小巧，选准角度

写短评时要能够聚焦，如果面面俱到，很容易失之浮泛。

"横看成岭侧成峰，远近高低各不同"，对同一部作品，如果从不同的角度去审视，就可以获得不同的认识，获取不同的短评写作角度。比如，作者怎样渲染气氛、怎么描摹景物、抒发了什么情感、运用了哪些手法等，都可以成为评论的焦点。要想写好文学短评，一定要精心选择好角度，切题要小。选择自己有所研究的、有所心得的、把握得最准确的、能够评好的角度来写。

文学短评写作的角度与内容可以从哪些方面入手呢？写文学短评可从思想内容、艺术手法、构思技巧、语言特色入手，选择作品内容或者作品形式的某一个特点进行评论，定题要小而巧，做到突破一"点"，兼顾全部。

（1）赏析作品的主题思想及其表现。

这类题目主要是评析作品的思想内容和作者的观点态度，分析作品运用了哪些主要的表现手法（如想象、联想、象征、渲染、烘托、对比、先抑后扬、托物言志、借景抒情、寓情于景），表现一个怎样的主题思想，反映了怎样的社会现实，指出作品有何积极意义或局限性。赏析主题常用的术语有：中心突出、主题深刻、言近旨远、言简意丰、意在言外、含蓄蕴藉、深化主题等。

（2）分析作品的形象。

文学作品的形象指的是文学作品中创造出来的生动具体的、能激发人们感情的生活图案，通常指文学作品中人物的精神面貌和性格特征。分析作品的人物形象主要应从两个方面进行：一是揭示人物的典型意义；二是简要分析人物主要的性格特征。

（3）赏析作品的艺术手法。

①表达方式，如叙述、描写、议论、抒情、说明；

②表现手法，如想象、联想、象征、渲染、烘托、对比、以小见大、先抑后扬、托物言志、借景抒情、寓情于景等；

③叙述方式，如顺叙、倒叙、插叙、补叙等；

④描写方式，如肖像描写、心理描写、语言描写、动作描写、环境描写等；

⑤描写技法，如以动衬静、动静结合、虚实结合、点面结合、明暗结合、声色结合、粗笔勾勒、白描工笔等；

⑥抒情方式，如直接抒情（直抒胸臆）、间接抒情（借景抒情、寓情于景）等；

⑦意境的创设、修辞的运用等。

（4）分析作品的构思技巧。

①写作思路，如由此及彼、由表及里、由浅入深、由一个方面到几个方面等；

②文章线索，如以某个中心事件为线索，以人物、感情、时间、空间为线索等；

③层次结构，如总—分—总、总—分、分—总、分—分；

④结构方式，如纵式结构、横式结构、纵横交错式结构等；

⑤选材特点，如生动典型、来自生活、新鲜亲切等；

⑥行文布局，如开门见山、卒章显志、画龙点睛、以小见大、层层深入、过渡自然、前后呼应、伏笔铺垫、欲扬先抑、详略得当，等等。

（5）鉴赏作品的语言。

鉴赏作品的语言，一是要分析作品的语言特点，如准确、简练、生动、形象、清新、绚丽、质朴等；二是要品味作品的语言风格，如幽默、辛辣、平实、自然、明快、简明、含蓄、深沉等；三是要分析作品所运用的修辞手法，如比喻、比拟、设问、反问、借代、对偶、对比、夸张、反语、双关、互文、反复，等等。

其他方面比如粗笔勾勒（简洁的语言描写）；体物入微（描写细致入微、

刻画细致生动）；惟妙惟肖（描写逼真，多指人或动物）；浓墨重彩（描写详尽、细腻）；行云流水（结构、语言自然流畅）；语言特点（准确、简练、生动、形象、清新、绚丽、质朴）；语言风格（幽默、辛辣、平实、自然、明快、简明、含蓄、深沉、洗练、淋漓酣畅、情韵悠长、回味无穷），等等。

3. 观点鲜明，视角新颖

文学短评，顾名思义，就是要"评"——要评论，要论述，要讲道理。写文学短评要单刀直入、开门见山地提出论点，然后就原作内容进行复述或引用，应采用"述评结合"的方法，阐释自己的看法。

写作时，首先要根据命题者的要求确定评论重点，有明确的评价。确定了评论重点，就确定了评论的中心，也就确定了鉴赏、评价的主攻方向。一般的议论文要有中心论点或论述中心，文学评论也是这样。文学评论的中心论点就是对作品的评价，这个评价一定要明确。没有明确的评价，文章就没有统帅，没有灵魂。

评论、说理是短评的重头戏，决定着一篇短评的价值高低和分量轻重。要写好短评的评论说理部分，除了注意议论的三要素和运用各种逻辑推理外，关键是要说新理——要有新的评论角度，要提出独到的见解，写出独到的认识，表达个性化的阅读体验。对文学作品的评价视角要新颖，要能有独到的、恰当的见地与发现。如评《登高》"无边落木"一联，可解读出"杜甫绵长的心思如江水流动无法停止"的蕴意；也可解读出"落叶归根，长江东去"，诗人在寻找归处，由景及人，表达了无尽的哀愁。

4. 安排结构，注重写法

文学短评"麻雀虽小，五脏俱全"，短评的结构要小巧而完整。通常情况下，一般采用"①总—②分—③总""总—分""分—总"的结构模式。①"总"，就是开头用简短精练的语言，开门见山地把这篇文学短评总的内容概述出来。②"分"，就是对照作品做深入的分析思考，有的放矢地列出鉴赏评析的要点，然后采用叙评结合、评析结合的手法，对原作品做深入的、有条理的分析。③"总"就是结尾对全文进行归纳总结。

在文学评论中，采用叙议结合、评析结合的写法。"叙"是指对作品内容的复述、介绍或引用，"议"则包含分析和评价两个方面——分析，是对作品的思想内容、艺术特色等进行揭示的过程；评价，则是作者通过分析得到的结论，即对作品或作者艺术创造的总的看法，也就是文学评论的中心论点。要注意处理"叙""议"关系——"叙""议"要把握一个完美的分寸，即"叙""议"的比重——"叙"为轻，"议"为重；"叙"概括，"议"详尽。"叙"与"议"的关系，实际上是论据与论点、材料与观点的关系，"叙"是为"议"服务的；"析"与"评"的关系，实际上是论证与论点的关系，"析"是为"评"服务的。我们知道，在议论文中，材料与观点，论据、论证与论点，都是应该统一的。所以，在文学评论中，叙、议、评这几方面应该有机地结合在一起，夹叙夹议、精叙详议、评析结合，而评价有的是通过分析水到渠成地显现出来的。

（四）实战演练

1. 课堂练习

请从本单元作品中任选一篇，写一则文学短评，600字即可。

2. 误例分析

同学在网上收集了一篇名为"书生误国"的文段，请大家对这篇文学短评给出诊断、分析。

书生误国

《声声慢》的文学造诣值得肯定，叠词被李清照用得出神入化，家仇国恨、悲愁无奈透于字里行间，其悲惹人哀叹。

这首词固是佳作，但透出的却是宋人对国家的无力。宋朝的文人，太平时吟诗作赋风花雪月，战乱时高谈阔论纸上谈兵，国破后凄凄惨惨戚戚，难怪宋朝会亡。

固然不要求李清照提刀上阵，且她也确是乱世的牺牲品，但她身后的那些文人，却是宋朝积贫积弱、腐朽不堪的根由。

若是这些文人能多点血性，也就不会催生出李清照这样凄苦的词人，当然也就难有山河破碎后如《声声慢》一般悲愁的名篇。

在《声声慢》中，我看到的是书生误国。

诊断分析：这不是文学短评，而是读后感，是结合作者的经历，联系当时社会现实写感想、体会。文学短评不是读后感，文学评论与读后感有着明显的区别。文学评论是对作品做客观的评价，对象仅限于文学作品；读后感是写读了作品之后的主观感受，对象包括所有体裁的作品。我们一定要提高文体的区分意识，区分"文学短评"与"读后感"的文体差异。就文学短评而言，我们更应该进入作品的内里，以作品本身的艺术为评论对象。

3.短评常见的误区小结

① 无评——单纯对内容的复述，即只对原词句做简单的翻译，没有观点，没有评论。

② 错评——曲解作品，对作品内容及情感理解有误。

③ 浅评——只抓住表面的印象，浅表性地进行评论。

④ 散评——面面俱到。文学短评在很短的篇幅中，不可能涉及很多头绪，只能集中于某一个侧面。

（五）展现才华

从同学们写的文学短评中，挑选几篇优秀作品，在班级交流。

三、作业设计

仔细阅读辛弃疾的《水龙吟·登建康赏心亭》，写一则600字文学短评。

水龙吟·登建康赏心亭

辛弃疾

楚天千里清秋，水随天去秋无际。遥岑远目，献愁供恨，玉簪螺髻。落日楼头，断鸿声里，江南游子。把吴钩看了，栏杆拍遍，无人会，登临意。

休说鲈鱼堪脍，尽西风，季鹰归未？求田问舍，怕应羞见，刘郎才气。

可惜流年，忧愁风雨，树犹如此！倩何人唤取，红巾翠袖，揾英雄泪？

参考文献

［1］陈亚梅.让德育元素拨动情感之弦：例谈小学语文阅读教学中的德育渗透［J］.小学生（中旬刊），2019（9）：106.

［2］王珠君.爱在阳光下，让阳光照进孩子的心灵：小学语文德育策略分析［J］.课外语文，2018（27）：83-85.

［3］陈丽丽.信息技术支持下德育在小学语文教学中的渗透研究［J］.读写算，2019（24）：23-25.

［4］刘登珲.课程统整的概念谱系与行动框架［J］.全球教育展望，2020（1）：38-53.

［5］钟启泉.基于核心素养的课程发展：挑战与课题［J］.全球教育展望，2016，45（1）：3-25.

［6］李政涛，文娟."五育融合"与新时代"教育新体系"的构建［J］.中国电化教育，2020（3）：7-16.

［7］中华人民共和国教育部.普通高中语文课程标准（2017年版）［S］.北京：人民教育出版社，2017.

［8］温儒敏.如何用好"部编本"小学语文教材［J］.小学语文，2017（7/8）：25-31.

［9］韦钰.以大概念的理念进行科学教育［J］.人民教育，2016（1）：41-45.

［10］陈鲁峰.高中语文学习任务群的教学构思［J］.语文教学通讯，2018（4）：32-35.

［11］格兰特·威金斯，杰伊·麦克泰格.追求理解的教学设计［M］.上海：华东师范大学出版社，2017.

［12］李来保.合理利用旧教材，科学对接新课标［J］.新教育（海南），2017

（31）：21，34-35.

［13］高天虹，魏智芳.奥苏泊尔"有意义言语学习理论"对课堂教学改革的启示［J］.中国电力教育，2007（7）：65-67.

［14］倪文锦.语文核心素养视野中的群文阅读［J］.课程·教材·教法，2017（6）：44-47.

［15］盛淑兰.定西地区小学生口语交际能力现状调查及教学实践研究［D］.兰州：西北师范大学，2004.

［16］张志强.去蔽与创新：孙绍振作文教育思想探析［D］.福州：福建师范大学，2013.

［17］邢瑞霞.语文研究性学习的实践与反思［D］.兰州：西北师范大学，2004.

［18］黄星.初中生记叙文写作中的叙事问题研究［D］.昆明：云南师范大学，2013.

［19］董璐.高中作文真情实感缺失的问题与对策研究［D］.昆明：云南师范大学，2013.

［20］刘婵.微博在高中写作教学中的应用研究［D］.广州：广州大学，2014.

［21］吴纪梁.高中议论文写作理性立意教学浅探［D］.福州：福建师范大学，2013.

［22］叶敏.素养教育背景下高中写作教材反思［D］.福州：福建师范大学，2013.

［23］姚冬媚.八股文对现代作文教学的借鉴作用［D］.福州：福建师范大学，2013.

［24］黄小红.基于作文真实性的高中写作教学实效性研究［D］.福州：福建师范大学，2013.

［25］唐珂，杨永玲.中国古代诗歌鉴赏辞典［M］.北京：中国社会科学出版社，2016.

［26］朱光潜.诗词的鉴赏和创作［M］.上海：上海文艺出版社，2017.

［27］钱钟书.钱钟书诗词选［M］.上海：上海文艺出版社，2018.

[28] 梁实秋. 名篇赏析 [M]. 北京：人民文学出版社，2016.

[29] 陆游. 陆游词选 [M]. 北京：北京出版社，2019.

[30] 张颂. 朗读学 [M]. 北京：北京广播学院出版社，2002.

[31] 张颂. 朗读美学 [M]. 北京：中国传媒大学出版社，2002.

[32] 朱光潜. 朱光潜全集 [M]. 合肥：安徽教育出版社，1996.

[33] 赵元任. 语言问题 [M]. 北京：商务印书馆，1980.

[34] 黄仲苏. 朗诵法 [M]. 上海：开明书店，1936.

[35] 王晓明. 高中语文教学中地方文化的融入策略研究 [J]. 教育理论与实践，2018，38（1）：55–57.

[36] 李华. 地方文化资源在高中语文教学中的应用 [J]. 课程教育研究，2019（8）：46–48.

[37] 张丽娟. 高中语文教学中地方文化内容的挖掘与利用 [D]. 兰州：西北师范大学，2017.

[38] 陈燕. 地方文化在高中语文教学中的开发与应用 [J]. 教育教学论坛，2020（1）：122–124.

[39] 郭晓梅. 地方文化资源在高中语文教学中的应用研究 [J]. 教育教学论坛，2018（35）：168–169.

[40] 刘谦. 高中语文新课程实施方法探微 [J]. 文学教育，2011（1）：46–47.

[41] 秦训刚，蒋红森. 高中语文课程标准教师读本 [M]. 武汉：华中师范大学出版社，2003.

[42] 皮连生. 学与教的心理学 [M]. 上海：华东师范大学出版社，1997.

[43] 瞿葆奎. 教育学文集 [C]. 北京：人民教育出版社，1989.

[44] 杨小微. 教育研究的原理与方法 [M]. 上海：华东师范大学出版社，2002.

[45] 徐蕴琪. 高中作文教学的实践与反思 [D]. 大连：辽宁师范大学，2013.

[46] 杨体明. 高中生作文语言文字不规范现象研究 [D]. 昆明：云南师范大学，2013.

［47］王艺.中美小学、初中阶段语文综合性学习的比较研究［D］.兰州：西北师范大学，2005.

［48］中华人民共和国教育部，全日制普通高级中学语文教学大纲（试验修订版）［J］.语文知识，2000（7）：6.

［49］钟启泉.为了中华民族的复兴，为了每位学生的发展——《基础教育课程改革纲要（试行）》解读［M］.上海：华东师范大学出版社，2001.

［50］叶澜.更新教育观念，创建面向21世纪的新基础教育［J］.中国教育学刊，1998（2）.

［51］向蓓莉.教育的目的及其他［J］.开放时代，2001（3）：113-116.

［52］巢宗祺，雷实，陆志平.语文课程标准解读［M］.武汉：湖北教育出版社，2004.

［53］中华人民共和国教育部.普通高中语文课程标准（2017年版2020年修订）［S］.北京：人民教育出版社，2023.

［54］周平.教育回归生活化的障碍及路径叩问［J］.中国教育学刊，2017（9）：76-80.

［55］叶丽新."情境"的理解维度与"情境化试题"的设计框架：以语文学科为例［J］.课程·教材·教法，2019（39）：107-113.

［56］李玉梦.情境在阅读中的价值及实现机制研究［D］.武汉：华中师范大学，2020.

［57］石修银.对话性思维，演绎深度的说理性写作［J］福建教育，2023（37）：28-30.

［58］郑桂华.高中语文学习任务群的教学建议［J］.中学语文教学，2017（3）：4.

［59］万永翔."当代文化参与"阐释［J］.语文教学通讯，2019（28）：25-26.

［60］吴东."当代文化参与"学习任务群的理解与实施［J］.语文建设，2019（5）：4-8.

［61］褚树荣.保持在场："当代文化参与"［J］.语文学习，2018（4）：25-30.

［62］李旭山．"当代文化参与"的教学实践［J］．中学语文教学参考，2018
（31）：14-17．

［63］蔡可．拓展语文学习领域丰富语文学习方式——"当代文化参与"学学习
任务群的设计与实施［J］．中学语文教学参考，2019（25）：4-6．

［64］张姝慧．选择性必修课综合落实"学习任务群"教学初探［J］．学语文，
2019（4）：53-54．

［65］王慧萍．建构主义视野下的口语交际教学研究［D］．兰州：西北师范大
学，2005．

［66］杨建成．基于网络的中小学语文教学研究［D］．兰州：西北师范大学，
2004．

［67］白玉波．我国义务教育《语文课程标准》与美国（麻萨诸塞州）《英语语
言艺术课程标准纲要》的比较［D］．兰州：西北师范大学，2004．

［68］孙菊霞．新课程背景下小学语文教师专业成长研究［D］．兰州：西北师
范大学，2004．

［69］徐庆华．现行中学语文教材的弊端和可持续发展语文教材的建构［D］．
兰州：西北师范大学，2002．

［70］汤颖芳．当代文化参与——以"学习标语口号"的活动课型为例［J］．语
文教学通讯，2018（16）：14-16．

［71］韩露．"当代文化参与"任务群案例：身边的陌生人［J］．语文建设，
2019（5）：14-16，28．

［72］邱静芳．综合实践活动课程融入语文学习任务群的路径探究——以高中
语文学习任务群二《当代文化参与》为例［J］．创新创业理论研究与实
践，2019，2（2）：34-35．

［73］易朝芳，李旭山．当代文化参与——以"网络新词"综合实践课为例
［J］．语文教学通讯，2018（16）：12-14．

［74］白楠茁．"当代文化参与"任务群案例：讲出时代人物风采［J］．语文
建设，2019（3）：9-13．

［75］杨启金．当代文化参与任务群教学内容的选择［J］．语文教学与研

究·下半月刊，2020（3）：155.

［76］赵艳敏. 民俗文化进入校园文化建设的可行性探讨［J］. 大舞台，2015
　　（10）：195-196.

［77］李龑. 闽南歌仔戏的发展现状与传承对策［J］. 重庆科技学院学报（社
　　会科学版），2014（9）：120-123.

结束语

　　运用语文教育的艺术手段，引导学生用纯洁的眼睛去发现身边的美，学会交流与合作；用纯净的心灵去感受生活的美好，学会感恩和尊重；用智慧的大脑去思考探索科学，学会求知和创造。作为语文教师，则应该运用丰富多彩的课程，引导学生享受知识的乐趣、滋养人文情怀、陶冶艺术情操、探索科技奥秘、锤炼意志品质；引导学生在缤纷多姿的实践活动中体验书山文海的魅力和生活的快乐，让身心随精彩飞扬，自由自在翱翔在五育的海洋中，让五育融合的鲜花遍地开放！